前　言

近几年，随着国民经济的飞速发展，我国物流行业进入了一个新的发展阶段，物流企业的运营方式、业务流程、技术手段、服务质量等不断向标准化、专业化、规模化、社会化、信息化的方向发展。为了适应物流行业的发展，培养更加符合企业需求的专业技能人才，我们组织一批教学经验丰富、实践能力强的教师与行业、企业的专家，在认真分析物流企业岗位需求和完善课程教学方案的基础上，编写了一套新的物流管理专业教材。与2006版教材相比，新版教材体系更加完善并采用了理实一体化的编写思路。目前，两套教材可较好地满足高等职业技术院校不同的教学需求，各校可根据自身的教学条件、课程设置等进行选择。

本套教材共计15种，分别为《物流基础》《物流法律法规》《物流经济地理》《物流信息技术应用》《物流设施与设备》《物流仓储业务与管理》《物流配送业务与管理》《物流仓储与配送实务》《物流运输业务与管理》《物流采购业务与管理》《物流客户服务与管理》《物流成本管理》《物流市场营销》《国际货运代理》和《报检与报关》，其中《物流仓储与配送实务》教材是为了满足部分院校将仓储、配送两门课程合并教学的需要而开发的。

在教材组织编写工作中，我们坚持了以下原则：

第一，突出职业特色，从职业岗位分析入手，合理构建教材的知识和技能结构，注重对学生实践能力的培养，提高教材的针对性和适用性。

第二，突出行业特色，根据物流行业的发展现状，尽可能多地在教材中体现新知识、新技术和新方法，提高教材的先进性，使教材具有鲜明的时代特征。

第三，突出职业资格证书与学历证书并重的精神，力求使教材内容涵盖助理物流师国家职业标准的相关要求。

第四，突出可接受性，在教材编写方面，力求文字表达通俗易懂，并尽量采用以图代文、以表代文的表现形式，激发学生的学习兴趣。

在本套教材的编写过程中，有关省市教育部门、人力资源和社会保障部门以及一批高等职业技术院校给予我们有力的支持，教材的主编、参编、主审等有关人员做了大量的工作，在此，我们表示衷心的感谢！同时，恳切希望用书单位和广大读者对教材提出宝贵的意见和建议，以便修订时加以完善。

人力资源和社会保障部教材办公室

2012年2月

简　介

本书为国家级职业教育规划教材，由人力资源和社会保障部职业能力建设司推荐。

本书根据高等职业技术院校物流管理专业的教学实际，由人力资源和社会保障部教材办公室组织编写。本书主要讲述各种信息技术在物流作业及业务管理中的应用，主要内容包括：物流信息技术基础知识、物流计算机网络技术应用、物流数据采集技术应用、物流数据交换技术应用、物流数据存储技术应用(Excel)、物流动态跟踪技术应用、物流电子商务等。

本书由李忠国主编，郑利亚、陆清华副主编。

目　　录

国家级职业教育规划教材

人力资源和社会保障部职业能力建设司推荐

高等职业技术院校物流管理专业教材

物流信息技术应用

人力资源和社会保障部教材办公室 组织编写

主编 李忠国

中国劳动社会保障出版社

图书在版编目(CIP)数据

物流信息技术应用/李忠国主编. —北京：中国劳动社会保障出版社，2012
高等职业技术院校物流管理专业教材
ISBN 978-7-5045-9463-1

Ⅰ.①物… Ⅱ.①李… Ⅲ.①物流-信息技术-高等职业教育-教材 Ⅳ.①F253.9

中国版本图书馆CIP数据核字(2012)第022514号

中国劳动社会保障出版社出版发行
（北京市惠新东街1号 邮政编码：100029）
出 版 人：张梦欣

*

北京市科星印刷有限责任公司印刷装订 新华书店经销
787毫米×1092毫米 16开本 13印张 299千字
2012年3月第1版 2024年12月第6次印刷
定价：24.00元

营销中心电话：400-606-6496
出版社网址：http://www.class.com.cn
http://jg.class.com.cn

版权专有 侵权必究
如有印装差错，请与本社联系调换：（010）81211666
我社将与版权执法机关配合，大力打击盗印、销售和使用盗版图书活动，敬请广大读者协助举报，经查实将给予举报者奖励。
举报电话：（010）64954652

模块一

物流信息技术基础知识

一、物流系统

商品流通过程包含商流、物流、资金流和信息流四种流程。商流是商品所有权的转移过程，是沿着供应链由上向下移动的；物流是货物的物理移动过程，除了回收物流，一般物流的流向都是沿着供应链由供应商流向顾客的；资金流是资金的转移过程，其流向正好和商流相反；信息流是商品流通过程中各种交易信息和物流信息的流动过程，其流向是双向的，既有从客户流向供应商的，也有从供应商流向客户的。在现代流通领域，随着电子商务的应用，商流、资金流和信息流都可以由信息系统来完成，而对于大量的实体商品的流动却始终只能依靠物流系统来完成。

1. 物流系统的构成

物流系统是指在一定的时间和空间里，由所需输送的物料和包括有关设备、输送工具、仓储设备、人员以及通信联系等若干相互制约的动态要素构成的具有特定功能的有机整体。

（1）物流系统的物质基础要素

1）基础设施。主要包括物流场站、物流中心、仓库，物流线路，建筑、公路、铁路、港口等。

2）物流装备。主要包括仓库货架、进出库设备、加工设备、运输设备、装卸机械等。

3）物流工具。主要包括包装工具、维修保养工具、办公设备等。

4）信息技术及网络。主要包括通信设备及线路、传真设备，计算机及网络设备等。

（2）物流系统的功能要素

物流系统的功能要素主要有运输、仓储、包装、装卸搬运、流通加工、配送、物流信息处理等。换句话说，物流能实现以下七项功能：

1）运输。运输是货物在物流节点之间的物理移动，也可以看做是运动中的仓储。对运输活动的管理，要求选择技术经济效果最好的运输方式及联运方式，合理确定运输路线，以实现安全、迅速、准时、价廉的目标。

2）仓储。仓储包括入库、保管和出库等活动，可以看作速度为零的运输。对仓储活动的管理，要求科学合理地安排出入库流程，正确确定库存数量和保管制度，对库存物品采取有区别的管理方式，力求提高保管效率，降低损耗，加速物资和资金的周转。

3）包装。包装包括产品的出厂包装，生产过程中在制品、半成品的包装，以及在物流过程中换装、分装、再包装等活动。

4）装卸搬运。装卸指货物在同一场所内的垂直方向的运动，搬运是指货物在同一场所内的水平方向的短距离运动。对装卸搬运活动的管理，主要是确定最恰当的装卸搬运方式，力求减少装卸搬运次数，合理配置及使用装卸搬运机具，以做到节能、省力、减少损失、加快速度，获得较好的经济效果。

5）流通加工。流通加工是在物流过程中进行的辅助加工活动。企业、物资部门、商业部门为了弥补生产过程中加工程度的不足，更有效地满足用户或本企业的需求，更好地衔接产需，往往需要进行这种加工活动。

6）配送。配送是物流进入终阶段，以组配、送货形式最终完成社会物流并最终实现资源配置的活动，因此配送从送货角度看是末端运输。配送作为一种现代流通方式，集经营、服务、库存、分拣、装卸搬运、送货于一身。

7）物流信息处理。物流信息处理包括进行与上述各项活动有关的计划、预测、动态（运量、收、发、存数）的情报及有关的费用情报、生产情报、市场情报活动。对物流情报活动的管理，要求建立情报系统和情报渠道，正确选定情报科目和情报的收集、汇总、统计、使用方式，以保证其可靠性和及时性。

2. 物流系统的运行模式

物流系统的运行模式具有输入、转换及输出三大功能，通过输入和输出使系统与社会环境进行交换，使系统和环境相依而存，而转换则是这个系统的主要功能，如图 1—1 所示。

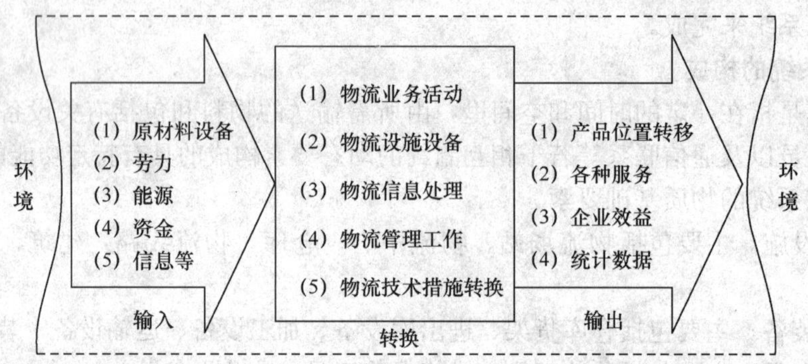

图 1—1　物流系统的运行模式

（1）输入

通过提供资源、能源、设备、劳力等对某一物流系统发生作用，统称为外部环境对物流系统的输入。

（2）处理（转化）

处理（转化）是指物流本身的转化过程。从输入到输出之间所进行的生产、供应、销售、服务等活动称为物流系统的处理或转化。具体内容包括：物流设施设备的建设，运输、储存、包装、装卸、搬运，物流信息处理、管理以及相关的物流技术措施。

（3）输出

输出指物流系统以其本身所具有的各种手段和功能，对环境的输入进行各种处理后所提供的物流服务。具体内容包括：产品位置的转移；各种物流服务，如仓储、运输合同的履行服务；企业效益和统计数据。

（4）限制或制约

外部环境对物流系统施加一定的约束称为外部环境对物流系统的限制和干扰。具体内容包括：资源条件，能源限制，资金与生产能力的限制；价格影响，需求变化；仓库容量；装卸与运输的能力；政策的变化等。

（5）反馈

物流系统在把输入转化为输出的过程中，由于受系统各种因素的限制，不能按原计划实现，需要把输出结果返回给输入，以进行调整；即使按原计划实现，也要把信息返回，以对工作做出评价，这一过程称为信息反馈。信息反馈的活动包括：各种物流活动分析报告，各种统计报告数据，典型调查，国内外市场信息与有关动态等。

3. 物流系统的目标

物流系统的目标也是现代物流服务应达到的要求，即在正确的时间，将正确数量和质量的商品，以合适的价格和正确的方式送到正确的地点。要实现这一目标，除了物流作业系统必须完备之外，关键在于物流信息系统的先进及合理利用。

二、物流信息与物流信息技术

1. 物流信息

（1）物流信息的概念

物流信息是反映物流各种活动内容的知识、资料、图像、数据、文件的总称。物流信息包含的内容和对应的功能可从狭义、广义两方面来考察。

狭义的物流信息是指与物流活动（如运输、仓储、包装、装卸搬运、流通加工、配送等）有关的信息。

广义的物流信息不仅指与物流活动有关的信息，而且包含与其他流通活动有关的信息，如商品交易信息和市场信息等。商品交易信息是指与买卖双方的交易过程有关的信息，如销售、购买、订货、发货、收款信息等。市场信息是指与市场活动有关的信息，如消费者的需求信息、竞争者或竞争性商品的信息、促销活动信息等。在现代经营管理活动中，物流信息与商品交易信息、市场信息相互交叉、融合，有着密切的联系。例如，零售商根据市场需求预测和库存情况制订订货计划，向批发商或生产厂家发出订货信息。批发商收到订货信息后，在确认现有库存水平能满足订单要求的基础上，向物流部门发出配送信息，如果发现库存不足，则马上向生产厂家发出订单。生产厂家则视库存情况决定是否组织生产，并按订单上的数量和时间要求向物流部门发出发货配送信息。广义的物流信息不仅能起连接整合从生产厂家、经过批发商和零售商最后到消费者的整个供应链的作用，而且在应用现代信息技术的基础上能提高整个供应链活动的效率。具体来说，就是利用物流信息对供应链各个企业的计划、协调、客户服务和控制活动进行更有效的管理。

（2）物流信息的特征

1）大量性。物流信息是随着商品交易信息的发生而大量产生的，商品种类繁多，每种商品都有其订单、仓储、运输等信息，因此物流信息每时每刻都在自动地大量产生。

2）更新速度快。物流信息动态性强，实时性高，物流信息和商品交易信息的更新速度快、信息价值衰减速度快，时效性强，运输量、订货量、配送时间等信息随着每一个运输活动而更新。因而对信息管理的及时性和灵活性提出了很高的要求。

3）种类多。物流信息的种类繁多，不仅本系统内部各个环节有不同种类的信息，而且由于物流系统与其他系统（如生产系统、供应系统）密切相关，还必须搜集这些物流系统外的有关信息，使得物流信息的搜集、分类、筛选、统计、研究等工作的难度增加。

2. 物流信息技术

物流信息技术，简称 LIT，是指运用于物流各环节中的信息技术，包括计算机网络技术、数据采集技术、电子数据交换技术、数据存储技术、物流动态跟踪技术。

（1）计算机网络技术

计算机网络是指将地理位置不同的具有独立功能的多台计算机及其外部设备，通过通信线路连接起来，在网络操作系统、网络管理软件及网络通信协议的管理和协调下，实现资源共享和信息传递的计算机系统。计算机网络是物流信息技术应用的基础平台，有了先进的计算机网络，物流企业可以实现：

1）硬件资源共享。可以在全网范围内实现处理资源、存储资源、输入输出资源等设备的资源共享，使用户节省投资，也便于集中管理和均衡分担负荷。

2）软件资源共享。允许互联网上的用户远程访问企业物流业务数据库，并可以得到网络文件传送服务、远地进程管理服务和远程文件访问服务，从而避免软件研制上的重复劳动以及数据资源的重复存储，也便于集中管理。

3）用户间信息交换。计算机网络为分布在各地的用户（客户和内部员工）提供了强有力的通信手段。用户可以通过计算机网络浏览信息、传送电子邮件、发布物流信息和进行物流业务活动。

（2）数据采集技术

数据采集技术是信息数据自动识读、自动输入计算机的重要方法和手段，已经初步形成了包括条码技术、射频技术、生物识别、语音识别、图像识别及磁卡技术等以计算机、光、机、电、通信技术为一体的高新科学技术。物流信息在网络中以每秒 30 万千米的速度进行传输，只要网络带宽足够，物流信息的传递占用的时间很少，高性能计算机的应用使信息处理占用的时间也很少，制约整个物流信息应用的环节就是数据采集的时间。数据采集技术能让物流企业在物流业务活动中快速、准确、低成本地录入大量物流信息，保证物流信息得到及时传递和处理，从而缩短物流周期。

（3）电子数据交换技术

电子数据交换简称 EDI，是指通过电子方式，采用标准化的格式，利用计算机网络进行结构化数据的传输和交换。EDI 技术能让处于不同地理区域、使用不同语言和不同信息处理软件的货主、承运业主以及其他相关单位之间，实现物流数据的自动交换，从而使供应链各方基于标准化的信息格式和处理方法，通过 EDI 共同分享信息、提高流通效率、降低物流成本。

（4）数据存储技术

主要是指数据库技术。物流活动中会产生大量的物流信息，这些信息的存储是信息处理的基础，因此，任何物流信息系统的建立，都必须有数据库作为支撑。换句话说，物流企业所使用的各种业务处理软件都是利用数据库技术开发出来的，都离不开物流业务数据库这一数据环境。因此，数据库系统的类型和技术水平往往决定着整个物流信息系统的功能和效率。

（5）物流动态跟踪技术

物流动态跟踪技术是指在货物运动过程中能够对货物进行准确定位的技术。目前使用的是 GIS 和 GPS 两大系统。GIS 是地理信息系统，它能把各种信息与地理位置和有关的视图结合起来，并把地理学、几何学、计算机科学及各种应用对象、CAD 技术、遥感、GPS 技术、Internet、多媒体技术及虚拟现实技术等融为一体，利用计算机图形与数据库技术采集、存储、编辑、显示、转换、分析和输出地理图形及其属性数据。这样，可根据用户需要将这些信息图文并茂地输送给用户，便于分析及决策使用。地理信息系统的主要作用是将表格型数据（来自数据库、电子表格文件或直接在程序中输入）转换为地理图形显示，然后可以对显示结果进行浏览、操作和分析，如进行最短路径规划和设施选址规划等。

GPS 是全球定位系统，其利用导航卫星进行测时和测距，使地球上任何地方的用户都能计算出他们所处的方位。GPS 在物流中的最早应用是用在货物运输管理中，典型的系统是车辆 GPS 定位管理系统。车辆 GPS 定位管理系统主要是由车载 GPS 自主定位，结合无线通信系统，对车辆进行调度管理和跟踪。该系统的使用可以实现对车辆的实时监控和动态调度等功能。

三、物流信息系统

1. 物流信息系统及其构成

物流信息系统是由人员、计算机硬件、软件、网络通信设备及其他办公设备组成的人机交互系统，其主要功能是进行物流信息的收集、存储、传输、加工整理、维护和输出，为物流管理者及其他组织管理人员提供战略、战术及运作决策的支持，以达到组织的战略竞优，提高物流运作的效率与效益。

物流信息系统，实际上是物流管理软件和信息网络结合的产物，小到一个具体的物流管理软件，大到利用覆盖全球的互联网将所有相关的合作伙伴、供应链成员连接在一起提供物流信息服务的系统，都叫做物流信息系统。对一个企业而言，物流信息系统不是独立存在的，而是企业信息系统的一部分，或者说是其中的子系统，即使对一个专门从事物流服务的企业也是如此。例如，一个企业的 ERP 系统，物流管理信息系统就是其中一个子系统。

现代物流信息系统的主要由以下要素组成：

（1）硬件

硬件包括计算机、网络通信设备、信息采集设备、信息输出设备和信息存储设备，例如计算机、服务器、通信设备，它是物流信息系统的物理设备、硬件资源，是实现物流信息系统的基础，它构成系统运行的硬件平台。

（2）软件

主要包括系统软件和应用软件两大类，其中系统软件主要用于系统的管理、维护、控制及程序的装入和编译等工作；而应用软件则是指利用计算机进行物流信息处理的应用软件，如仓储软件、运输软件、供应链管理软件等。

（3）数据库与数据仓库

数据库技术将多个用户、多种应用所涉及的数据，按一定数据模型进行组织、存储、使用、控制和维护管理，数据的独立性高、冗余度小、共享性好，能进行数据完整性、完全性、一致性的控制。数据库系统面向一般的管理层的事务性处理。

数据仓库是面向主题的、集成的、稳定的、不同时间的数据集合，用以支持经营管理中的决策制定过程。基于主题而组织的数据便于面向主题分析决策，它所具有的集成性、稳定性及时间特征使其成为为分析型数据，为决策层提供决策支持。数据仓库系统也是一个管理系统，它由三部分组成：数据仓库、数据仓库管理系统、数据仓库工具。

（4）人员

包括：系统分析人员、系统设计人员、系统实施和操作人员，以及系统维护人员、系统管理人员、数据准备人员与各层次管理机构的决策者等。

2. 物流信息系统的功能

（1）接受订货信息并进行传送

订货信息是物流信息系统的入口，是整个物流作业系统运作的最主要的依据。物流信息系统首先要能够准确快速接收客户订货信息并进行确认，然后要及时传送给仓储、运输、采购等部门，以便及时进行相关物流作业。

（2）正确掌握物的移动信息并进行传送

物流信息系统的最基本的功能是正确地掌握物品的移动的功能。物流信息系统要能随时反映出物品每时每刻在仓库或配送运输业务中的什么地方。

（3）对顾客提供信息

物流信息系统不仅要满足企业内部的应用，还要对顾客提供信息，包括到货信息、订货信息、货物追踪信息及市场状况信息等。

（4）控制各种物流作业计划的实施

在信息系统中要预先设置各种计划的指标及其标准值，在平时的业务处理过程中，要有相关的数据库归集计算各指标需要的数据，计划实施完成后，要自动计算出相应指标，如果实际指标值超过预设的标准，系统要自动报警，并提示管理人员采取相应的管理措施。

四、物流信息系统的信息处理流程

1. 接受订货和订货信息系统处理流程

订单系统是物流管理信息系统的入口，基于订单信息系统才能够运转下面的仓储、运输、配送等信息系统。不同的软件其具体的功能操作设计不同，但一般而言，接受订货和订货信息系统可以分为订单输入系统、接受订货系统和订货缺货系统三个子系统。

（1）订单输入子系统

1）订单输入子系统的功能

①能够支持顾客希望的接受订货的形式；

②正确掌握订货信息；

③订单输入系统应该建立能够使企业获得必要的市场信息和顾客信息的功能。

2）订单输入子系统的一般流程（见图 1—2）

①订单输入。订单输入是由各种各样的手段所汇集的订单向计算机系统进行输入，向计算机系统输入的手段有人工输入和自动采集输入两种。在设计系统时需要认真分析机械的处理部分和人工处理的部分，建立起人和机器的协调系统。机械的部分是以省力化为目的，人工部分需要考虑如何进行人与人的配合，以增加销售额。

②订单内容的确认。由于订单输入是进入计算机系统的开始部分，要考虑后面所进行处

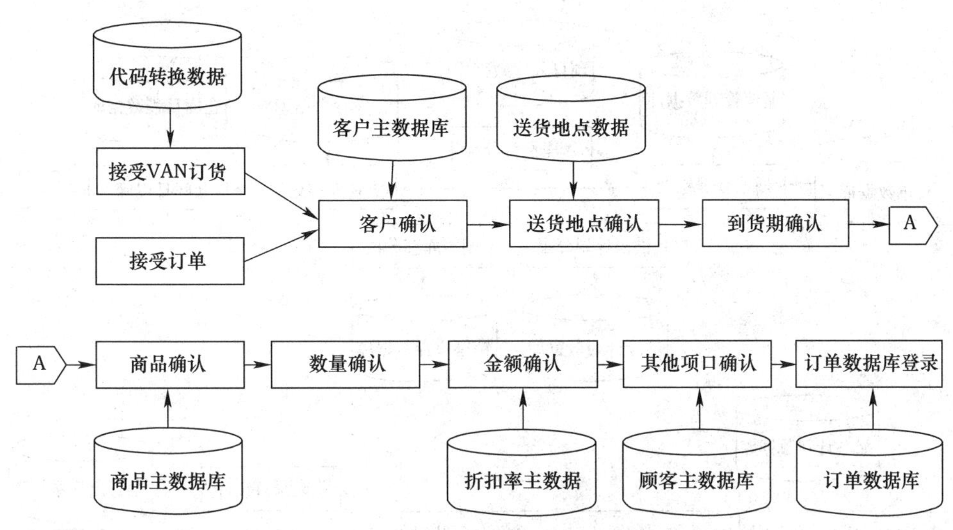

图 1—2 订单输入处理流程

理的必要项目。一般情况下，接受订货信息包括客户、商品、数量、金额、到货期、送货地点、对方的订单号、电话号码、购入的记录以及特定的事项等。输入的项目发生错误时，一定要停止当前的处理，改正相应的错误，必须对每一项订单做出完结的处理，不能够影响下面的工作。

③订单数据库登录。输入的订单如果确认正确，就可以向计算机系统做订单数据库的输入处理。在订单数据库中，包括每一个登录的订单，到全部订货出库后计算销售收入为止所保存的订单状态。通过这样的处理，可以将输入的内容进行确认输出清单，让操作员以外的工作人员对清单的内容做再一次的确认，可以起到相互牵制的作用。

在订单输入系统中，必须考虑到各个行业的商业习惯。应该考虑订单的接收方法、到货期的回答方法、行业的共通化趋势等。

(2) 接受订货子系统

1) 接受订货系统的基本功能

①将订单信息转换为物流信息；

②正确回答到货期；

③接受订货信息和分配信息提供给相关部门。

2) 接受订货系统的一般流程。接受订货系统起着将订货信息转换为物流信息的重要作用，是物流信息系统的核心组成部分。企业的接受订货形态以及对商品的分配方法等各自有着不同的经验和做法，其最根本的就是如何用最小的库存获得最大销售的目标，同时在很大程度上受周围环境的约束。但是，对商品分配订单的基本方法不会改变，如果理解了业务的本质，就可以建立不受环境变化影响相对比较稳定的系统。信息处理的流程如图 1—3 所示。

①客户信用检查。在接受订货中，要对客户进行信用范围内的审核，如果在信用范围内则接受订货，如果在信用范围以外则发出警告。如果客户采用信用卡结算，要与银行联网的方式加以确认。对于采用货到付款结算方式的老客户，接受订单之后，还要考虑及时更新应收账款的余额。

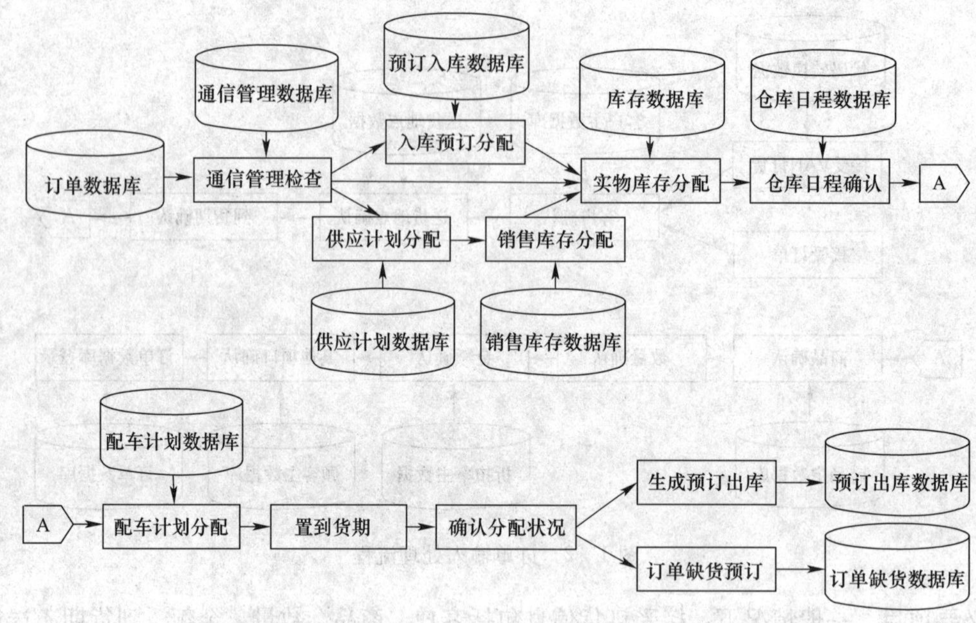

图 1—3 接受订货信息处理流程

②入库预订分配。按照接受订单的顺序分配库存进行出库的情况下，发生缺货时，为了回答顾客什么时候能够接到货物，需要对今后预订的入库进行分配。当实际到货时，要取消预订并将预订和实际的到货进行对比和处理。当预订马上可以入库进入到出库的状态，就可以回答马上可以出库；如果不能够马上入库的话，就要对预订入库进行分配，并按照入库预订日回答可以到货的时间。

③供货计划分配。如果客户订购的商品供不应求，还需要生产并且产量不足的情况下，就需要对供货计划进行分配。为了将制造出的商品效率地向市场供货，要制定供货计划。以计算机所接收的订货和销售以及接收到货的信息为基础，制定供货计划的单位量，并根据对方希望到货的日期以及销售部门确定的客户的优先等级进行供货计划的自动和人工分配。如果成功地分配了供货计划，要掌握订货的状态；如果没有成功地进行分配，就要在希望到货日期的前后进行供货计划的分配。经过了供货计划分配的订单，有两类订单，在供货计划日能够到货的订单以及不能够回答在供货计划日是否到货的订单。对于供货计划完全进行分配后所接受的订单直到提示下一个供货计划为止都作为不能够回答到货期的订单。

④销售库存分配。所谓销售库存就是营业部门掌握的库存，是生产完成的产成品库存。商品一旦进行了入库就要更新实物库存，同时根据供货计划分配不同仓库的入库数量。然后，对全部供货计划进行分配，如果还存在销售库存中没有被分配的订单，则优先分配订单。剩余的库存作为以后对输入订单进行分配的有效库存。销售的分配由于与营业部门的销售政策有关，采用什么样的方法需要根据营业部门的意向决定。

⑤实物库存分配。实物库存分配的首要工作就是决定仓库。决定仓库需要知道应该出库的商品是在哪些仓库中存储，为了对商品的送货地点进行效率化的配送，还要选择从哪一个仓库出货。当一个商品在全国的若干个仓库存储的情况下，从对应订单的到货地点检索出应

该出货的仓库。由以上商品和仓库的关系以及仓库与到货地点的关系来决定出货的仓库。

在所确定的仓库中因为有可能存在商品数量不足的情况，这样有必要进行候补仓库的处理，同样是要根据客户要求到货地点与商品存放仓库的优先顺序来决定。

完成了实物库存分配的订单，为了核实配送的条件，还需要核实仓库的日程安排。不能够分配实物库存的订单存储到订货缺货数据库中。

⑥仓库日程核实。数量关系的分配全部完成了，为了核实什么时候出库，需要核实仓库的日程。要核实回答了到货期的出库预订日期是否正是出库仓库的休息日，如果是休息日就要往后顺延或者提前出库，需要找出最近的出库日期。

⑦配车计划分配。准备好商品之后，到货日期要根据配送方式与运输工具的日程来确定。在配车计划的分配中，存在着如何解决装载的效率和缩短到货期的矛盾。为此，不仅是当日出库的订单，有必要将先出的订单尽可能早地装载，并探讨提前出库时提高装载的效率。先出的订单在不能够装载的情况下，将出库的配送中心作为库存的缓冲区，考虑哪家配送中心进行补充来提高装载的效率。这样，就可以解决这些矛盾，可以按照客户的到货期进行通知。

⑧制定到货期。到以上的第 7 步为止，进行了订单内容的确认和何时到货期的确认，系统返回到开始的回答，并等待下一步操作。根据操作的确认行为，制作接受订货的确认清单，对于全部完成了分配的订单作出预订出库的数据。对于没有完成分配的订单生成订货缺货的数据。在计算机系统处理中，当发现输入错误时，显示错误的内容，并在操作中催促下面的处理。

⑨生成出库预订数据。满足库存分配等全部的条件，对确认了的订单回答到货日及到货的情况，生成出库预订数据。在这些出库预订数据的基础上，为了输出有关必要的出库单据，这时要准备出必要的项目，特别是专用单据要按照客户的要求生成有关内容。

⑩生成订货缺货数据。不能够满足各分配条件的订单作为订货缺货进行登录，要想知道这些订单什么时候能够分配，要生成订货缺货数据并存入订货缺货数据库。订货缺货数据作为下面订货缺货系统的开始数据。

（3）订货缺货子系统

1）订货缺货系统的基本功能

①正确地掌握订货缺货的状况；

②遵守到货日期对库存的分配；

③能够处理订单的变更。

2）订货缺货系统的一般流程（见图 1—4）

①订货缺货的改变。订货缺货的改变是考虑公司内部所发生的改变和公司外部所希望的改变。公司内部的改变主要是到货日期的改变，要根据改变的内容通知客户，是原样保持订货缺货还是全部取消订单，要根据协商的结果重新登录。另外还要能够响应顾客希望进行订货改变的情况，如取消订单、改变到货地点、改变到货日期、改变配送方式等。

②订货缺货的查询。为了回答客户的询问，公司内部要知道订单处在什么样的状态，要考虑对方的询问方式。系统需要考虑使用多种查询方法，按照对方的提问就能够进行查询。如确认对方的方法，最简单的就是询问对方的代码，但是有很多客户记不住自己的代码，因

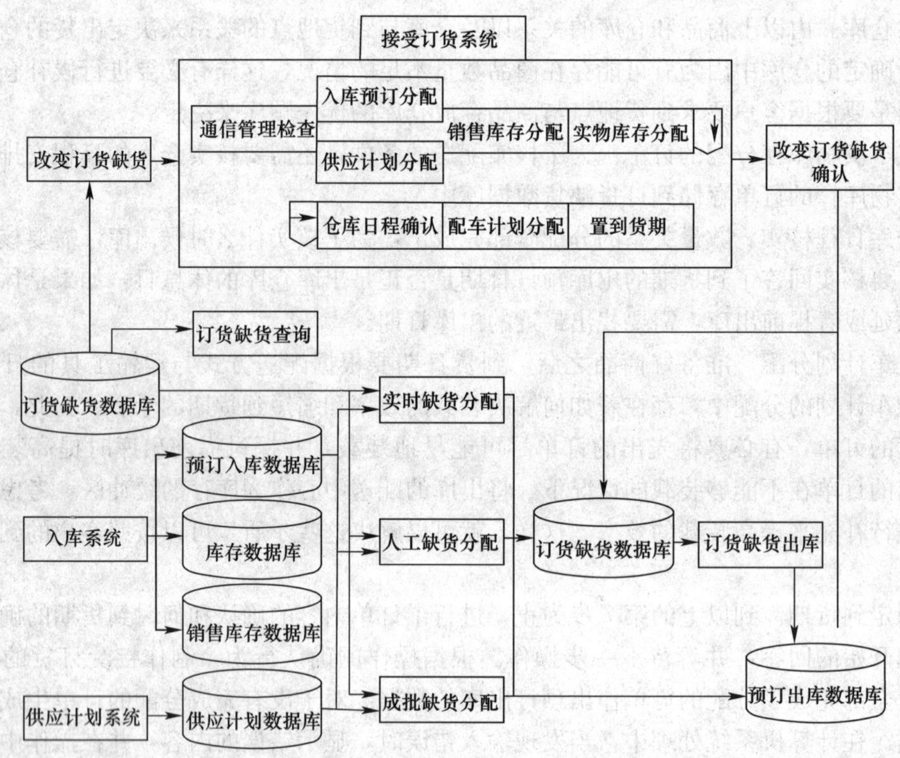

图 1—4 订货缺货系统处理流程

此系统需要根据客户的电话号码或客户的名称识别出客户。

③订货缺货的分配。分配的种类有对预订入库的分配、对供应计划的分配、对销售库存的分配和对实物库存的分配。订货缺货的状态需要掌握分配到了哪一个阶段，与分配有关的情况发生时抽出该商品的订货缺货，根据分配的优先顺序进行分配。分配方法有自动进行分配和可以浏览订货缺货状况人工进行分配两种方法。分配时机有实时分配和夜间成批分配两种每种分配时机和方式有其优点。

④订货缺货的出库。对订货缺货所登录的订单，当发生入库时要进行订货缺货分配，使这些订单随时能够出库。如果到了回答的到货日期就要进行出库处理，但要分为没有必要向客户确认和需要向客户进行确认两种情况。需要向客户进行确认的情况，按照应该到货日期向客户明确传达何时可以到货，在客户已经准备好接货的情况下能够自动地出库。

2. 仓储管理系统的信息处理流程

仓储管理系统（Warehouse Management System，WMS）是一个实时的计算机软件系统，它能够按照运作的业务规则和运算法则，对信息、资源、行为、存货和分销运作进行更完美地管理，使其最大化满足有效产出和精确性的要求。仓储管理系统和其反应的业务流程环节一样，包含入库系统、出库系统和在库管理（库存）系统。

（1）入库管理信息子系统的处理流程

入库处理信息流程如图 1—5 所示。

1）接收入库。货车到达之后，为了顺利完成入库的接收作业，最好有计划地进行接

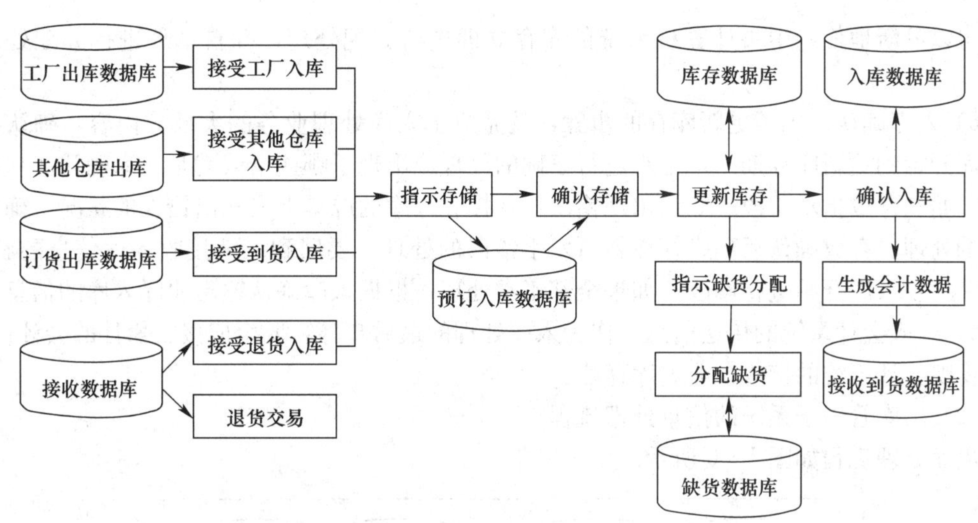

图 1—5　入库处理信息流程

收处理。因此需要事先掌握入库的数据，注意用尽可能少的处理完成入库。例如，从供应商那里事先获得到货预订信息并存储在计算机系统中。实际到货时，用条码表示到货单的到货编号，通过扫描读取该条码检索出到货单所对应的该商品信息，经过合格物品数量的确认后就可以完成接收货物的作业。系统应该事先将到货预订信息输入到计算机系统中。

2）存放的指示。为了遵守先进先出的原则，考虑出库作业的效率进行保管地点的指定，这就是存放商品的指示。因此，需要知道按照不同位置的保管状况，掌握不同货架和托盘的库存。存储的位置通过计算机系统自动进行分配，并输出存储位置的指示书，向作业人员进行指示。特别是在使用自动仓库的情况下，控制自动仓库的计算机会自动地检索出空的货架、空的托盘，并指示巷道机作业。这时，需要明确对货架、托盘进行存储的规则，在出库时对每个存储的位置进行指示。有大量货架的情况下，根据存放指示灯进行存储指示更加方便。在人工作业的范围内能够管理的情况下，也可以省略存放的指示。

3）存放的确认。在自动仓库的情况下，由于自动仓库系统自动地进行存放确认，就没有必要进行人工的确认操作。在存放指示灯所指示的情况下，根据取消指示灯的操作进行存放的确认。也可以采用人工扫描储位和托盘并进行绑定确认。存放确认是更新库存的前提。

4）更新库存。在分散处理时，更新库存分为中央和分散两次更新库存。如果在入库的商品立即出库的系统中，在分散计算机中更新所掌握的不同保管位置的库存，然后联网更新在中央计算机系统中所掌握的不同仓库的库存。在入库的商品不需要立即出库的情况下，考虑计算机的负荷，在分散计算机系统中立即进行更新处理，中央计算机系统的更新库存可以在夜间进行批处理。最好根据适合业务运营的形态进行设计。无论如何，为了使中央和分散两方的库存保持一致，需要建立日常能够进行两方库存对账的功能。两方联网进行更新时要注意出现的错误，只有在两方更新库存正常完成之后，再继续进行入库的确认，在分散方面的更新正常完成而中央方面的更新出错的情况下，应该考虑中央方面更新处理的方法。如果分散方面不能够进行更新库存时，则该入库处理无效。这样更新了的库存存在订货缺货的情况，可以灵活地使用中央计算机系统的库存立即进行分配处理，并自动地进行分配处理的指示。

5）入库确认。到了更新库存的步骤，就完成了入库处理业务的大部分内容，确认从接收入库开始到更新库存期间，是否进行正确的处理或出现了哪些错误就是入库确认。从接收入库开始到存放指示阶段，如果出现错误，在接收入库的屏幕上表示出错误的状况，确定下一步的处理。存放确认后到库存更新所发生错误的处理，要回到取消接收入库信息的状态，重新从接收入库开始进行修改。如果全部正常处理，根据入库确认输出实际入库的信息。

6）生成会计系统的传送信息。作为入库处理的最后步骤，要生成接收累计的会计信息，用以反映会计系统的接收台账、库存账。

（2）出库管理子系统的信息处理流程

出库处理流程如图 1—6 所示。

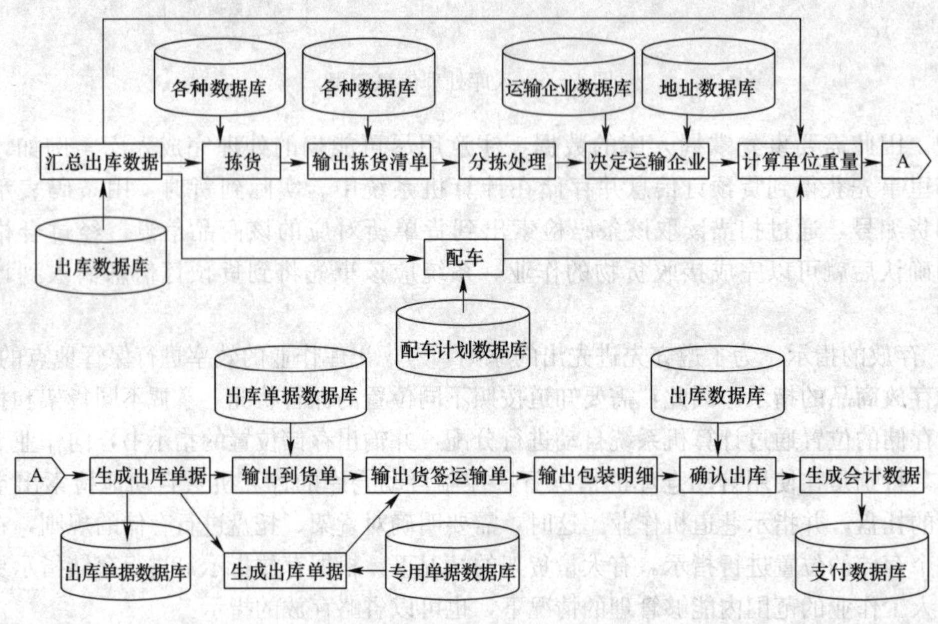

图 1—6　出库处理流程

1）汇总出库数据。出库准备结束之后，从中央计算机系统得到出库数据，确认数据的内容，为了便于以后的作业处理，为生成各种单据准备数据。

2）拣货处理。拣货系统要根据预先设定的拣货方式和拣选作业流程生成拣选单，拣选方式不同，拣选清单格式和内容不同。在采用 LED 数字显示的拣选货架或自动拣选货架情况下，还要向分拣货架分配商品数量。

3）分货处理。分货处理是播种式拣货的后处理作业。在以商品的总量为单位进行拣货之后，需要再按照不同的订单分配商品。

4）决定运输承担者。在出库理货阶段需要根据装运信息来对货物进行包装和理货，并生成相应的运输标签。

5）配车处理。配车处理就是要掌握出库商品的体积，在计算机系统上假设要使用的车辆，按照不同的方向考虑装载作业的顺序，排列订单进行装载的模拟安排。其结果是，输出装载清单或在屏幕上显示，最终通过人为的判断决定输出集货清单。实际的拣货作业按照这些集货清单分别分配给不同的车辆。

在定点班次情况下，基本上是混载进行配车处理，向运输承担者明确告知预订出库量。运输承担者按照这些情况安排配车。

6）生成出库单据。出库单据的形式有本公司所确定的形式，也有客户所指定的形式。

7）输出单据。关于输出的单据，在设计业务的阶段明确各个单据的用途，以最少的单据类为目的。按照不同的用途需要考虑3种单据，即到货单、运输单和货物标签。

到货单是为了客户能够累计到货并以传送信息为目的。因此，一般要求有商品描述、单价、数量和金额等。

运输单是为了货物搬运所必要的单据，重要的是要知道有多少种情况，没有必要知道商品是什么、有多少金额。一定要注意运输单对每个企业是不同的。运输单和到货单之间的关系由于是一张运输单，可能会对应多张到货单，最好在运输单中设置到货单。

货物标签是在运输承担者的配送中心进行分拣时，能够立即知道方向以及在客户确认货物时知道包装内包含有哪些商品。多种商品在同一个包装中的情况下，由于货物标签不能够表示多种商品，需要标记出有多种商品在包装内，并在包装内放入到货单或包装明细单进行配送。

8）包装和单据设置。出库的最终作业就是包装。按照单一品种为单位包装存储时，拣货之后标贴货物标签就能够出库。集合包装时，根据拣货和分拣将集中的商品和到货单放入包装箱中，并标贴货物标签出库。在包装的商品中标贴有货物标签，而到货单和运输单按照每一个运输承担者汇总，在最终的出库时间传递给运输承担者。

9）确认出库。确认出库处理，以接受订货单位检索出预订出库的出库数据，对出库单据和商品、数量等是否一致、实物和数量是否一致进行确认。有关集合包装的订单，由于在包装时确认内容，只确认包装的个数。特别是在使用自动仓库时，在出库区域放置货物时，读取货物标签的条码进行出库确认。

10）向会计系统传送数据。在分散计算机系统中处理的完成出库数据要传送到中央计算机系统中，并在中央计算机系统中更新库存。根据分配了的库存减去出库数，得到的结果相加，由此可以掌握支付情况。最后，为了向会计系统中传送支付信息，附加销售信息、内部的交易信息等对会计必要的项目生成传送文件。

（3）库存子系统的信息处理流程

库存系统处理流程如图1—7所示。

1）设定库存指标。根据销售预测数据以及客户与仓库的相关数据来设定安全库存量和订货点等指标，便于系统能自动提示有关工作人员。

2）检索库存。检索库存的功能是指让业务人员能够知道正确的库存量，目的是为了判断是否与订单相对应。在检索库存中，有单一的检索和复数的检索。单一的检索是检索一个商品的详细内容；复数检索是对多种商品进行一次或者是对单一商品在多数仓库中进行一次的检索。为了提高业务效率，系统应该注意如何提高应答反应速度。

3）对比实际库存和指标。系统要周期性地对比实际库存与库存指标并行判断，然后将

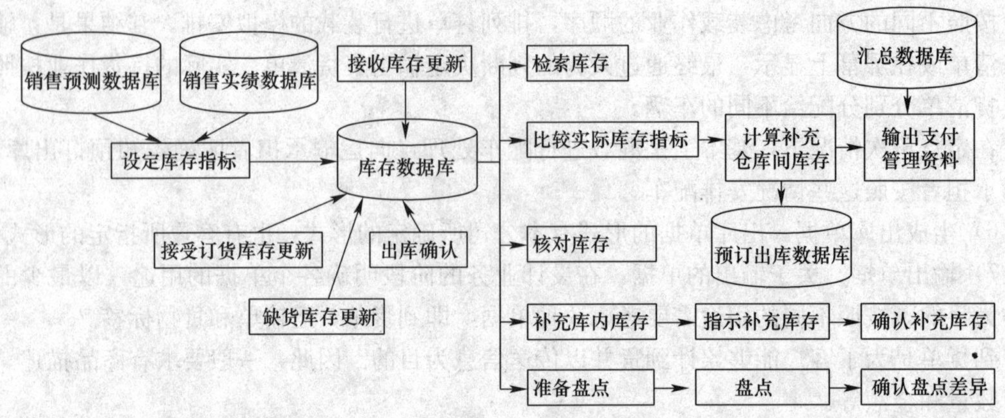

图1—7　库存系统处理流程

比对的结果提示给相关岗位的操作人员和管理人员。

4）计算库存之间的补充库存。当存在多家地区配送的仓库时，需要从工厂仓库或公司仓库向地区配送仓库补充库存。可由系统提出建议补充的数量提供给业务人员，由业务人员决定补充量，进行补充指示。

5）输出收付的管理资料。在计算机系统中为了正确地管理库存，存储着出入库的记录。为了减轻作业人员的负担，用计算机系统生成收付表单。

6）核对库存。周期性地核对中央计算机系统中的库存总量和各个仓库计算机系统中的库存数量的总和，并进行相应的调整。

7）补充库存。库存补充可以分为定期补充和紧急补充。定期补充是按照所确定的安全库存，根据库内储存的商品进行补充的汇总，指示完成补充库存的处理。向货架的补充作业最好在库内作业的空闲时间完成。紧急补充是以出库预订的数据为基础，当进行商品的分配时，拣货货区不足，由存储库区紧急补充。也就是说，限定应该出库的货架，最好不从存储库区直接进行出库。从库内作业的标准化考虑，存储库区和临时存储库区的出库效率是较高的，而作业人员要作出多余的判断，在指示出库方面，应该使库内的作业简单化。

8）盘点。盘点是为了正确地掌握实物商品在哪里、有哪些。有多种盘点的方法，必须从财务的角度和管理准确的角度进行选择。为了减轻盘点负担，计算机系统要灵活运用库存数据库。计算机系统中，根据库存数据库对仓库、不同货架存储的商品进行盘点，事先要输出有关盘点清单，并交给有关作业人员。作业人员按照盘点清单登记库存数量，可以减少盘点的时间。如果将计算机系统的库存数表示出来，作业人员会受这些数据的影响。为了提高盘点效率和准确性，最好应用手持式条码数据终端。通过条码表示各个货架的编号，在计算机系统中所掌握的每一个货架上的商品事先下载到手持式条码数据终端中，盘点时用手持式条码数据终端扫描货架的编号，再输入表示该商品的盘点数。如果能够确认每日收付时货架的库存，就会降低盘点时库存的误差。

3. 运输和配送管理系统的信息处理流程

运输和配送管理系统是基于运输配送业务的信息系统，目的是将与配送运输有关物流费用和完成交易关系中的服务作为前提条件，在明确服务水平要求下，以最少的成本选择运送手段，实现配送运输路线的最佳化，同时与运输企业进行数据交换，以实现配送运输附属业务的合理化。因此，运输和配送系统可以分为配车计划和运输数据交换两大子系统。

（1）配车计划子系统

1）配车计划子系统的基本功能

①根据运营车辆改变货物组合结构；

②自动计算不同货物的装载量及装载方案；

③积累实际的装载数据。

2）配车计划子系统的信息处理流程（见图1—8）

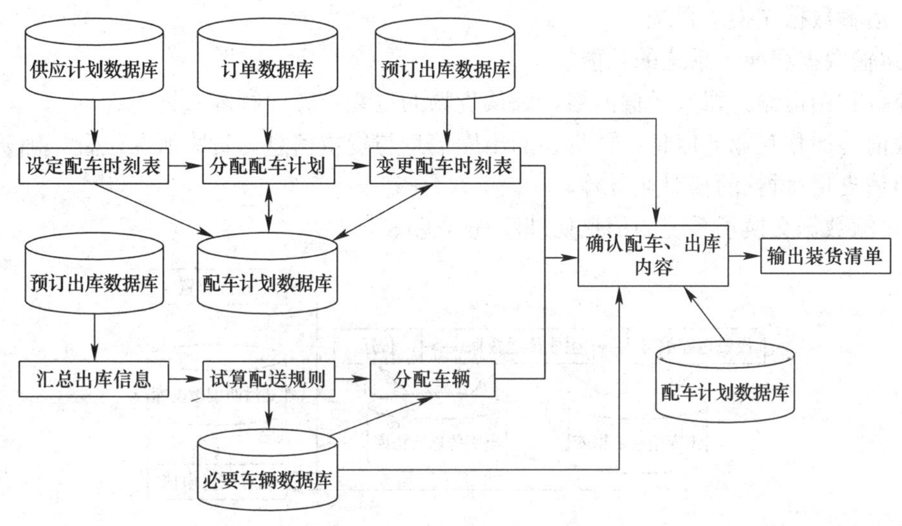

图1—8　配车计划系统处理流程

①制定配车时间表。配车时间表是提前将车辆按照不同的方向和分配，并决定什么时间进行配送的安排表。制定配车时间表，要知道不同方向的需要，其数据来源于接受订货与订货系统。在确认需要运输的物流量后，用装载效率作为目标值来确定配车间隔，并设定车辆编号，登录到配车计划数据库。

②分配配车计划。在根据每天的物流量来安排好不同方向的车辆与送货时间的在登录订单后，就需要将每天出库货物和车辆建立对应关系了。根据到货地点自动地确定出库仓库或人为指定出库仓库，然后读取该指定仓库制定出库日期的配车计划数据库，依次确认每辆车的装载指数，计算出库商品的体积，并与每辆车的装载冗余空间（每辆车的满载装载量一已装载数）进行对比，如前者小于后者，则登录车辆号码。如遇到紧急送货，还可以人工调整车辆装载计划。

③变更配车时间表。在客户订单或者供计划发生了变更的情况下，要增加或减少不同方向不同时间的车辆数量。

④汇总出库信息。从预定出库数据库中选择出相应的订单，汇总出库信息，计算出每天必须配送的货物的重量和体积。

⑤试算配送规则。根据一定的配送试算规则确定车辆混装方案。

⑥安排车辆。将确定的车辆台数按照不同的方向决定车辆编号，并通知配车业务人员进行实际的车辆安排。如果是自有车辆，用车辆编号分配实际车辆，向运行管理台账登录，并分配驾驶员，打印出派车单。当租用车辆时，生成租车委托书并传递给运输公司，得到运输公司的租车确认后，车辆编号与实际车辆建立联系。车辆安排完成及送货顺序确定后，准备输出装货清单。

⑦确定配车出库内容。由相关人员对车辆装载的各个出库单与订单进行确认，同时确认装载效率，并可以进行相应调整。

⑧输出装货清单。输出实际装载的装货清单给出库业务部门，出库业务部门根据装车及送货顺序确定分拣单，进行备货。在装货完成后，根据装货清单进行装载交接确认。

（2）运输数据交换子系统

1）运输数据交换子系统的功能

①充分利用运输公司的运输网络，确认货物的位置，方便顾客查询；

②提前传递相互业务信息，如货物的出库信息与货主信息、货物所在位置、确认货物的接收、申请支付/付款的核对业务等。

2）运输数据交换子系统的信息处理流程（见图1—9）

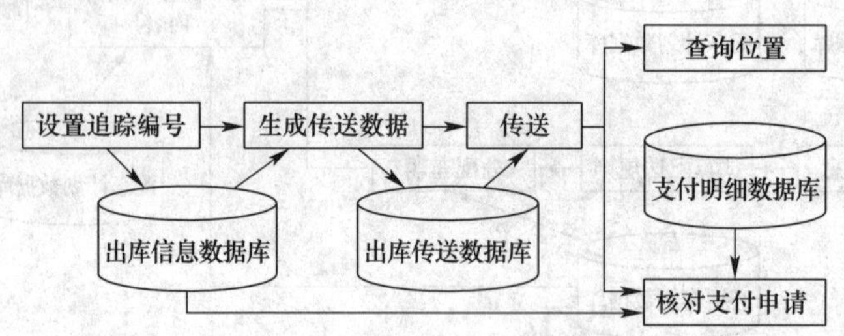

图1—9　运输数据交换信息处理流程

①设置货物标签、出库单据上的货物追踪编号。设置货物追踪编号是便于系统进行货物交接的确认、位置的查询以及支付请求的确认等。设置追踪编号的最佳方法是每一件货物编一个号，这样在订单被分拆的情况下也可以准确地知道每一件货物的确切位置；另一种方法是根据货物交接的出库单据或订单进行编号，这样便于顾客按订单进行确认和查询。

②传送出库数据。在货物装车完成后，及时将出库货物信息、货主信息、运输车辆与人员信息及费用信息及时传递给下一个收货方，便于对方提前做好接运准备和接收验收，也便于顾客进行位置查询。

③确认接收。货物交接确认签字后，将签收信息回注到系统的相关单据中。

④货物的追踪。运输方必须在货物所在的每一个位置，并将信息输入到系统数据库中。

⑤查询货物的位置。为客户提供查询界面并响应客户的位置查询。

⑥确认申请付款。生成相关的费用单据和费用明细，并传递给付款方进行确认，确认无误后，按照规则进行资金结算，结算完成后将结果回注到系统中。

思考与练习

1. 物流系统的构成是什么？
2. 物流信息包括哪些主要内容?
3. 常用的处理物流信息的技术手段有哪些?
4. 以一个物流企业为例，简述其物流信息处理的流程。

模块二

物流计算机网络技术应用

课题1　计算机网络技术基础知识

一、计算机网络基础

1. 计算机网络定义

计算机网络是计算机技术与通信技术相结合的产物，是把分布在不同地理区域的具有独立功能的多台计算机系统相互连接在一起，由操作系统和协议软件进行管理，实现资源共享的系统。

2. 计算机网络的功能

计算机网络以共享为主要目标，具备以下几个方面的功能：

(1) 数据通信

数据通信是计算机网络最基本的功能。它用来快速传送计算机与终端、计算机与计算机之间的各种信息，包括文字信件、新闻消息、咨询信息、图片资料、报纸版面等。利用这一特点，可以将分散在各个地区的单位或部门用计算机网络联系起来，进行统一的调配、控制和管理。

(2) 资源共享

资源指的是网络中所有的软件、硬件和数据资源。共享指的是网络中的用户都能够部分或全部地享有这些资源。如大容量磁盘、高速打印机、绘图仪，通信线路、数据库、物流企业订单处理系统、某些单位设计的软件等，可供需要的单位或部门有偿调用或办理一定手续后调用；可面向用户，使不具有这些设备的用户也能使用这些硬件设备。

(3) 分布处理

当某台计算机负荷过重或该计算机正在处理某项工作时，网络可将新课题转交给空闲的计算机来完成，这样处理能均衡各计算机的负荷，提高处理问题的实时性；对大型综合性问题，可将问题各部分交给不同的计算机分头处理，充分利用网络资源，增强计算机的处理能力，即增强实用性。对解决复杂问题来讲，多台计算机联合使用并构成高性能的计算机体系，这种协同工作、并行处理的计算机体系要比单独购置高性能的大型计算机便宜得多。

(4) 远程传输

分布在很远位置的用户可以通过计算机网络互相传输数据信息，互相交流，协同工作。

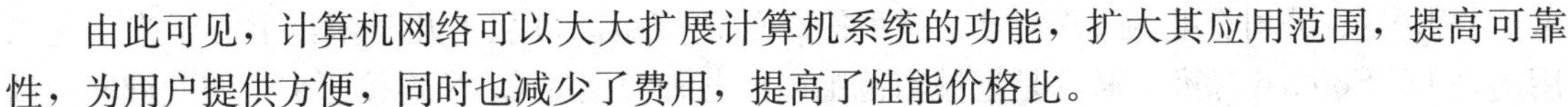

由此可见，计算机网络可以大大扩展计算机系统的功能，扩大其应用范围，提高可靠性，为用户提供方便，同时也减少了费用，提高了性能价格比。

二、计算机网络的分类

1. 按网络的地理覆盖范围分类

（1）局域网

局域网随着整个计算机网络技术的发展得到充分的应用和普及，几乎每个单位都有自己的局域网，甚至有的家庭都有自己的小型局域网。所谓局域网，就是在局部地区范围内的计算机网络，它所覆盖的地区范围较小，地理距离一般在几千米或十几千米内，一般分布在一栋大楼或者一组建筑群中，由一个单位或部门自行组建和使用。局域网在计算机数量配置上没有太多的限制，少的可以只有两台，多的可达几百台。一般来说，在企业局域网中，工作站的数量为几十到两百台次。这种网络的特点是连接范围窄、用户数量少、配置简单、连接速率高，如图 2—1—1 所示。

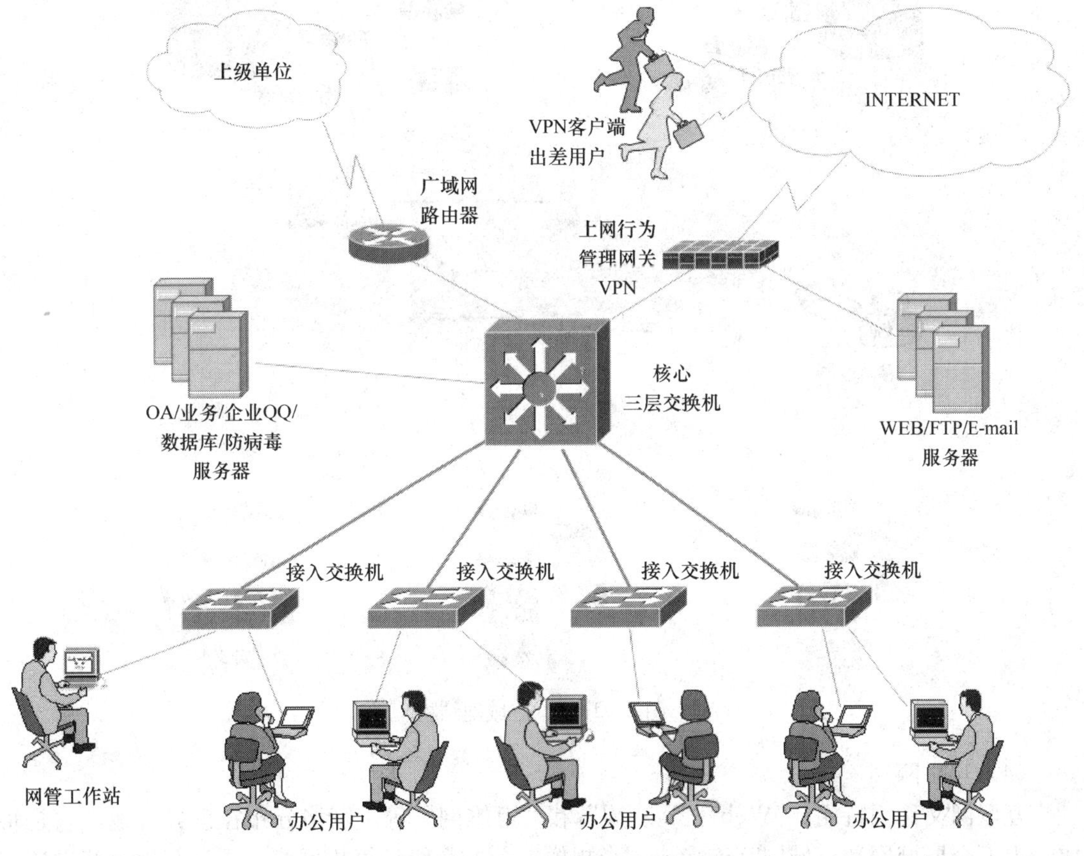

图 2—1—1　局域网结构

（2）城域网

城域网是指地理范围覆盖一个城市或者地区，通过调制解调器或者直接数据设备与线路（如光纤或电缆）连接在一起构成的计算机网络，如连接政府机构的 LAN、医院的 LAN、电信的 LAN、公司企业的 LAN 等。这种网络的连接距离可从十几千米至上百千米，它采用的是 IEEE802.6 标准，通常是把城市范围内的各种类型的 LAN 连接起来，使城域网中高速的局域网互联成为可能。但实际上，城域网技术并没能在世界各国迅速地推广，而是被广域网技术所代替。

（3）广域网

广域网也称为远程网，由相距较远的局域网或城域网互联而成，一般是指不同城市之间的 LAN 或者 MAN 网络互连，地理范围可从几百千米到几千千米。它是由政府部门或者电信部门组建，通过海底光缆或者卫星线路与其他国家、城市和地区的网络相连的公共数据网。因为距离较远，信息衰减比较严重，所以，这种网络一般要租用专线，通过 IMP（接口信息处理）协议和线路连接起来，构成网状结构，以解决循径问题，如图 2—1—2 所示。

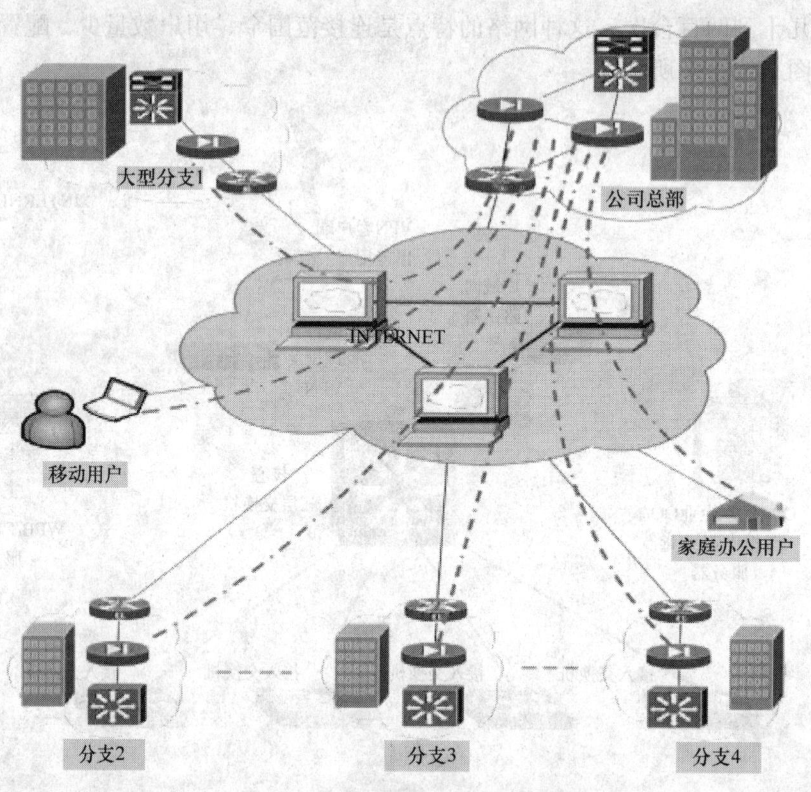

图 2—1—2　广域网结构

（4）互联网

互联网又称因特网、“Web”“WWW”和“万维网”等。网络分布在世界各地，它是将成千上万个局域网和广域网互连形成一个规模空前的超级计算机网络。无论从地理范围还是从网络规模来说，它都是世界上最大的一种网络。

2. 按网络的管理方式分类

（1）对等式网络

如图 2—1—3 所示，对等式网络是最简单的网络，网络中不需要专门的服务器，接入网络的每台计算机没有工作站和服务器之分，都是平等的，既可以使用其他计算机上的资源，也可以为其他计算机提供共享资源。比较适合于部门内部协同工作的小型网络。但较难实现数据的集中管理与监控，整个系统的安全性较低。

（2）客户机/服务器式网络

在客户机/服务器式网络（以下简称C/S结构）中，有一台或多台高性能的计算机专门为其他计算机提供服务，这类计算机称为服务器；而与之相连的其他用户计算机通过请求可获得相关服务，这类计算机称为客户机。C/S结构是最常用、最重要的一种网络类型，其性能在很大程度上取决于服务器的性能和客户机的数量。服务器有文件服务器和通信服务器，服务器上装有网络操作系统（如Windows 2000 server、Linux、UNIX、Netware等）。有的服务器兼做互联网中的路由器，是互联网上的有源节点。客户机一般是指PC机、图形工作站、小型机等。客户机也称工作站，用户通过它访问服务器上的软件资源以及共享网上的硬件资源。客户机/服务器式网络如图2—1—4所示。

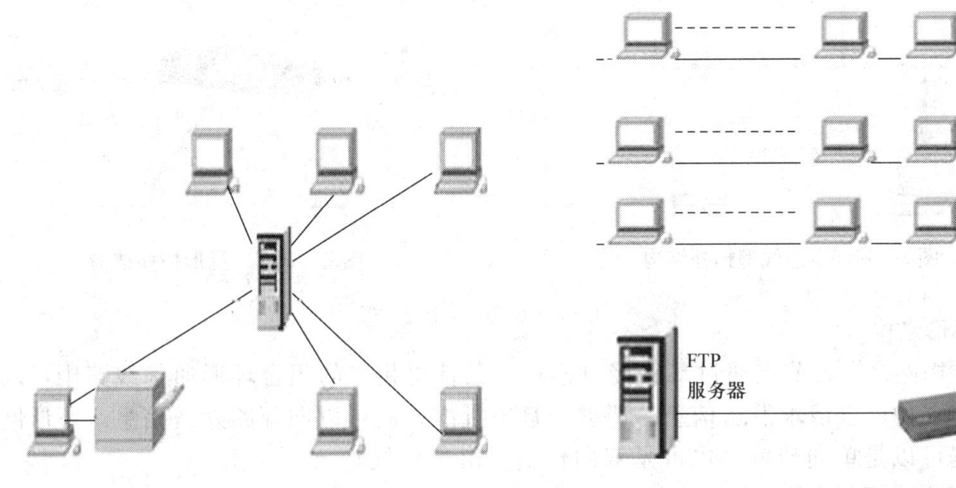

图2—1—3　对等式网络　　　图2—1—4　客户机/服务器式网络

3. 按网络的拓扑结构分类

拓扑是从图论演变来的，是一种研究与大小形状无关的点、线、面特点的方法。在计算机网络中抛开网络中的具体设备，把工作站、服务器等网络单元抽象为“点”，把网络中的电缆等通信介质抽象为“线”。这样，从拓扑学的观点看计算机和网络系统，就形成了点和线组成的几何图形，从而抽象出计算机网络的拓扑结构。

（1）总线型结构

该结构比较简单，网络中所有设备都直接采用一条称为公共总线的传输介质，这种介质一般采用同轴电缆（包括粗缆和细缆），现在多采用光纤作为总线传输介质。这种将所有站点都通过相应的硬件接口直接连到公共总线传输介质上的布局方式，称为总线型拓扑结构，如图2—1—5所示。总线型结构易于扩展，节点的插入和拆卸非常方便；可靠性较高，当一个节点出现故障或脱离网络时，网络中的其他节点不受影响；网络响应速度快，共享能力强，便于广播式传输，节点间的信息直接到达。但总线结构网络中工作站的个数是有限的，如果节点的个数超出负载容量，会影响网络性能并且总线一旦出现故障，会造成整个网络的瘫痪。

(2) 星形结构

星形结构的网络目前在局域网中的应用最为普遍，企业网络几乎都是采用这一方式。它是以中央节点为中心，各节点与中央节点通过点与点的方式连接组成的，中央节点执行集中式通信控制策略，因此，中央节点通信信道在硬件配置和软件优化方面尤其重要，如图 2—1—6 所示。星形网络结构简单，可扩充性好。在网络中增加新的节点也很方便，易于维护、管理及实现网络监控。星形网络可靠性高，某个节点与中央节点的链路故障不影响其他节点间的正常工作。星形结构的缺点是电缆长度和安装工作量大，中央节点的负担较重，形成瓶颈，如果中央节点发生故障，就会造成整个网络的瘫痪，并且各站点的分布处理能力较低。

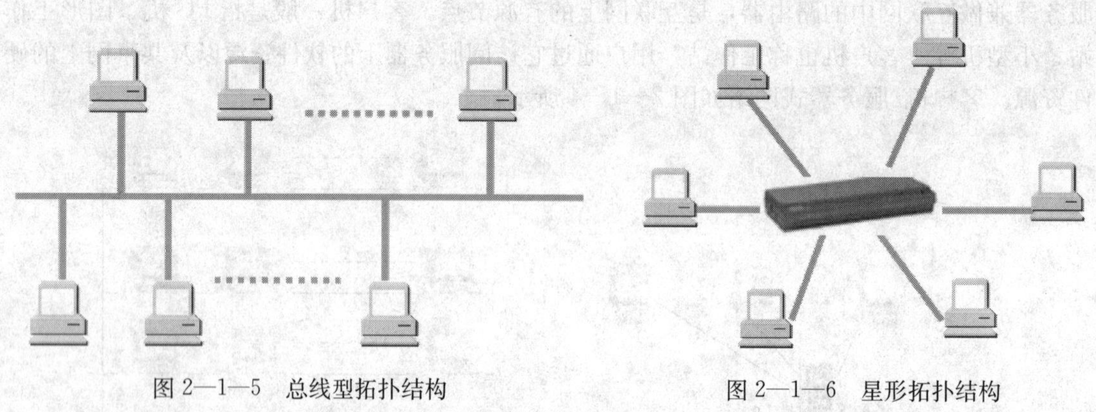

图 2—1—5 总线型拓扑结构　　图 2—1—6 星形拓扑结构

(3) 环形结构

环形结构网络中各节点通过环路接口连在一条首尾相连的闭合环形通信线路中，环路上任何节点均可以请求发送信息。请求一旦被批准，便可以向环路发送信息。环形网络中的数据可以是单向传输，也可是双向传输。由于环线公用，一个节点发出的信息必须穿越环中所有的环路接口，信息流中目的地址与环上某节点地址相符时，信息被该节点的环路接口接收，而后信息继续流向下一环路接口，一直流回到发送该信息的环路接口节点为止，如图 2—1—7 所示。环形网络容易实现节点连接，电缆长度短。增加或减少工作站时，仅需简单的连接操作。信息的传输延迟时间固定，且系统中每个节点地位平等。但环形网络中任何一个节点或一处链路发生故障，都会造成整个网络的瘫痪。由于环路是封闭的，网络建成后，故障检测困难，添加或删除的计算机会干扰网络正常运行。为保证环内信号的单向传输，每个节点与网络的连接器必须是有源器件，有源器件存在供电问题，可靠性不如无源器件。

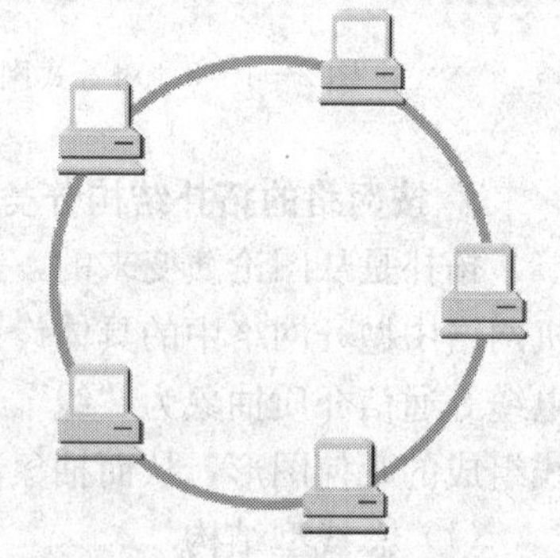

图 2—1—7 环形拓扑结构

(4) 树形结构

树形结构网络又称分级的集中式网络，是星形结构的扩展，它采用分层结构，形状像一棵倒置的树，顶端是树根（节点），由根（节点）引出若干分支（分支节点）、子分支。在树形网络中，任意两个节点之间不产生回路，每个链路都支持双向传输，当任意节点发送信息

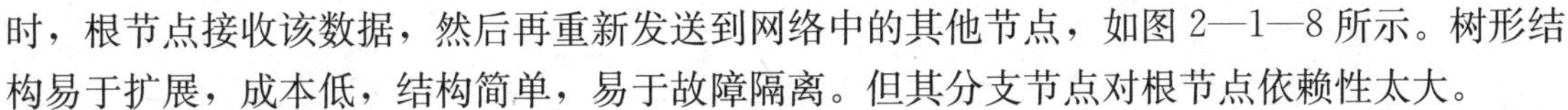

时，根节点接收该数据，然后再重新发送到网络中的其他节点，如图 2—1—8 所示。树形结构易于扩展，成本低，结构简单，易于故障隔离。但其分支节点对根节点依赖性太大。

（5）网状形结构

网状形网络结构由分布在不同地点、各自独立的节点相连，每一个节点至少有一条线路与其他节点相连，每两个节点间的通信线路可能不止一条，能相互通信。互联网大多也采用这种结构，如图 2—1—9 所示。网状形结构可靠性高，灵活性好，节点的独立处理能力强，信息传输容量大。但结构复杂，管理难度大，投资费用高。

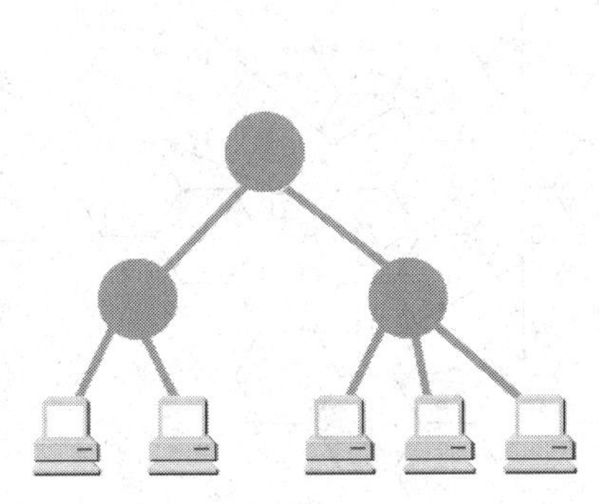

图 2—1—8　树形拓扑结构

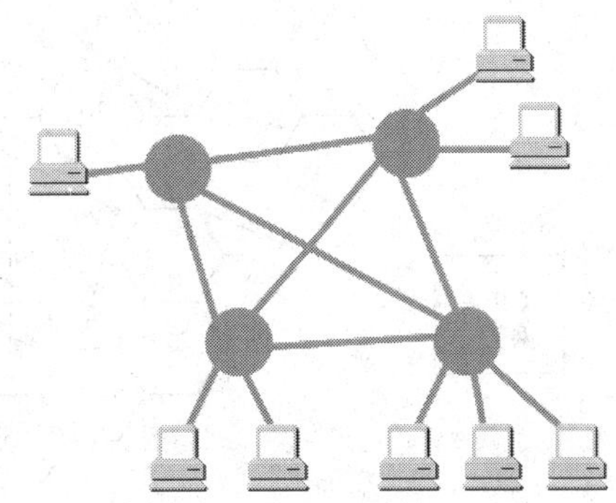

图 2—1—9　网状形拓扑结构

（6）蜂窝形结构

蜂窝形结构是无线局域网常用的结构，它结合无线传输介质（如微波、红外线、激光等）点到点和多到点的特性，是一种无线网络，将多个单元覆盖整个区域，每个单元地理范围内的设备采用特定的连接方式与中央站点或集线器进行通信，集线器之间再实现互联，从而使数据跨过整个网络，提供全网的通信传输。该技术既可以用于局域网，又可以用于城域网或广域网，适用于城市网、校园网、企业网，更适用于移动通信，特别是不利于铺设电缆的地方。蜂窝形拓扑结构如图 2—1—10 所示。

三、计算机网络体系结构

计算机网络由多个互连的节点组成，节点之间要不断地交换数据和控制信息，要做到有条不紊地交换数据，每个节点就必须遵守一整套合理而严谨的结构化管理体系。计算机网络就是按照高度结构化设计方法采用功能分层和协议的集成来实现的，即所谓的计算机网络体系结构。

1. 协议

通过协议层次描述协议软件的基本结构，是计算机网络体系结构中最重要的内容之一。网络中计算机的硬件和软件存在各种差异，为了保证相互通信及双方都能够正确地接收信息，必须事先形成一种约定，即网络协议。协议是为实现网络中的数据交换而建立的规则标准或约定。

2. 协议的分类

（1）同层协议

将网络功能分解为许多层次，在每一个功能层次中，通信双方共同遵守许多约定和规

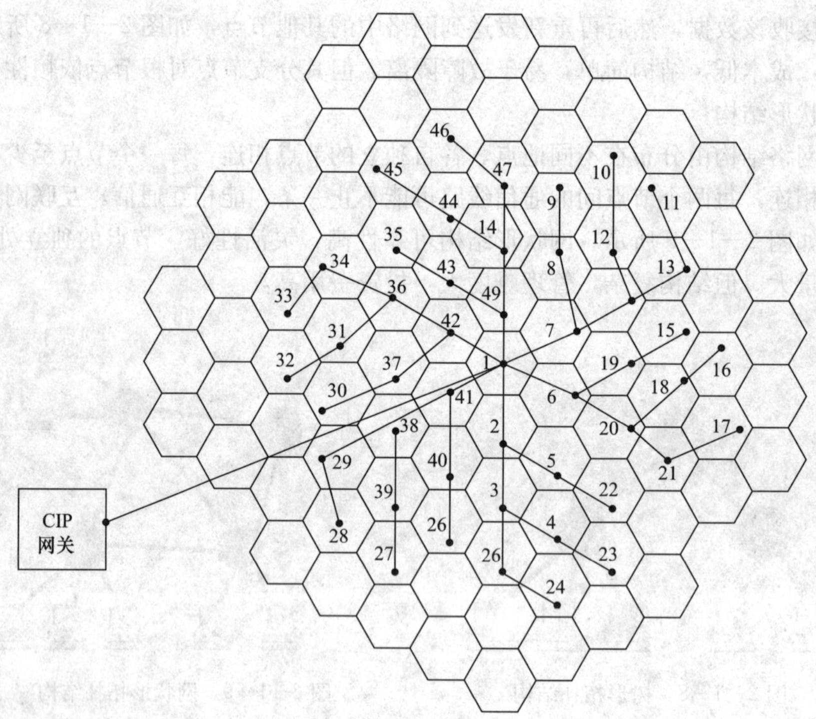

图 2—1—10　蜂窝形拓扑结构

程，这些约定和规程称为同层协议。

（2）接口协议

层次之间逐渐过渡，上一层向下一层提出服务要求，下一层完成上一层提出的要求，上一层必须做好数据信息进入下一层的准备工作，这些两个相邻层次之间要完成的过渡条件，是由接口协议来完成的。接口可以是硬件，也可以采用软件来实现，如数据格式的变换、地址的映射等。

3. 分层的意义

计算机网络是一个非常复杂的系统，它涉及通信、电气、材料等许多领域，而且其功能也相当复杂，需要解决许多问题。为了便于理解和实现，通常将网络的功能分解为若干部分，即所谓的分层。通过对网络结构进行分层，就把一个复杂的问题分解成了若干容易处理的子问题。可以使问题得到很大的简化，降低了问题的难度。

对于分层结构的网络，其网络协议也是分层的。各层协议互相协作，形成一个整体，称为协议族。计算机网络体系结构就是网络功能分层和各层协议的集合。

在网络的分层结构中，第 N 层是第 $N-1$ 层的用户，同时又是第 $N+1$ 层的服务提供者。对第 N 层来说，第 $N+1$ 层的用户直接使用的是第 N 层提供的服务，而事实上，第 $N+1$层的用户是通过第 N 层提供的服务享受到了第 N 层以下所有层的服务。分层结构的好处有以下几点：

（1）使复杂网络的分层结构变得简单分明

网络结构的每一层仅实现一种相对独立的功能。各层的功能单一，便于掌握，这样就降低了整个问题的复杂程度。每一层不需要知道其相邻层是如何实现的，而只需知道它的下层为它所提供的服务。

(2) 灵活性好

当任何一层发生变化时，只要层间接口关系不变，则其相邻层不受影响。

(3) 结构上可分割开

各层都可以采用最合适的技术来实现。

(4) 易于实现和维护

分层之后，使得实现和调试一个大的、复杂的网络系统变得简单和容易。

(5) 能促进标准化工作

为硬件提供了即插即用的兼容和不同厂商之间集成的标准接口。

思考与练习

1. 按地理覆盖范围分类，计算机网络有哪几种类型？
2. 常用的网络拓扑结构有哪些？各具有哪些特点？
3. 了解本校校园网，绘制出本校计算机网络结构简图。

课题2　网络硬件设备与软件系统

计算机网络系统是由多台计算机通过一定的设备和线路连接在一起，形成一个集计算机网络硬件设备、网络软件系统为一体的，能够实现资源共享的现代化综合服务系统。

一、网络硬件设备

网络硬件设备包括网络终端设备、传输设备、连接设备三部分。

1. 网络终端设备

网络终端设备主要包括服务器、工作站、网络打印机、绘图仪等工作终端设备。其中，服务器、工作站是网络终端设备的主体。

(1) 服务器

网络服务器是一台速度快、存储量大、配置高的计算机，它是网络系统的核心设备，负责网络资源管理和用户服务。服务器可分为文件服务器、通信服务器、数据库服务器、应用程序服务器、打印服务器等，是一台专用或多用途的计算机。

服务器的作用主要有安装、运行网络操作系统，通过网络操作系统来控制、协调和处理工作站提出的网络服务请求。另外，服务器还存储和管理网络中的共享资源和软件系统，管理和控制数据通信，为各工作站提供不同的服务。在互联网中，服务器之间互通信息，相互提供服务，每台服务器的地位是同等的。服务器需要专门的技术人员对其进行管理和维护，以保证整个网络的正常运行。按照不同的分类标准，服务器分为许多种：

1) 按网络规模划分，服务器分为工作组级服务器、部门级服务器、企业级服务器。工作组级服务器用于联网计算机在几十台或者对处理速度和系统可靠性要求不高的小型网络，其硬件配置相对较低。部门级服务器用于联网计算机在百台左右、对处理速度和系统可靠性要求中等的中型网络，其硬件配置相对较高，可靠性居于中等水平。企业级服务器用于联网计算机在数百台以上、对处理速度和数据安全要求最高的大型网络，硬件配置最高，系统可靠性要求最高。需要注意的是，这三种服务器之间的界限并不是绝对的，如工作组级服务器和部门级服务器的区别就不是太明显，有的干脆统称为“工作组/部门级”服务器。

2）按照服务器的结构，可以分为CISC架构服务器和RISC架构服务器。CISC架构服务器主要指的是采用英特尔架构技术的服务器，即我们常说的“PC服务器”。RISC架构服务器指采用非英特尔架构技术的服务器，如采用Power PC、Alpha、PA-RISC、Sparc等RISC CPU的服务器。RISC架构服务器的性能和价格比CISC架构服务器高得多。近几年，随着PC技术的迅速发展，CISC架构服务器与RISC架构服务器之间的技术差距已经大大缩小，用户基本上倾向于选择CISC架构服务器。但是，RISC架构服务器在大型的、关键的应用领域中仍然居于非常重要的地位。

3）按照服务器的用途，可以分为通用型服务器和专用型（或称“功能型”）服务器。通用型服务器是指可以提供各种服务功能的服务器，当前大多数服务器是通用型服务器。专用型（或称“功能型”）服务器是指为某一种或某几种功能专门设计的服务器，如光盘镜像服务器是用来存放光盘镜像的，需要配备大容量、高速的硬盘以及光盘镜像软件。

4）按照服务器的外观，可以分为塔式服务器、刀片服务器和机架式服务器。塔式服务器有的采用大小与立式PC台式机大致相当的机箱。刀片式服务器是指在标准高度的机架式机箱内插装多个卡式服务器单元，每一块“刀片”实际上就是一块系统主板。它们可以通过“板载”硬盘启动自己的操作系统，类似于一个个独立的服务器。在这种模式下，每一块母板运行自己的系统，服务于指定的不同用户群，相互之间没有关联。不过，管理员可以使用系统软件将这些母板集合成一个服务器集群。在集群模式下，所有的母板可以连接起来提供高速的网络环境，并同时共享资源，为相同的用户群服务。在集群中插入新的“刀片”，就可以提高整体性能。由于每块“刀片”都是热插拔的，所以，系统可以轻松地进行替换，并且将维护时间缩短到最小。机架式服务器的外形看起来像交换机，安装在标准的19英寸机柜里面。

服务器硬件主要由CPU、内存、芯片组、I/O总线、I/O设备、电源和机箱组成。服务器硬件必须具备如下特点：性能，能够在单位时间内处理相当数量的服务器请求，并保证每个服务的响应时间；可靠性，能够不停机；可扩展性，能够随着用户数量的增加不断提升性能。

（2）工作站

工作站是指具有独立处理能力的计算机，它是用户向服务器申请服务的终端设备。常用的有各种商用的台式机、笔记本电脑、数据采集器、智能手机等。用户可以在工作站上处理日常工作，并随时向服务器索取各种信息及数据，请求服务器提供各种服务（如传输文件、打印文件等）。

2. 网络传输设备

网络传输设备是用来连接通信主体的传输设备，常见的有网卡、集线器、交换机、中继器等。

（1）网卡

网卡又称为网络适配器，如图 2—2—1 所示，它是计算机和计算机之间直接或间接传输介质互相通信的接口，插在计算机的扩展槽中。一般情况下，无论是服务器还是工作站都应安装网卡。网卡的作用是将计算机与通信设施相连接，并将计算机的数字信号转换成通信线路能够传送的电子信号或电磁信号。网卡是物理通信的瓶颈之一，它的质量好坏直接影响用户将来的软件使用效果和物理功能的发挥。

图 2—2—1　网卡

随着计算机网络技术的飞速发展，为了满足各种应用环境和应用层次的需求，出现了许多不同类型的网卡，网卡的划分标准也因此出现了多样化。

1）按总线接口划分，有 ISA、PCI、PCI－X、PCMCIA 接口网卡。ISA 总线接口由于 I/O 速度较慢，随着上世纪 90 年代初 PCI 总线技术的出现，很快被淘汰了。PCI 成为主流的网卡接口类型，接口数据传输速度最高可达 133 Mbps。PCI－X 是一种在服务器开始使用的网卡类型，它与原来的 PCI 相比在 I/O 速度方面提高了一倍。PCMCIA 总线网卡是笔记本电脑专用的，它受笔记本电脑的空间限制，体积比 PCI 接口网卡小得多。

2）按网络接口划分，有 RJ－45、BNC、AUI、FDDI、USB、ATM 接口网卡，如图 2—2—2 所示。RJ－45 接口与 RJ－45 插头相连，BNC 接口与细缆相连，AUL 接口与粗缆相连，USB 接口网卡安装简单并且支持热插拔。USB 设备一旦接入，就能够立即被计算机所承认，而且不必重新启动系统就可立即投入使用。

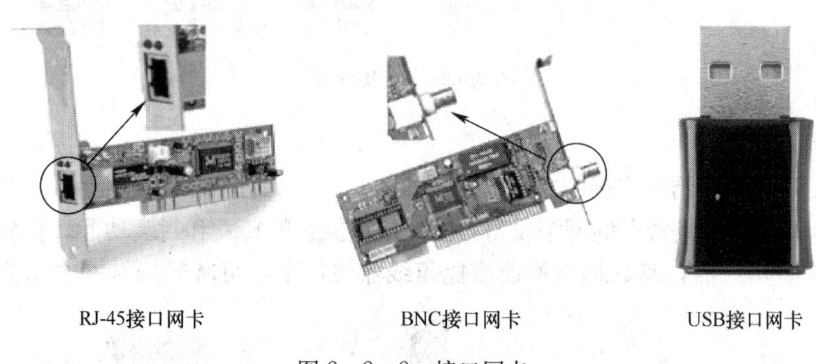

图 2—2—2　接口网卡

3）按传输速率划分，有 10 Mbps、100 Mbps、10 Mbps/100 Mbps 自适应网卡、1 000 Mbps 千兆以太网卡。

4）按传输路线划分，有有线网卡和无线网卡。由于无线网卡不需要布线，目前在局域网中使用越来越广泛。有线网卡的后部有连接网线的接口。无线网卡如图 2—2—3 所示。

每一块网卡在出厂时，内部芯片上都有唯一的标识，即 MAC 地址。网络管理时，通常用 MAC 地址作为管理计算机身份的重要依据。

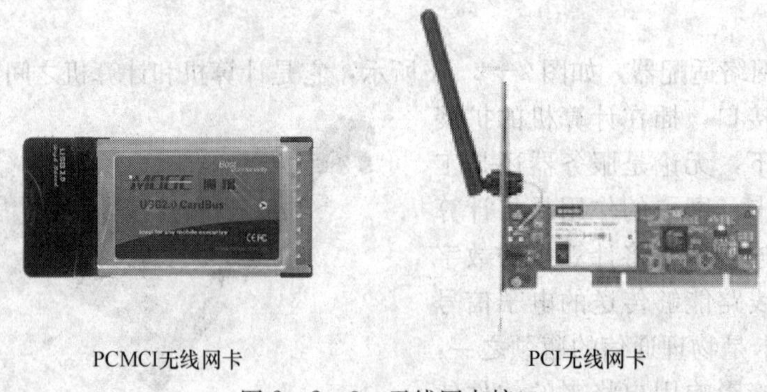

图 2—2—3 无线网卡接口

（2）集线器

集线器是局域网中使用的连接设备。它具有多个端口，可连接多台计算机，如图 2—2—4 所示。在局域网中常以集线器为中心，用双绞线将所有分散的工作站与服务器连接在一起，形成具有星形拓扑结构的局域网系统。这样的网络连接，在网络上的某个节点发生故障时，不会影响其他节点的正常工作。

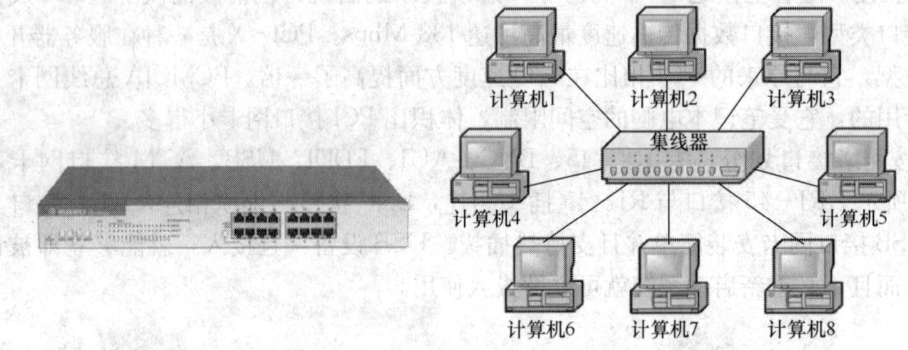

图 2—2—4 集线器

（3）交换机

交换机是一种用于网络连接的主要设备，如图 2—2—5 所示。交换机是一个具有简化、低价、高性能和高端口密集特点的网络设备，能完成数据包的转发和封装功能。在局域网中可以用交换机来代替集线器，其数据交换速度比集线器快得多，可减轻局域网之间信息流通出现

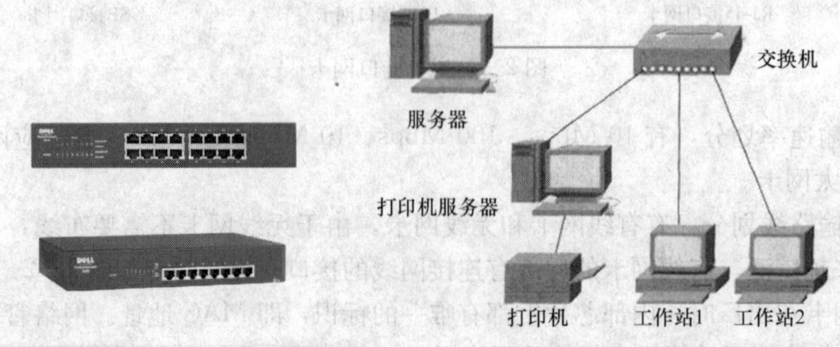

图 2—2—5 交换机

的瓶颈问题。这是由于集线器不知道目标地址在何处，只能将数据发送到所有的端口，而交换机会有一张地址表，通过查找表格中的目标地址，把数据直接发送到指定端口。

根据传输介质和传输速度，交换机可划分为以太网交换机、快速以太网交换机、千兆（1G 位）以太网交换机、10 千兆（10G 位）以太网交换机、FDDI 交换机、ATM 交换机等。根据交换机工作的协议层，可划分第二层交换机、第三层交换机和第四层交换机等。

（4）中继器

中继器又称重发器，仅适用于以太网，是网络物理层的一种传输介质连接设备。由于信号在传输过程中有衰减和噪声，使有用的数据信号变得越来越弱，因此，不管采用哪种拓扑结构和传输介质，总有一个传输距离限制。中继器对信号有放大和整形作用，并按原方向重新发送。中继器可以用来扩展网络段或将两个网络段连在一起，一般用于总线型网络。对链路层以上的协议来说，用中继器互连起来的若干段电缆与单根电缆并无区别。

（5）网桥

网桥也是局域网使用的连接设备。网桥的作用是扩展网络的距离，减轻网络的负载。在局域网中，每条通信线路的长度和连接的设备数都是有最大限度的，超载会降低网络的工作性能。对于较大的局域网，可以采用网桥将负担过重的网络分成多个网络段，当网络信号通过网桥时，网桥会将非本网络段的信号排除掉（即过滤），使网络信号能够更有效地使用信道，从而达到减轻网络负载的目的。

（6）路由器

路由器是互联网中使用的连接设备，如图 2—2—6 所示。它可以将两个网络连接在起，组成更大的网络。被连接的网络可以是局域网，也可以是互联网，连接后的网络都可以称为互联网。路由器不仅有网桥的全部功能，还具有路径的选择功能。路由器可根据网络上信息拥挤的程度，自动地选择适当的线路传递信息。

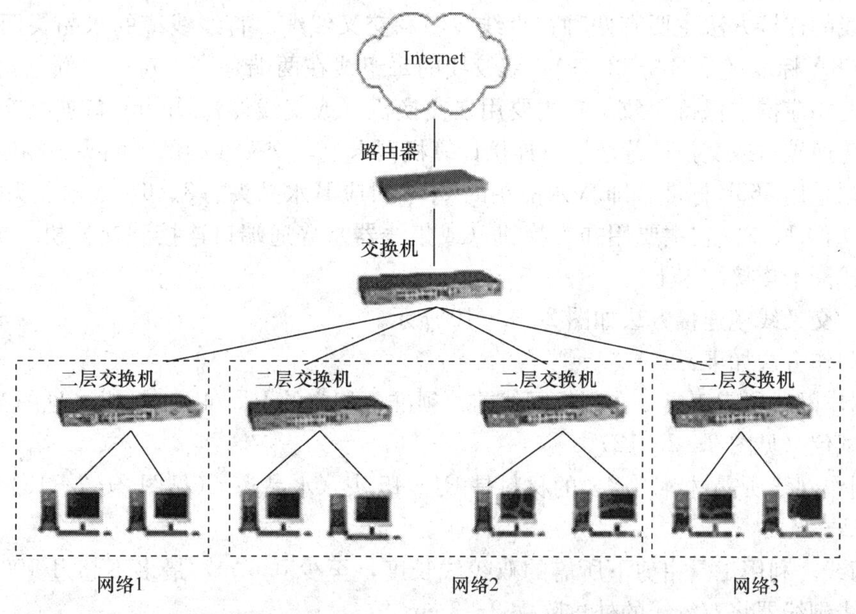

图 2—2—6　路由器连接网络

3. 网络传输介质

局域网主要的传输介质有双绞线、同轴电缆、光缆等。

(1) 双绞线

双绞线是由四对绝缘的铜导线两根相互缠绕在一起而成的网络传输介质。两根绝缘的铜导线按一定密度互相绞在一起，可以降低信号干扰的程度，每一根导线在传输中辐射的电波会被另一根线上发出的电波抵消。双绞线主要用来传输模拟信号，但同样适用于数字信号的传输。

计算机局域网中的双绞线可分为非屏蔽双绞线（UTP）（见图 2—2—7）和屏蔽双绞线（STP）（见图 2—2—8）两大类：UTP 有 3 类、4 类、5 类、超 5 类和 6 类五种，价格相对便宜，组网灵活；STP 有 3 类、5 五类、超 5 类和 6 类四种。STP 有较高的数据传输速率，但价格较高，安装也比较复杂。除某些特殊场合（如受电磁辐射严重、对传输质量要求较高等）在布线中使用 STP 外，一般情况下都采用 UTP。UTP 中，4 类线用于语音传输和最高传输速率为 16 Mbps 的数据传输，5 类线用于语音传输和最高传输速率为 100 Mbps 的数据传输，超 5 类线衰减小、串扰少，主要用于千兆位以太网（1 000 Mbps），6 类线数据传输频率为 1～250 MHz，6 类线的传输性能远远高于超 5 类标准，适用于传输速率高于 1 Gbps 的网络应用。

图 2—2—7　非屏蔽双绞线 UTP

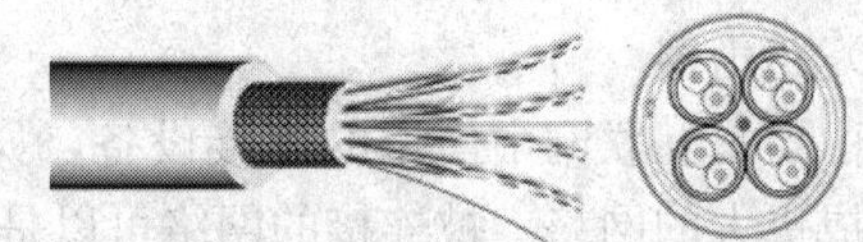

图 2—2—8　屏蔽双绞线 STP

双绞线的连接方法主要有两种：直线线缆和交叉线缆。直线线缆的水晶头两端都遵守 568B 或 568A 标准（见图 2—2—9），双绞线的每组线在两端是一一对应，颜色相同的在两端水晶头的相应槽中保持一致。它主要用在交换机（或集线器）Uplink 口连接交换机（或集线器）普通端口或交换机普通端口连接计算机网卡上。交叉线缆的水晶头一端遵循 568A，而另一端则采用 568B 标准，即 A 水晶头的 1、2 对应 B 水晶头的 3、6，A 水晶头的 3、6 对应 B 水晶头的 1、2，它主要用在交换机（或集线器）普通端口连接到交换机（或集线器）普通端口或网卡连接网卡上。

其中，交叉线缆连接方法如图 2—2—10 所示。

网线制作方法如下：

1）制作网线所需工具。在制作网线前，须准备相应的 RJ－45 工具钳（见图 2—2—11）和网线测试仪（见图 2—2—12）。

2）制作网线所需材料。需要的材料是 RJ－45 头（水晶头）（见图 2—2—13）和双绞线（见图 2—2—14）。

3）切线。利用工具钳剪下所需的双绞线长度，至少 0.6 m，最多不超过 100 m。然后利用双绞线剥线器将双绞线的外皮除去 2～3 cm。

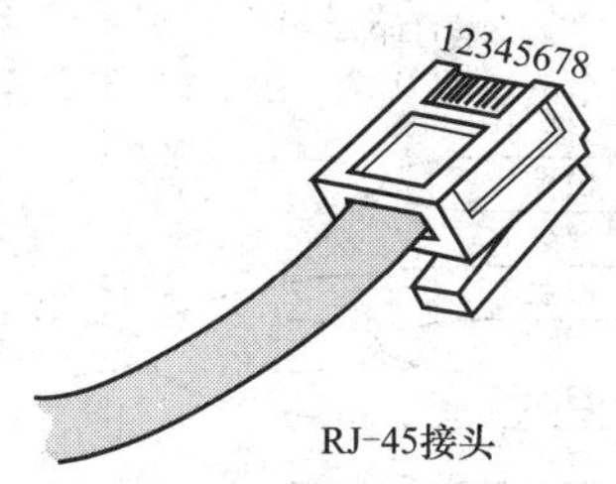

图 2—2—9　568B 和 568A 标准

568B：1—白橙　2—橙　3—白绿　4—蓝　5—白蓝　6—绿　7—白棕　8—棕

568A：1—白绿　2—绿　3—白橙　4—蓝　5—白蓝　6—橙　7—白棕　8—棕

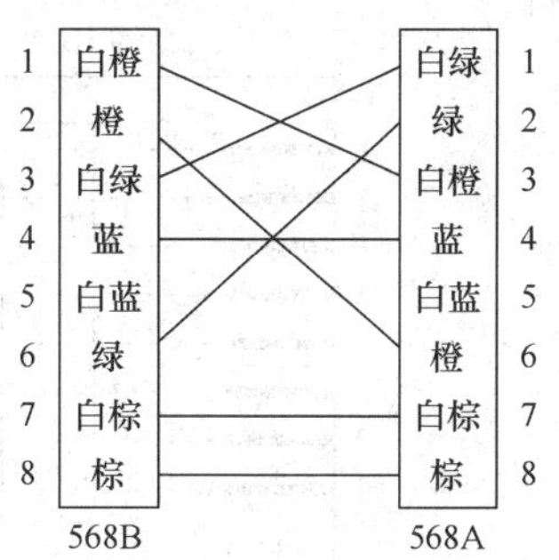

图 2—2—10　交叉线缆连接方法

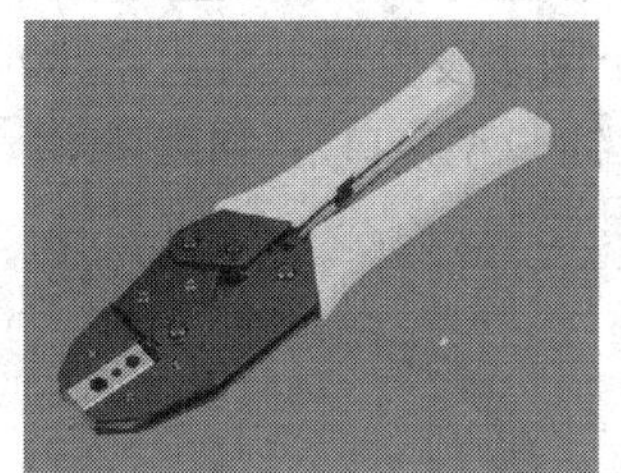

图 2—2—11　工具钳

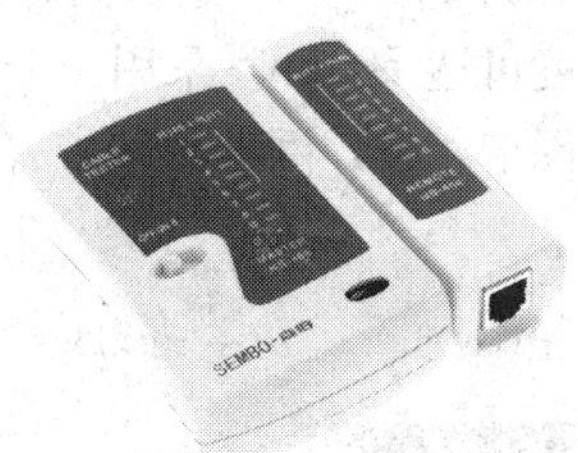

图 2—2—12　网线测试仪

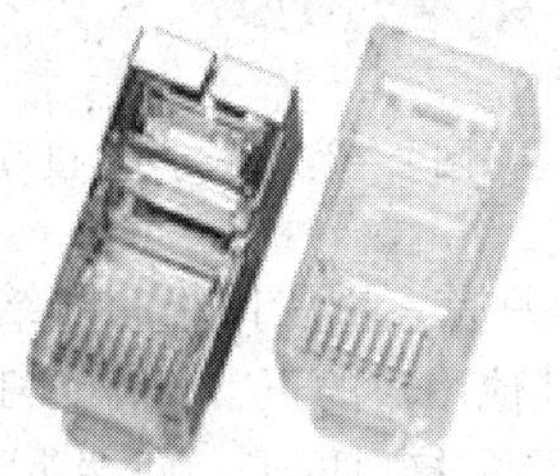

图 2—2—13　水晶头

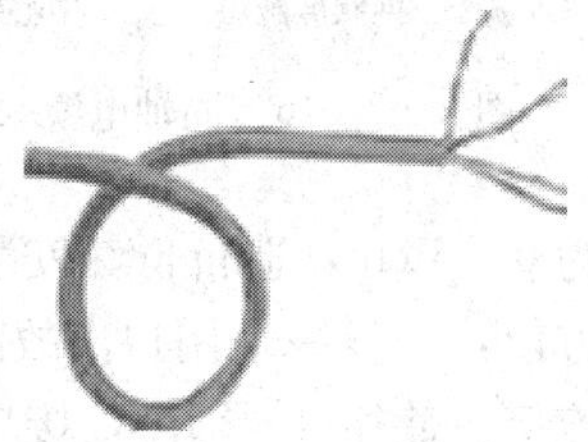

图 2—2—14　双绞线

4）排序。剥去外皮后即可见到双绞线的 4 对 8 条芯线，并且可以看到每对芯线的颜色都不同。然后将 8 条芯线一一扯开、理顺、捋直，按照 568A 标准或 568B 标准排序。例如，568B 标准排序如图 2—2—15 所示。

5）置入。把线尽量伸直、压平、挤紧理顺，然后用工具钳把线头剪平齐，缓缓用力将 8 条导线同时沿 RJ－45 接头内的 8 个线槽插入，一直插到线槽的顶端。

6）压制。8 条线插到位并透过水晶头检查线序无误后，用工具钳压制 RJ－45 接头，同样方法制作另一端。

7）测试。用网线测试仪测试 8 条线是否通路。

（2）同轴电缆

同轴电缆是指有两个同心导体，而导体和屏蔽层又共用同一轴心的电缆，如图 2—2—16 所示。

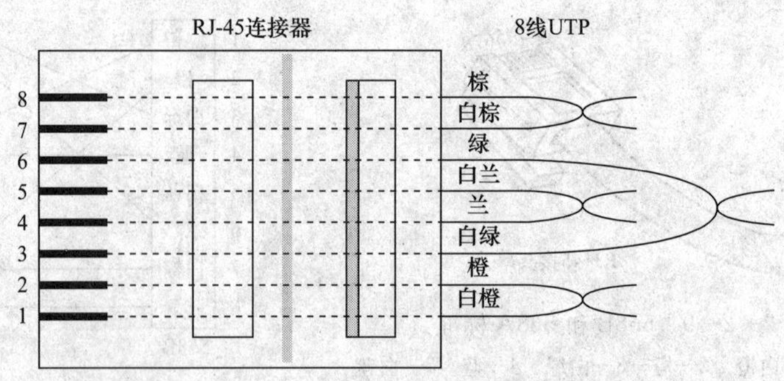

图 2—2—15　RJ－45 连接器 568B 线序标准

按直径的不同，同轴电缆可分为粗缆和细缆两种。

粗缆的直径为 1.27 cm，造价高、传输距离长、可靠性高，用于大型局域网干线，粗缆局域网中每段长度可达 500 m，采用 4 个中继器连接 5 个网络段后最大可达 2 500 m。用粗缆组网，如直接与网卡相连，网卡必须带有 AUI 接口（15 针 D 型接口），如图 2—2—17 所示。

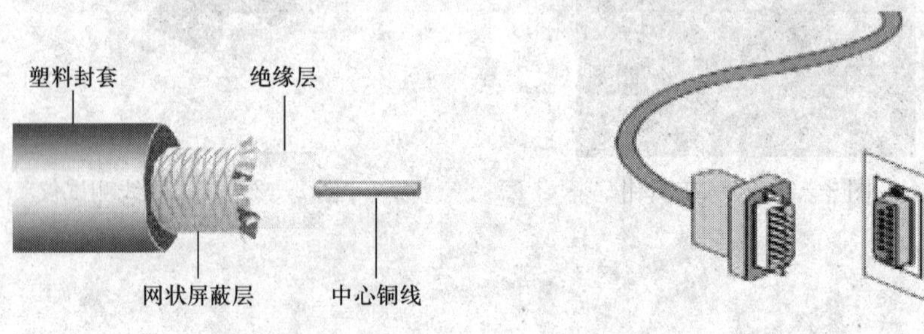

图 2—2—16　同轴电缆　　　　图 2—2—17　AUI 接口

细缆直径为 0.26 cm，造价低、安装方便，但可靠性差，因受网络布线结构的限制，其日常维护不甚方便，一旦一个用户出故障，便会影响其他用户的正常工作。细缆一般用于总线型网络布线连接。使用 T 形 BNC 接口连接器连接 BNC 接口网卡，两端头需安装 50 欧终端电阻器（也称终端适配器）。细缆网络每段干线长度最大为 185 m，如果采用 4 个中继器连接 5 个网络段，可使网络最大距离达到 925 m。如图 2—2—18 所示。

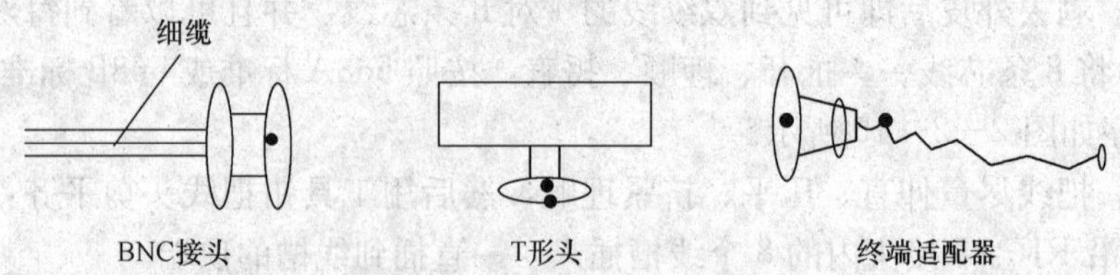

图 2—2—18　细缆连接

（3）光缆

光缆是由一组光导纤维组成的、用来传播光束的、细小而柔韧的传输介质。通常由玻璃纤维、屏蔽层、加固材料、外护套组成（见图 2—2—19）。光缆分为单模光纤（见图 2—2—20）和多模光纤（见图 2—2—21）两类。光缆的主要特点是：传输频带宽，通信容量大，传输距离远，抗干扰能力强，抗化学腐蚀能力强。光缆主要用于长距离传输信号或局域网主干部分传输宽带信号。光缆的网络距离为2 000 m，每条干线最大节点数无限制。常用的光缆有6芯和4芯。使用光缆时要在每根光缆的两端安装ST或者SC插头。为实现光电转换，要在光缆两端安装光电转换器或在交换机上安装光纤模块，将光信号转换成数字脉冲信号。

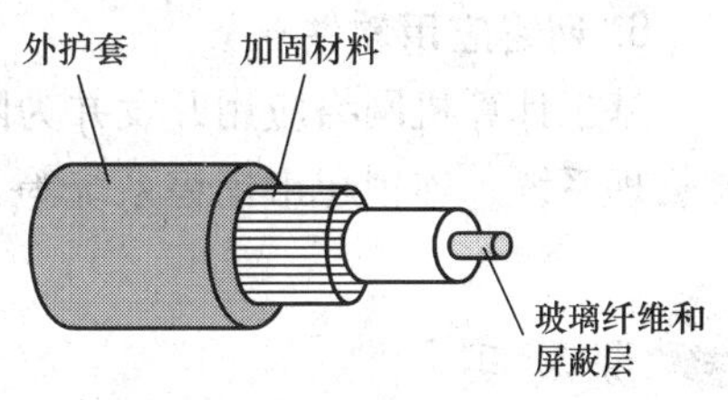

图2—2—19　光缆结构

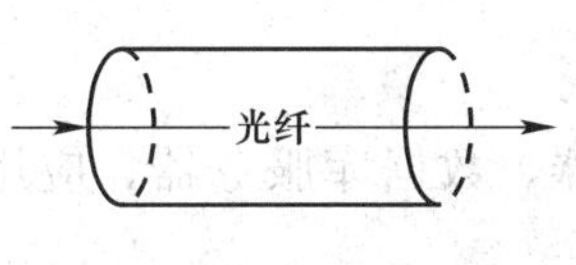

图2—2—20　单模光纤

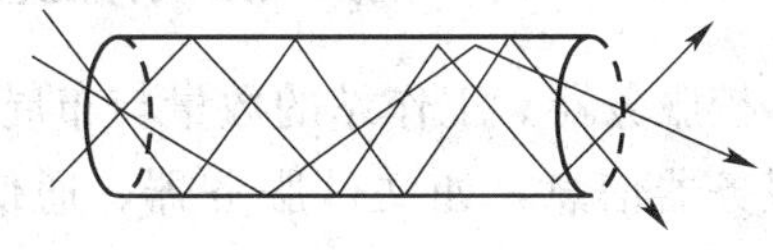

图2—2—21　多模光纤

二、网络软件系统

为了协调系统资源，需通过软件对网络资源进行全面的管理、调度和分配，并采取一系列安全保密措施，防止用户对数据和信息不合理地访问，也防止数据和信息被破坏与丢失。网络软件系统主要包括：

1. 网络操作系统

网络操作系统是网络软件系统的心脏和灵魂，负责管理和调度网络上的所有硬件和软件资源，使各个部分能够协调一致地工作，为用户提供各种基本网络服务，并提供网络系统的安全性保障。网络操作系统的功能作用在两个级别上：在服务器上，为服务器上的课题提供资源管理，主要完成目录管理、文件管理、安全性管理、网络打印、存储管理、通信管理等服务；在工作站上，主要完成工作站课题的识别和与网络的连接，向用户和应用软件提供一个网络环境的“窗口”。常用的网络操作系统有Windows 2000 Server、Windows 2003 Server、Netware、Unix和Linux等。

2. 网络通信协议

在网络中，为了使网络设备之间能成功地发送和接收信息，必须制定相互都能接受并遵守的语言和规范，这些规则的集合称为网络通信协议，如TCP/IP、IPX/SPX、NetBEUI等。协议通常包括所传输数据的格式、差错控制方案以及在计时与时序上的有关约定。一般来说，同一网络中的各主机应遵守相同的协议才能实现相互通信，例如，Internet使用的协议是TCP/IP。

3. 网络数据库系统

网络数据库系统是建立在网络操作系统之上的一种数据库系统，可以集中在一台主机上，也可以分布在每台主机上。它向用户提供存取、修改网络数据库的服务，以实现网络数据库的共享。

4. 网络管理软件

用来对网络资源进行管理和对网络进行维护。如HP Oen View网络管理系统。

5. 网络工具软件

用来扩充网络操作系统功能的软件，如网络通信软件、网络浏览器、网络下载软件等。

6. **网络应用软件**

基于计算机网络应用开发并为网络用户解决实际问题的软件。如铁路联网售票系统、物流管理系统、连锁超市销售系统等。

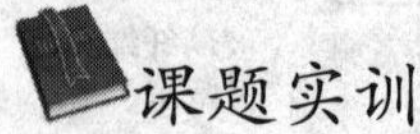

课题实训

校园网络硬件配置和软件系统调查

1. 搜集本校服务器、工作站的数量与布局等信息。

2. 搜集服务器信息，如文件服务器、通信服务器、数据库服务器、应用程序服务器、打印服务器等。

3. 调查服务器上安装的网络操作系统和应用软件有哪些。

从搜索引擎上搜索这些硬件软件报价，并填写表 2—2—1。

表 2—2—1　　网络硬件软件明细表

网络终端	品牌型号	软件	价格	备注

思考与练习

1. 网络终端设备主要有哪些？各具有哪些功能？
2. 网络传输设备有哪些？如何在网络中实际应用？
3. 网络传输介质主要有哪几种？
4. 常用的网络系统软件有哪些？

课题 3　网络安全管理制度

网络的开放性和超越组织与国界等特点，使得它在安全性上存在隐患。每年因黑客入侵、计算机病毒等造成了巨大的经济损失。

一、网络安全

1. **网络安全的概念**

网络安全是指网络系统的硬件、软件及其系统中的数据受到保护，不因偶然的或者恶意的原因而遭受到破坏、更改、泄露，系统连续可靠地正常运行，网络服务不中断。网络安全实质上就是网络信息安全。

2. **网络安全目标**

网络安全目标是通过计算机、网络、密码技术和安全认证技术等，保证在公用网络信息系统中传输、交换和存储的信息的保密性、完整性、可控性、可用性、不可抵赖性等。

（1）可靠性

可靠性是指网络信息系统能够在规定条件下和规定时间内完成规定的功能的特性。可靠性是所有网络信息系统的建设和运行目标。

网络信息系统的可靠性测度主要有三种：抗毁性、生存性和有效性。抗毁性是指系统在人为破坏下的可靠性，比如，部分线路或节点失效后，系统仍然能够提供一定程度的服务。增强抗毁性可以有效地避免因各种灾害（战争、地震等）造成的大面积网络瘫痪事件。生存性是指系统在随机性破坏下的可靠性。生存性主要反映随机性破坏和网络拓扑结构对系统可靠性的影响。随机性破坏是指系统部件因为自然老化等造成的自然失效。有效性是一种基于业务性能的可靠性。有效性主要反映在网络信息系统部件失效的情况下，能够满足业务性能要求的程度，比如，网络部件失效虽然没有引起连接性故障，但是却造成质量指标下降、平均延时增加、线路阻塞等现象。

（2）可用性

可用性是指网络信息可被授权实体访问并按需求使用的特性。即网络信息服务被需要时，允许授权用户或实体使用的特性，或者是网络部分受损或需要降级使用时，仍能为授权用户提供有效服务的特性。可用性是网络信息系统面向用户的安全性能。

（3）保密性

保密性是指网络信息不被泄露给非授权的用户、实体或过程，或供其利用的特性。即防止信息泄露给非授权个人或实体，信息只为授权用户使用的特性。保密性是在可靠性和可用性基础上，保障网络信息安全的重要手段。保密性一般通过密码技术对传输的信息进行加密处理来实现。

（4）完整性

完整性是指网络信息未经授权不能进行改变的特性。即网络信息在存储或传输过程中保持不被偶然或蓄意地删除、修改、伪造、乱序、重放、插入等破坏和丢失的特性。

完整性是一种面向信息的安全性，它要求保证信息的原样，即信息的正确生成和正确传输。完整性与保密性不同，保密性要求信息不被泄露给未授权的人，而完整性则要求信息不致受到各种原因的破坏。完整性一般可通过提取信息数据摘要的方式来实现。

（5）不可抵赖性

不可抵赖性也称不可否认性，在网络信息系统的信息交互过程中，确信参与者的真实同一性。即所有参与者都不可能否认或抵赖曾经完成的操作和承诺。利用信息源证据可以防止发信方不真实地否认已发送的信息，利用递交接收证据可以防止收信方事后否认已经接收的信息。不可抵赖性可通过对发送信息进行数字签名来实现。

（6）可控性

可控性是指对网络信息的传播及内容具有控制能力的特性。

3. 网络安全隐患

网络上的硬件、软件、机密数据甚至网络操作系统都可能受到威胁、损害或攻击。安全隐患来自各个方面，其范围从完全的网络渗透到简单的病毒感染，有一些感染是偶然因素引起的，另一些是蓄意的。这些隐患影响着软件、硬件，使整个系统处于不安全的环境之中。

（1）硬件损坏

计算机网络系统的硬件本身可能会被损坏，电压、电流的突变对计算机的寿命有影响；事故和灾害的发生也会损坏网络系统的硬件；日常的消耗和磨损最终也会影响计算机的正常运转。

（2）软件故障

计算机系统另一个重要组成部分是软件，操作系统和网络软件不可能百分之百地无缺陷和漏洞，而这些漏洞和缺陷恰恰是黑客进行攻击的首选目标。另外，软件被有意或无意地删除、更改，也必然影响网络系统的正常运行。

（3）内部因素

内部安全问题是最常见的，享有一定级别资源访问权限的用户如果不受到认真地监视和控制，就会成为主要的威胁，大多数威胁来自企业内部所有能进入系统的人，要定期地改变和审查系统的安全。

（4）外部威胁

外部威胁是很难预料的，无法知道是什么人、什么时候用什么手段试图攻击系统。他们采用极端的手法非法访问系统和信息，有些受到保护的系统也会很容易被访问，在将本地的网络连接到 Internet 之前应考虑安全细节。

（5）信息安全

计算机系统的主要工作是处理信息数据，数据文件被删除或丢失，处理工作就无法进行；数据被篡改、盗用，或者在传输过程中被盗窃，都是对信息安全的威胁。

（6）病毒的攻击

病毒是一种特殊的程序，与计算机相伴而生，是现在计算机系统中最常见、影响最广的一种现象，它不但能破坏系统软件、数据，还能通过网络广泛传播，最终影响整个网络的正常运行，使网络上更多的资源受到威胁。

4. 网络安全措施

针对网络安全隐患，可以采取一些安全措施来提高网络系统的安全性。一方面，应加强网络管理者和使用者的安全意识；另一方面，可以采用一些技术手段来保证系统和数据的安全。

（1）提高安全意识

网络的管理者应提高安全意识，遵守有关的安全法规，加强对所管理的网络中心、网站的服务器和用户的管理，经常检查、及时发现不安全的隐患，及时采取必要的措施堵塞漏洞。网络的使用者也应遵守安全规则，不从事危害网络安全的活动，在传输、下载信息时警惕病毒的传播，注意自身口令的安全。

（2）采用身份认证和控制访问

身份认证和对访问的授权可以保证系统资源只对合法用户开放，是一种广泛采用的安全措施。通过口令、注册、标记法、生物特征法等手段，可以保证只有指定的合法用户才能进入特定的系统；使用授权的方法，可以控制用户能够获得服务的种类和资源的使用权限。

（3）使用防火墙

防火墙是一种将内部网和公众网如 Internet 分开，能限制被保护的网络和互联网之间，或者与其他网络之间进行的信息存取、传递操作的应用系统。防火墙能根据企业的安全控制出入网络的信息流，且本身具有较强的抗攻击能力。它是提供信息安全服务，实现网络和信

息安全的基础设施。

（4）采用信息加密技术

为了防止信息在传输过程中被窃取和篡改，最好的方法就是对传输的关键信息进行加密。常用的加密方式有对称加密和非对称加密。

（5）做好故障恢复和网络数据备份工作

在网络的实际运行环境中，故障恢复和数据的备份工作十分重要，网络必须具有数据备份、恢复手段，以及产生严重故障后的系统恢复功能。

（6）做好硬件设备的防泄漏处理

对机房及其重要信息的存储、转发等设备进行屏蔽处理，对网络传输线路传导辐射进行抑制，对终端设备辐射进行必要的防范。

二、健全企业内部网络安全管理制度体系

对于企业而言，做好网络安全管理工作非常重要，需要制定一套完善的网络安全管理制度，主要包括以下几个方面：

1. 专业专职技术人员管理

网络安全管理专职人员主要负责全企业内部网络（包括局域网、广域网）的系统安全；负责日常操作系统、网管系统、邮件系统的安全补丁、漏洞检测，以及修补漏洞、病毒防治等工作。网络安全管理员应经常保持对最新技术的掌握，实时了解 Internet 的动向，做到预防为主；严格控制来源不清软件的安装，制定内部网络使用管理制度等。

2. 计算机工作环境

计算机应工作在 20～25℃环境中，温度过高会使计算机产生的热量散不出去，温度过低则会使计算机的各配件之间产生接触不良的毛病，从而导致计算机不能正常工作；湿度不能过高，计算机在工作状态时应保证通风良好，否则计算机内的线路板很容易腐蚀，使板卡过早老化；平常做好防尘工作，由于计算机各组成部件非常精密，如果计算机工作在灰尘较多的环境中，就有可能堵塞计算机的各种接口。计算机工作所需的供电电源必须保证电压及频率质量，一般应同时配有不间断供电电源，避免因供电不稳定造成硬件设备和数据的损坏；同时，安装有保护接地线的，必须保证接地电阻符合技术要求（接地电阻≤2 Ω，零地电压≤2 V），避免因接地安装不良损坏设备；振动和噪声会造成计算机中部件的损坏（如硬盘的损坏或数据的丢失等），因此，计算机不能工作在振动和噪声很大的环境中，如果确实需要将计算机放置在振动和噪声大的环境中，应考虑安装防振和隔声设备。

3. 对操作人员要求

操作员应定期进行机器查毒及系统备份，防止病毒爆发和资料丢失，不得随意拆卸、更改计算机硬件设备，严禁上机玩游戏，不得随意安装、下载盗版软件或游戏，严禁查阅与自身工作无关的资料，禁止拷贝保密性文件。

4. 网络系统数据资源的安全保护

网络系统数据资源的破坏将严重影响企业业务的正常运行。数据资源安全保护的主要手段是数据备份，企业对根据自身情况重要数据要做到小时、天、周备份，对有些数据甚至做到采用磁盘或光盘备份。数据备份时必须登记以备检查，数据备份必须正确、可靠，数据安全保护要有严格网络用户权限、用户名及口令管理。

5. **网络病毒的防治管理**

服务器和工作站必须安装防病毒软件，定期对网络系统进行病毒检查及清理，所有外部存储设备须检查并确认无病毒后，方能上机使用，私自使用造成病毒侵害的，要追究当事人责任。

6. **上网信息安全**

网络管理员必须定期对企业网上论坛及上网信息进行检查，发现有关泄漏企业机密及反动言论与不健康信息时要及时删除，并记录，随时上报主管部门；要严格执行国家相关法律法规，防止发生窃密、泄密事件。

思考与练习

1. 什么是网络安全?
2. 网络上的安全隐患有哪些?
3. 物流企业网络安全制度体系的内容是什么?

课题 4　局域网基本设置

一、IP 地址与域名

TCP/IP 是 Internet 的基本协议，它是“传输控制协议/网际协议”的简称。Internet 上进行信息交换的每台主机必须具有唯一的地址，Internet 地址分为两种形式：用数字表示的 IP 地址和用字母表示的域名地址。

1. IP 地址

网际协议地址（IP）是为标志 Internet 上主机位置而设置的。目前使用的 IP 地址是由 32 位二进制数字组成的，被分为 4 段，每段 8 位，段与段之间用句点“.”分隔。为了便于表达和标识，IP 地址是以十进制形式表示的，每段由 0～255 之间的十进制数表示。例如，北京数据通信局的 Internet 服务器的 IP 地址是 202.98.38.12。

为了便于寻址，将 IP 地址 32 位二进制结构分为两部分，即“网络地址＋主机地址”。网络地址标识计算机所在的网络区段，主机地址是计算机在网络中的标识。Internet 网络体系委员会规定，IP 地址分为 A 类、B 类、C 类，分别用于不同类型的网络。A 类地址的第一个字段为网络编号，后三个字段标识主机，适用于大型网络；B 类地址的第一、第二字段为网络编号，后两个字段表示主机，适用于中等网络；C 类地址的前三个字段为网络编号，最后一个字段标识主机，适用于小型网络 IP 地址的分类见表 2—4—1。

表 2—4—1　　IP 地址的分类

类别	第一字节范围	网络地址位数	主机地址位数	最大的主机数目	地址总数
A	0～126	8 bit	24 bit	16 777 214	16 777 216
B	128～191	16 bit	16 bit	65 534	65 536
C	192～225	24 bit	8 bit	254	256

区分 IP 地址所属类别最简单的方法是由第一个字段的十进制数来确定。如果 IP 地址的第一个字段为 127，则表明是本地机。

上述 IP 地址的分类来源于 IPv4 版本，由于 Internet 中主机越来越多，出现了有效地址严重不足的情况，新的 IPv6 版本则提供了一种极大扩展的地址方案来克服 IPv4 的缺陷，它采用 128 个二进制位的地址，理论上讲，它拥有 2^{128} 个地址，即整个地球每平方米面积上可分配 1 000 多个地址。

IPv6 地址为 128 位长，但通常写作 8 组，每组为 4 个十六进制数的形式。例如，2012：0db8：85a3：08d3：1319：8a2e：0370：7344 是一个合法的 IPv6 地址。

如果四个数字都是零，可以被省略。例如，2012：0db8：85a3：0000：1319：8a2e：0370：7344 等价于 2012：0db8：85a3：：1319：8a2e：0370：7344。

遵从这些规则，如果因为省略而出现了两个以上的冒号的话，可以压缩为一个，但这种零压缩在地址中只能出现一次。因此，2012：0DB8：0000：0000：0000：0000：1428：57ab、2012：0DB8：0000：0000：0000：：1428：57ab、2012：0DB8：0：0：0：0：1428：57ab、2012：0DB8：0：：0：1428：57ab、2012：0DB8：：1428：57ab 都是合法的地址，并且它们是等价的。但是，2012：：25de：：cade 是非法的（零压缩在地址中出现多次）。

同时，前导的零可以省略，因此，2012：0DB8：02de：：0e13 等价于 2012：DB8：2de：：e13。

一个 IPv6 地址可以将一个 IPv4 地址内嵌进去，写成 IPv6 形式和平常习惯的 IPv4 形式的混合体。IPv4 映像地址有如下格式：：：ffff：192.168.89.9。这个地址仍然是一个 IPv6 地址，它是 0000：0000：0000：0000：0000：ffff：c0a8：5909 的另外一种写法。IPv4 映像地址布局如下：

80 bits	16 bits	32 bits
0000....................0000	FFFF	IPv4 address

2. 域名

IP 地址是由 4 段十进制数字组成，用户难以记忆，也难以理解，为便于解释网络计算机的 IP 地址，于是采用域名来表示主机的网络地址，与 IP 地址一一对应。这就产生了域名系统（DNS），域名是指使用文字表示 IP 地址，并进行分级管理，从右到左分别为顶级域名、二级域名、三级域名、四级域名，各级域名之间以“.”分隔，如图 2—4—1 所示。

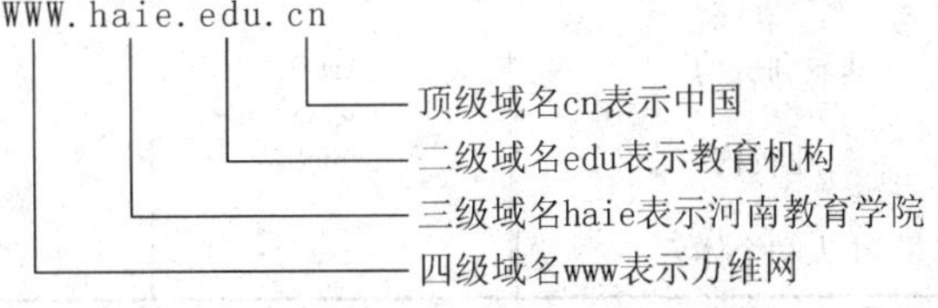

图 2—4—1　域名结构

顶级域名是域名中级别最高的一层，一般为国家或地区名，大多用两个字母表示。顶级域名划分采用了两种模式：地理模式和组织模式。地理模式中顶级域名表示国家，例如，CN 表示中国，UK 表示英国，JP 表示日本等，见表 2—4—2。

表 2—4—2　部分国家或地区域名

域名	国家或地区	域名	国家或地区
UK	英国	TW	中国台湾
AR	阿根廷	AU	澳大利亚
CA	加拿大	HK	中国香港
IR	伊朗	JP	日本
IT	意大利	KP	韩国
KP	朝鲜	PK	巴基斯坦
MO	中国澳门	PL	波兰
NO	挪威	SG	新加坡
RU	俄罗斯	DE	德国
CN	中国	NZ	新西兰
EG	埃及	US	美国
FR	法国	SE	瑞典
ES	西班牙	VN	越南

组织模式中顶级域名表示该网络的属性，例如，gov 表示政府机构，edu 表示教育机构等，见表 2—4—3。

表 2—4—3　部分组织和机构域名

顶级域名	表示的网络属性	顶级域名	表示的网络属性
com	商业机构	edu	教育机构
gov	政府机构	int	国际机构
mil	军事机构	net	网络机构
org	非盈利机构	arts	娱乐机构
firm	工业机构	info	信息机构
nom	个人和个体	rec	消遣机构

我国又按行政区域划分了 34 个行政区代码，采用各行政区域名称拼音的第一个字母组合来表示，例如，bj 表示北京，cq 表示重庆等，见表 2—4—4。

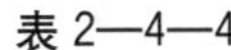

表 2—4—4　　中国行政域名

域名	省市区	域名	省市区
ah	安徽	he	河北
bj	北京	hb	湖北
cq	重庆	hi	海南
fj	福建	hk	香港
gd	广东	hl	黑龙江
gs	甘肃	hn	湖南
gx	广西	jl	吉林
gz	贵州	jx	江西
ha	河南	js	江苏
ln	辽宁	sx	山西
nm	内蒙古	tj	天津
mo	澳门	tw	台湾
nx	宁夏	xj	新疆
qh	青海	xz	西藏
sc	四川	yn	云南
sd	山东	zj	浙江
sh	上海	sn	陕西

事实上，真正用于网络通信的仍然是 IP 地址，域名只是其一个易于记忆的名称而已，从域名到 IP 地址的转换工作由域名管理系统（DNS）来完成。域名管理系统（DNS）安装在域名解析服务器上。它在互联网中的作用是把用文字表示的域名转换成为网络可以识别的 IP 地址。例如，我们上网时输入中央电视台网站的域名 www. cctv. com，域名管理系统将其自动转换成 IP 地址 210. 77. 132. 1。

二、网络接入方式

1. ADSL 非对称数字网

ADSL 是一种通过现有普通电话线为家庭、办公室提供宽带数据传输服务的技术。ADSL是非对称数字信号传送，它能够在现有的铜双绞线即普通电话线上提供高达8 Mbps的下行速率和 1 Mbps 的上行速率，可以进行视频会议和影视节目传输，非常适合中小型企业。但 ADSL 有一个致命的弱点，就是对距离和线路情况十分敏感，随着距离的增加和线路的恶化，速率会受到影响，因此，用户与电信的交换机房之间的线路距离不能超过 6 km，这限制了它的应用范围，如图 2—4—2 所示。

2. DDN 专线

DDN 是数字数据网，是一种利用光纤数字微波等数字传输通道和数字交叉、复用设备组成的数字数据传输网。这种方式适合对宽带要求比较高的应用，如企业网站。它的特点是数据传输速率比较高，范围为 64 kbps～2 Mbps。但是，由于整个链路被企业独占，费用很高，因此，中小型企业较少选择。这种线路的优点是：有固定的 IP 地址，可靠的运行线路，永久的连接等。但是，性能价格比较低，除非用户资金充足，否则不推荐使用这种方法，如图 2—4—3 所示。

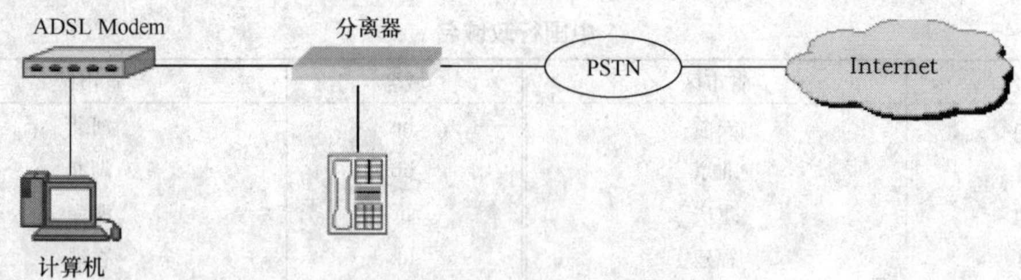

图 2—4—2　ADSL 接入 Internet 过程

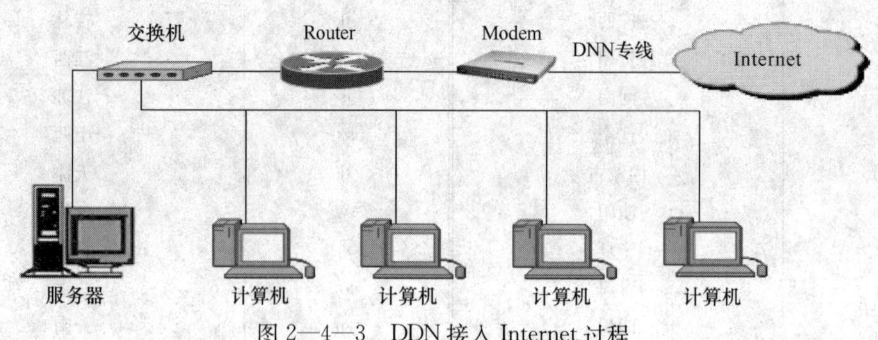

图 2—4—3　DDN 接入 Internet 过程

3. 卫星接入

目前，国内一些互联网服务提供商（ISP），开展了卫星接入 Internet 的业务。该方式适合偏远地方又需要较高带宽的用户。卫星用户一般需要安装一个小口径终端，包括天线和其他接收设备，下行数据的传输速率一般为 1 Mbps 左右，通过 PSTN（公共交换电话网络）或 ISDN（综合业务数字网）接入 ISP（互联网服务提供商），如图 2—4—4 所示。

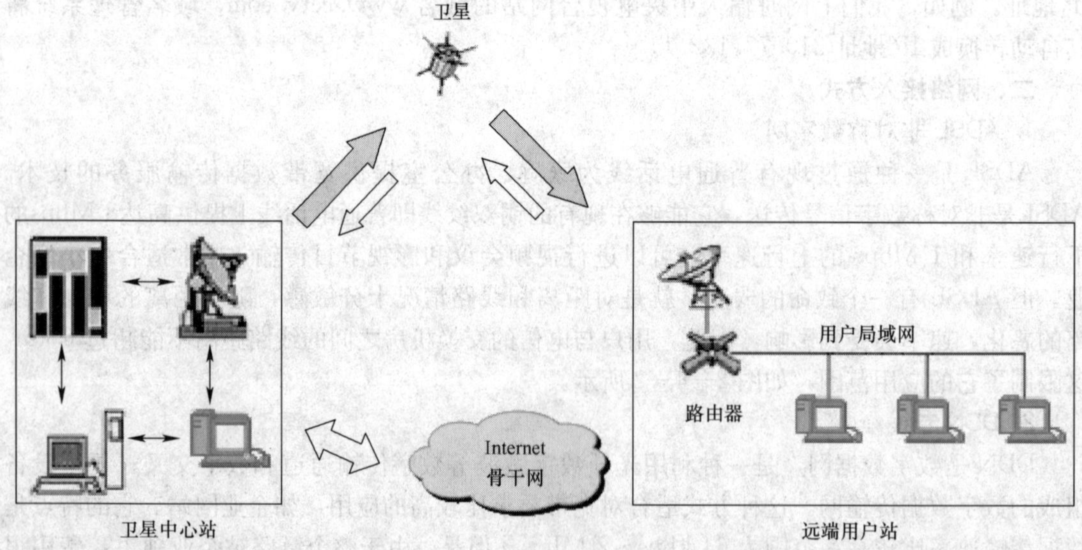

图 2—4—4　卫星接入 Internet 过程

4. 光纤接入

一些城市开始兴建高速城域网，主干网速率可达几十个 Gbps，并且推广宽带接入。光纤可以铺设到用户的路边或者大楼，以 100 Mbps 以上的速率接入，适合大型企业，如图 2—4—5 所示。

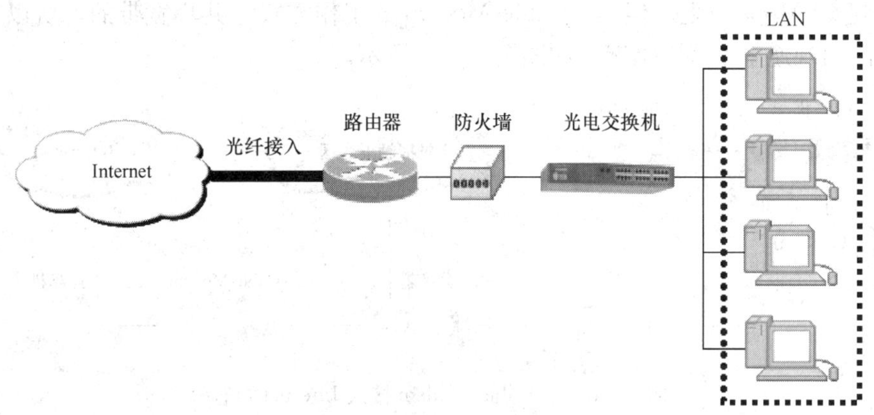

图 2—4—5　光纤接入 Internet 过程

5. **无线接入**

由于铺设光纤的费用很高，对于需要宽带接入的用户，一些城市提供无线接入。用户通过高频天线和 ISP 连接，距离在 10 km 左右，宽带为 2～11 Mbps，但是，受地形和距离的限制，适合城市中距离 ISP 不远的用户，如图 2—4—6 所示。

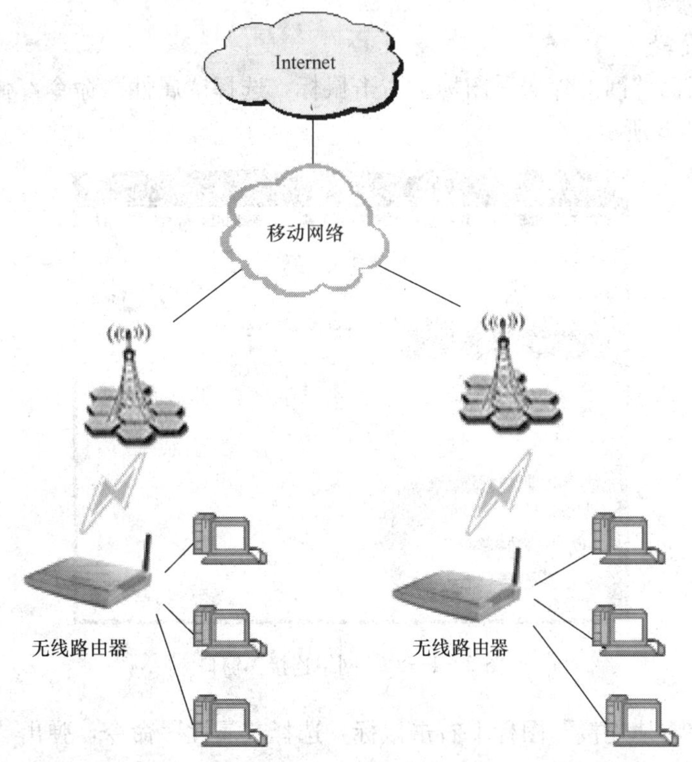

图 2—4—6　无线接入 Internet 过程

6. Cable Modem 接入

目前，我国有线电视网遍布全国，很多城市提供 Cable Modem 接入 Internet 方式，速率可以达到 10 Mbps 以上。但是，Cable Modem 的工作方式是共享宽带的，所以，有可能在某个时间出现速率下降的情况，如图 2—4—7 所示。

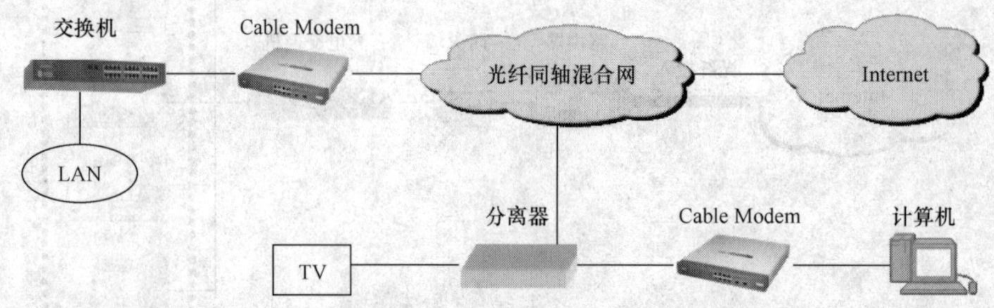

图 2—4—7　Cable Modem 接入 Internet 过程

三、局域网设置范例

有一物流公司新增添一个小型网点，购买五台计算机（一台服务器、四台客户机）和一台打印机组建成局域网，用交换机进行互连，并接入 Internet。该局域网硬件及其线路已连接好，现在要实现五台计算机之间的资源互访和网络打印功能。根据这一要求，现介绍需要进行哪些操作。

1. 配置网络参数

（1）服务器设置

步骤 1　在桌面“网上邻居”图标上右击鼠标，选择“属性”命令，弹出“网络连接”窗口，如图 2—4—8 所示。

图 2—4—8　“网络连接”窗口

步骤 2　在“本地连接”图标上右击鼠标，选择“属性”命令，弹出“本地连接属性”对话框，如图 2—4—9 所示。

步骤 3　在“本地连接属性”对话框中，选中“Internet 协议（TCP/IP）”选项，然后单击“属性”按钮，在弹出的“Internet 协议（TCP/IP）属性”对话框中填写相应信息，最后单击“确定”按钮，如图 2—4—10 所示。

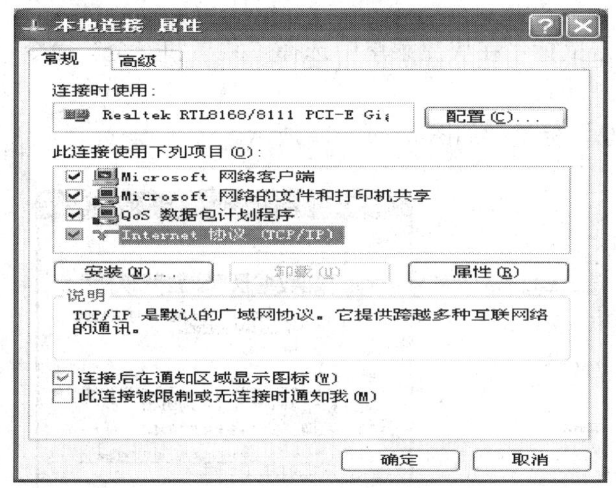

图 2—4—9 “本地连接属性”对话框

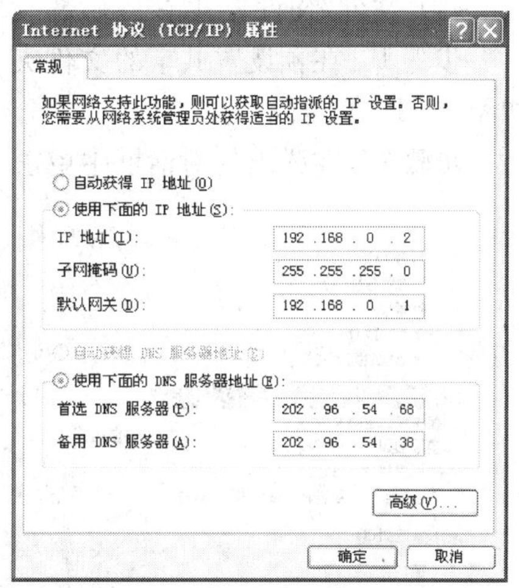

图 2—4—10 “Internet 协议（TCP/IP）属性”对话框

步骤 4　在桌面“我的电脑”图标上右击鼠标，在快捷菜单中选择“属性”命令，弹出“系统属性”设置对话框，单击“计算机名”标签，单击“更改”按钮，如图 2—4—11 所示。

步骤 5　在弹出的界面中输入计算机名“商通物流”和工作组“畅通”，如图 2—4—12 所示。

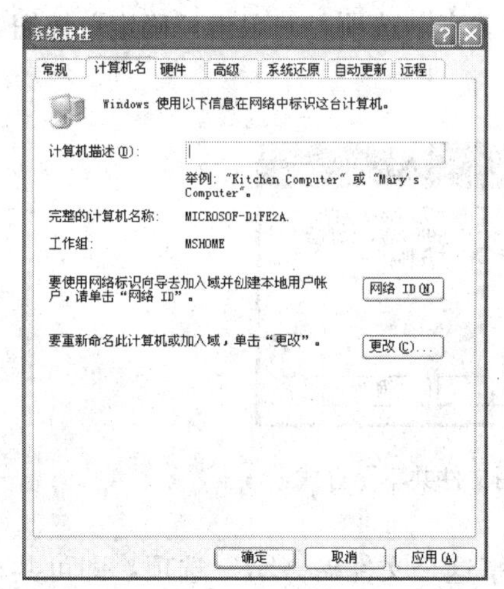

图 2—4—11 “系统属性”对话框

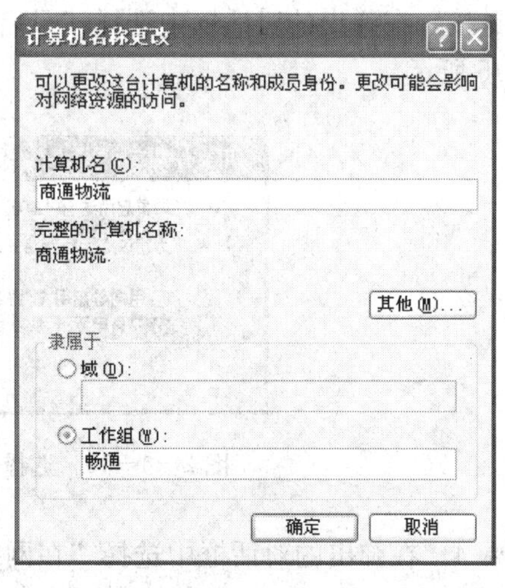

图 2—4—12 更改计算机名称和工作组

步骤 6　单击“确定”按钮，重新启动计算机后设置生效。

（2）客户端设置

重复上述过程完成客户端的设置。将 4 台客户机的 IP 地址改为对应的 192.168.0.11～

14，并更改相应的计算机名称。

2. 设置文件/文件夹和打印机共享

（1）文件/文件夹共享

步骤 1　在预设置共享的文件夹上右击鼠标，在快捷菜单中选择“共享和安全”命令，如图 2—4—13 所示。

步骤 2　在弹出的对话框中单击“共享”标签，如图 2—4—14 所示。

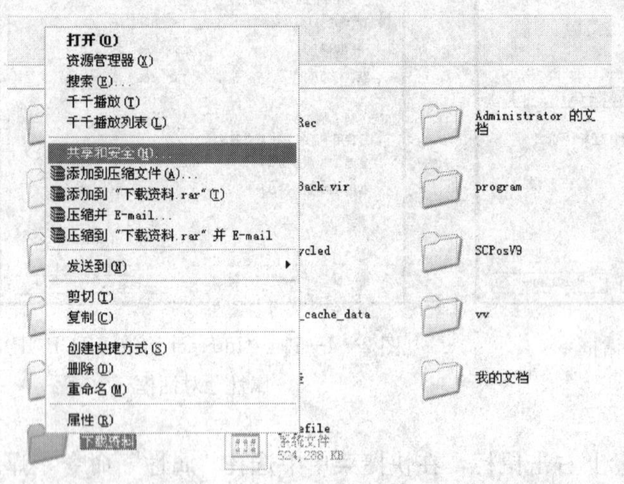

图 2—4—13　选择“共享和安全”命令

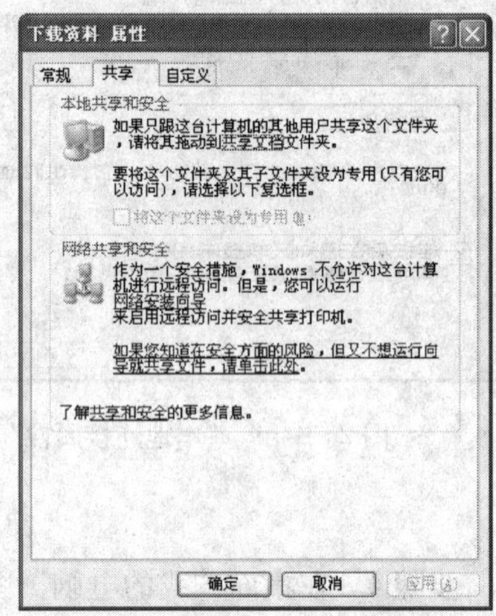

图 2—4—14　“共享”选项卡

步骤 3　单击“如果您知道在安全方面的风险，但又不想运行向导就共享文件，请单击此处”链接，在弹出的对话框中选择“只启用文件共享”选项，并单击“确定”按钮，如图 2—4—15 所示。

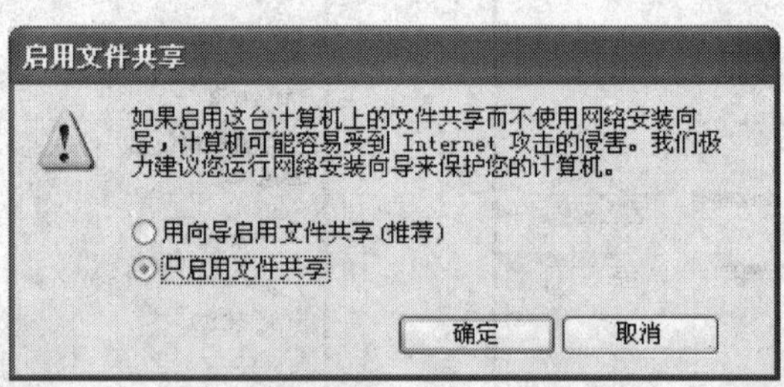

图 2—4—15　选择“只启用文件共享”方式

步骤 4　在弹出的对话框中选择“在网络上共享这个文件夹（S）”选项，即可共享该文件夹，如图 2—4—16 所示。

步骤 5　单击“确定”按钮完成设置。

（2）打印机共享

步骤 1　单击“开始”菜单按钮，选择“打印机和传真”命令，弹出“打印机和传真”窗口，如图 2—4—17 所示。

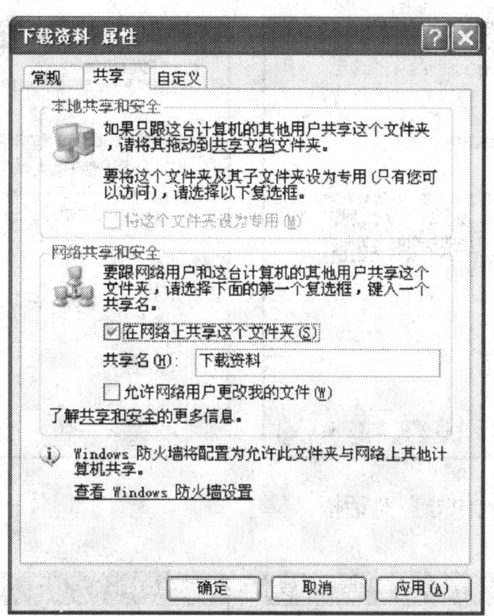

图 2—4—16　共享文件夹

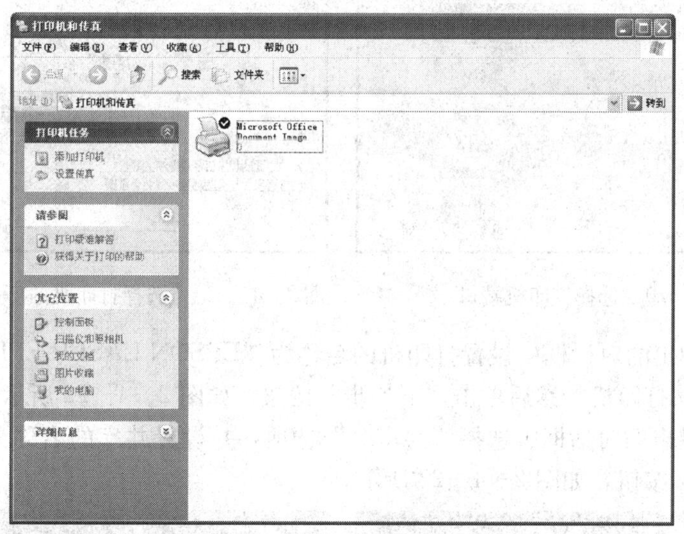

图 2—4—17　“打印机和传真”窗口

步骤 2　双击“添加打印机”图标，弹出“添加打印机向导”对话框，单击“下一步”按钮，如图 2—4—18 所示

步骤 3　在弹出的对话框中选择“连接到此计算机的本地打印机（L）”选项，然后单击“下一步”按钮，如图 2—4—19 所示。

步骤 4　在弹出的对话框中选择“使用以下端口（U）”选项，并选择“LPT1：(推荐的打印机端口)”选项，然后单击“下一步”按钮，如图 2—4—20 所示。

步骤 5　在弹出的对话框中选择打印机的厂商和型号，如安装 EPSON LASER EPL－5500K 打印机，然后单击“下一步”按钮，如图 2—4—21 所示。

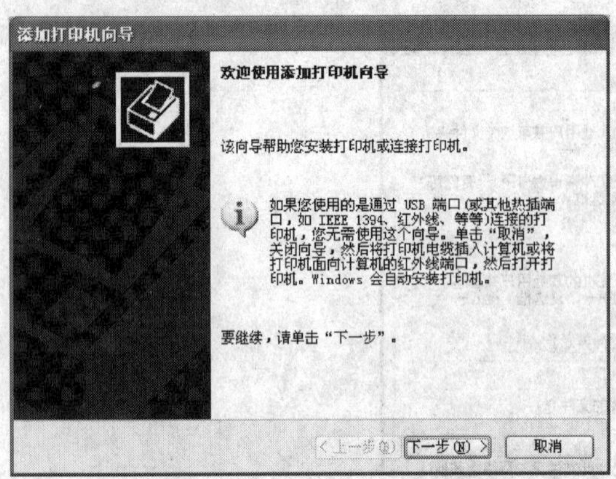

图 2—4—18 “添加打印机向导”对话框

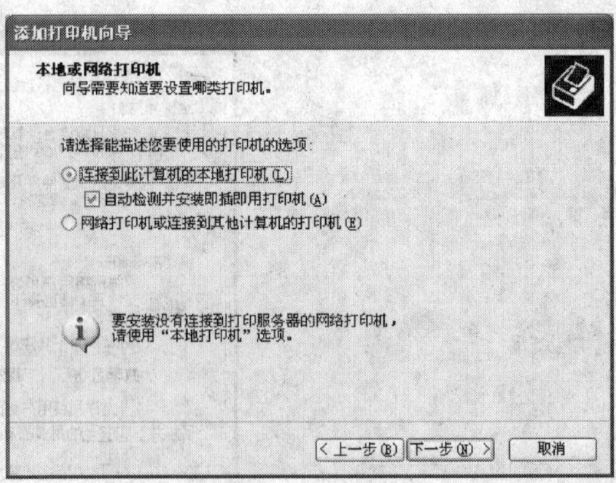

图 2—4—19 添加本地打印机

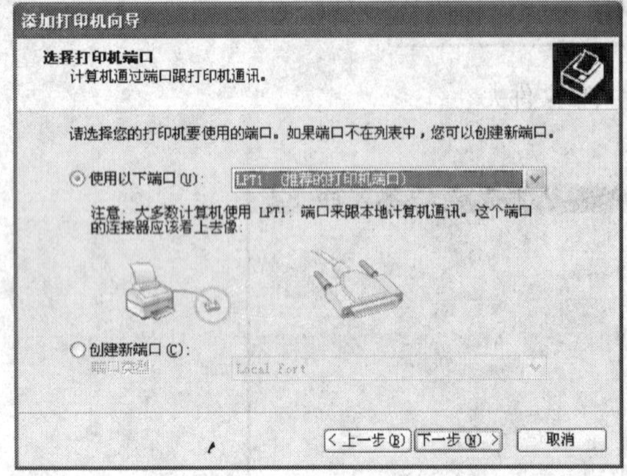

图 2—4—20 选择打印机端口

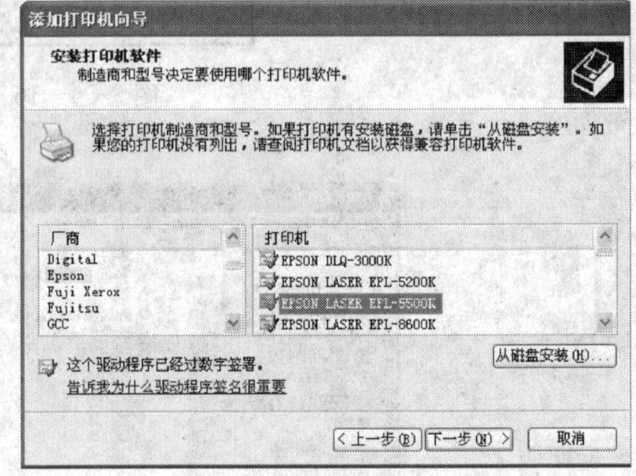

图 2—4—21 “选择打印机的厂商和型号”对话框

步骤 6 在弹出的对话框中设置打印机的名称为“EPSON LASER EPL-5500K”，并设置此打印机为默认打印机，然后单击“下一步”按钮，如图 2—4—22 所示。

步骤 7 在弹出的对话框中选择“共享名”选项，并设置共享的名称为“EPSON”，然后单击“下一步”按钮，如图 2—4—23 所示。

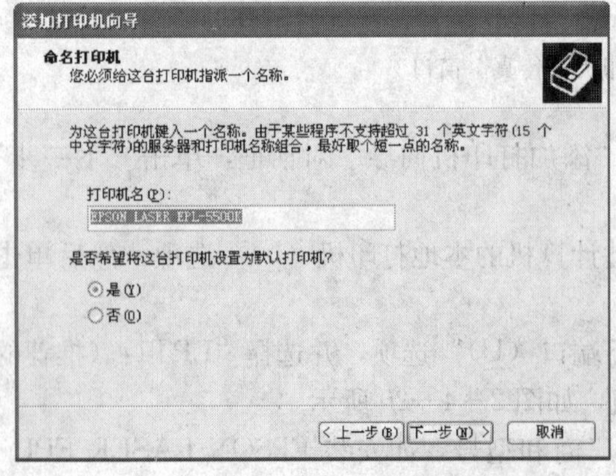

图 2—4—22 设置打印机名称

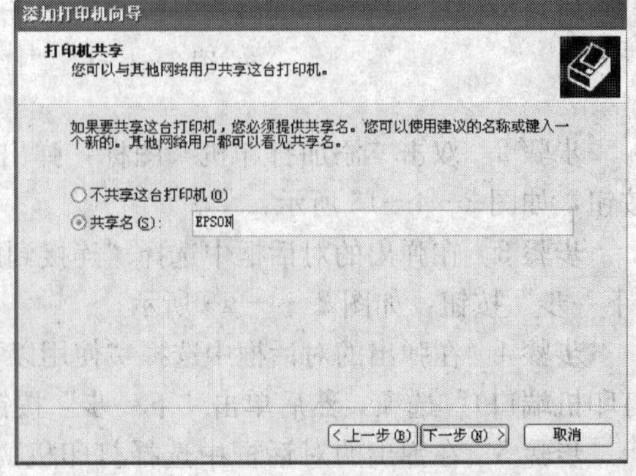

图 2—4—23 设置打印机共享名称

步骤 8　在弹出的界面中输入共享打印机的位置和注释信息，然后单击“下一步”按钮，如图 2—4—24 所示。

步骤 9　在弹出的界面中选择“是（Y）”选项，进行打印测试页操作，然后单击“下一步”按钮，如图 2—4—25 所示。

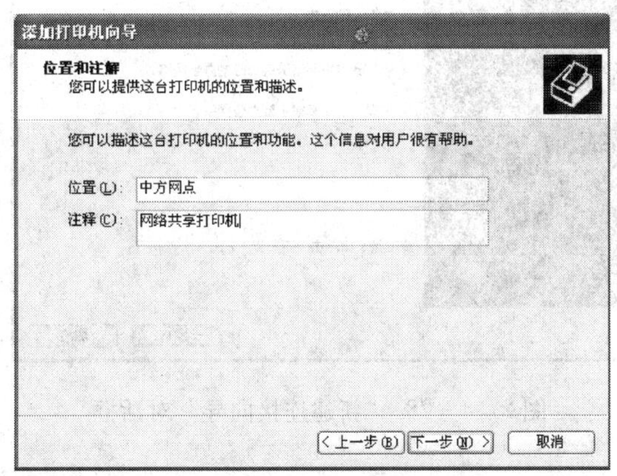

图 2—4—24　输入共享打印机的描述信息

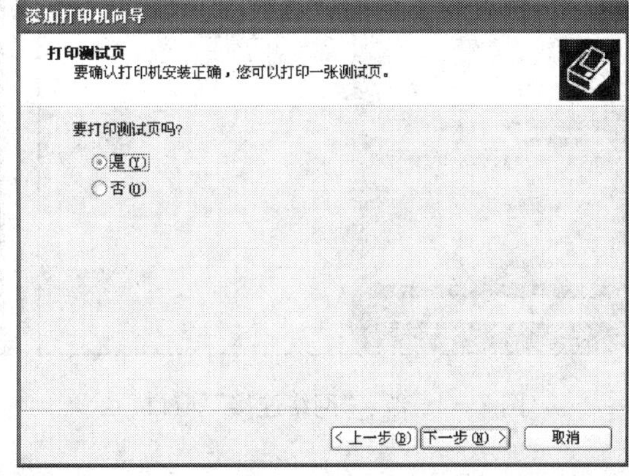

图 2—4—25　打印测试页

步骤 10　最后单击“完成”按钮完成设置，在“打印机和传真”窗口中出现新添加的共享打印机图标，如图 2—4—26 所示。

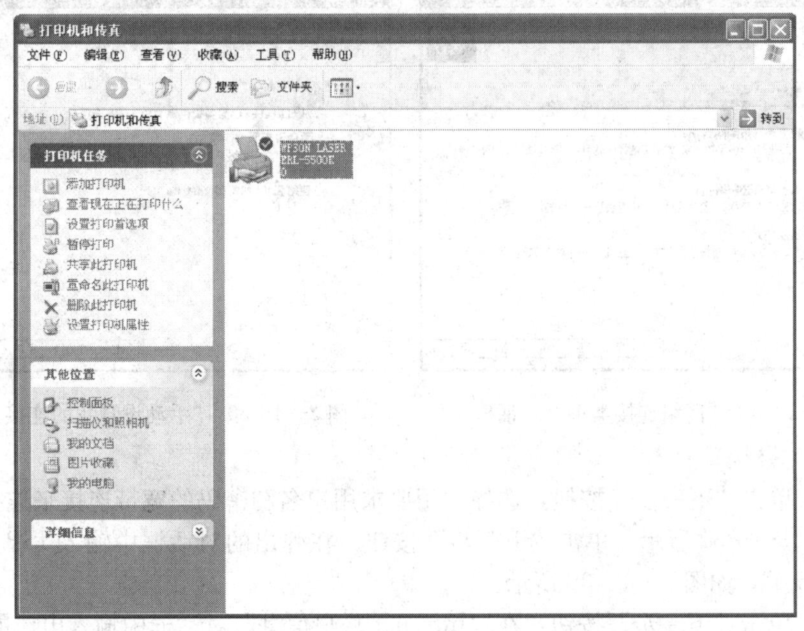

图 2—4—26　成功添加共享打印机

3. 服务器接入 Internet

步骤 1　打开“控制面板”，在“控制面板”窗口中双击“网络连接”图标，弹出“网络连接”窗口，如图 2—4—27 所示。然后，单击左窗格内“创建一个新的连接”图标，弹出“新建连接向导”对话框，如图 2—4—28 所示。

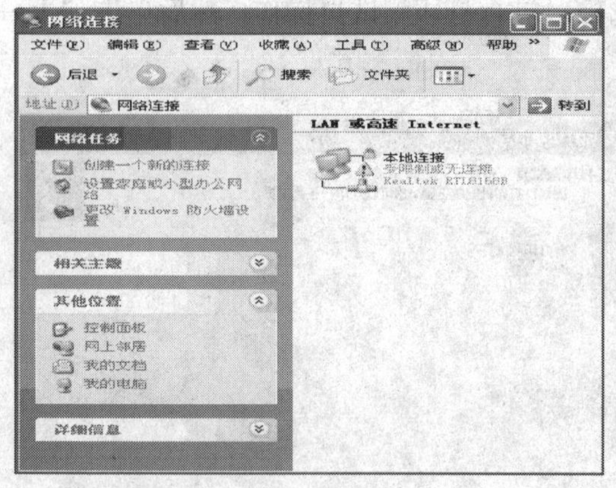

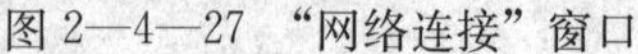
图 2—4—27 “网络连接”窗口

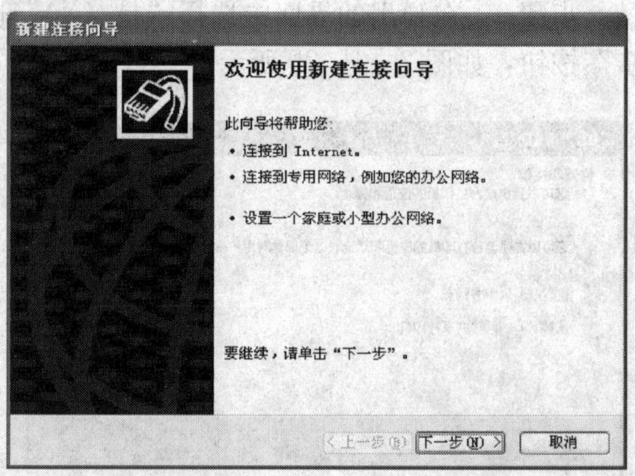

图 2—4—28 “新建连接向导”对话框

步骤 2 单击“下一步”按钮，在“网络连接类型”对话框中选择“链接到 Internet (C)”单选钮，如图 2—4—29 所示。然后，单击“下一步”按钮，在弹出的对话框中选择“手动设置我的连接（M)”单选钮，如图 2—4—30 所示。

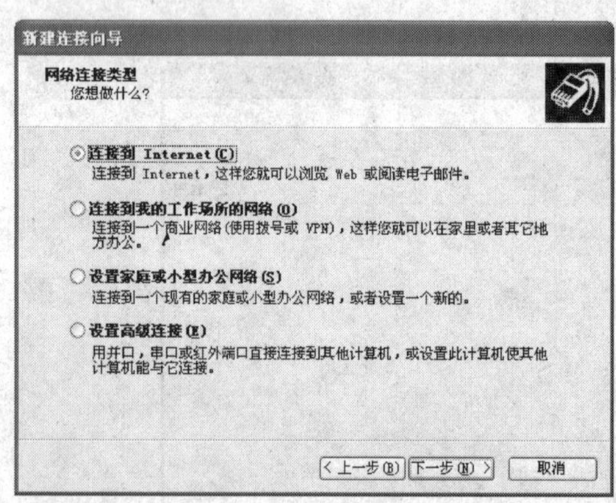

图 2—4—29 “网络连接类型”对话框

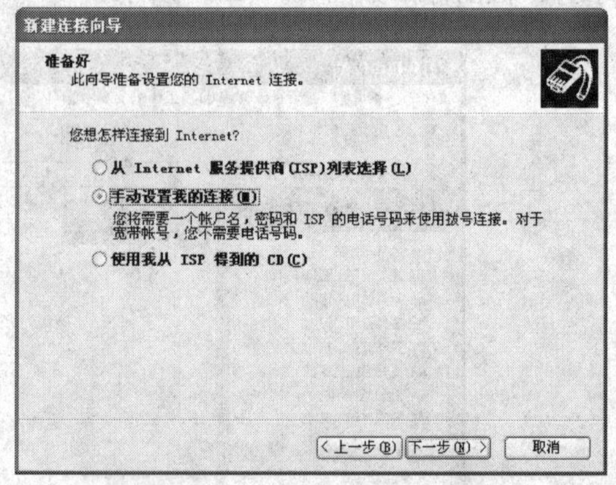

图 2—4—30 “手动设置我的连接（M)”

步骤 3 单击“下一步”按钮，选择“用要求用户名和密码的宽带连接来连接（U)”单选钮，如图 2—4—31 所示。单击“下一步”按钮，在弹出的对话框中输入 ISP 名称，如输入“shangtong”，如图 2—4—32 所示。

步骤 4 单击“下一步”按钮，在“Internet 账户信息”对话框中输入申请的“用户名”和“密码”，如图 2—4—33 所示。最后，单击“完成”按钮，在弹出的对话框中选择“在我的桌面添加一个到此连接的快捷方式（S)”复选框，如图 2—4—34 所示。

步骤 5 单击桌面上的“我的连接”快捷方式，打开“连接 ASDL”对话框，输入用户名和密码，单击“连接”按钮即可上网，如图 2—4—35 所示。

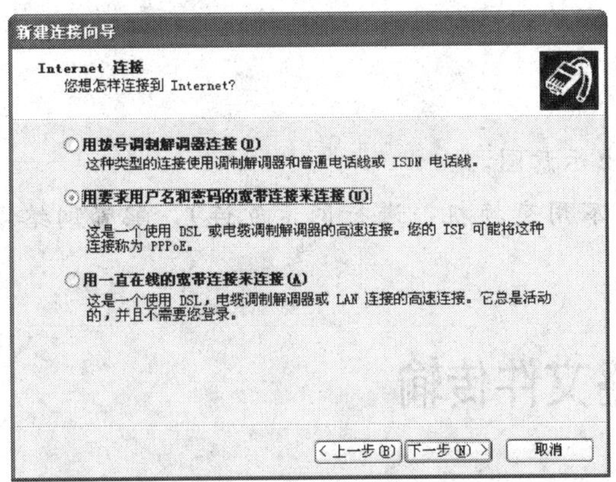

图 2—4—31　选择 Internet 连接方式

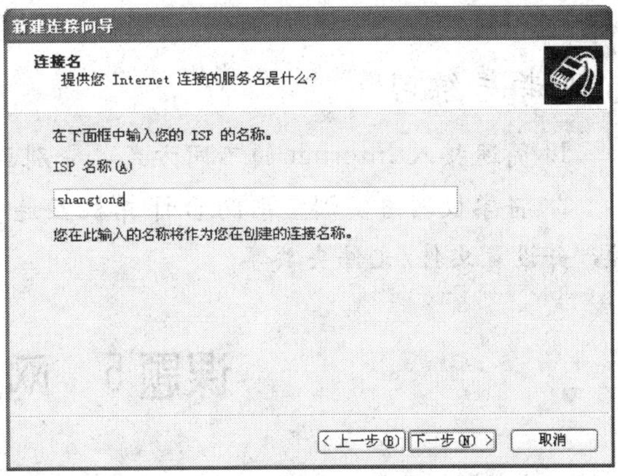

新建连接向导
连接名
提供您 Internet 连接的服务名是什么?
在下面框中输入您的 ISP 的名称。
ISP 名称(A)
shangtong
您在此输入的名称将作为您在创建的连接名称。
< 上一步(B)　下一步(N) >　取消

图 2—4—32　输入 ISP 名称

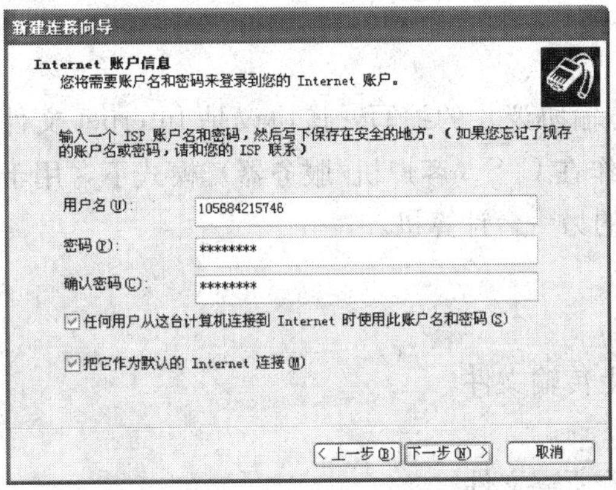

新建连接向导
Internet 账户信息
您将需要账户名和密码来登录到您的 Internet 账户。
输入一个 ISP 账户名和密码，然后写下保存在安全的地方。(如果您忘记了现存的账户名或密码，请和您的 ISP 联系)
用户名(U): 105684215746
密码(P): ********
确认密码(C): ********
任何用户从这台计算机连接到 Internet 时使用此账户名和密码(S)
把它作为默认的 Internet 连接(M)
< 上一步(B)　下一步(N) >　取消

图 2—4—33　输入 Internet 账户信息

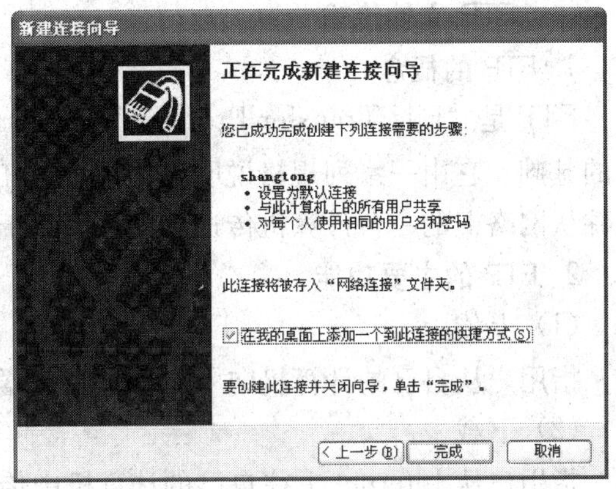

图 2—4—34　完成新建连接

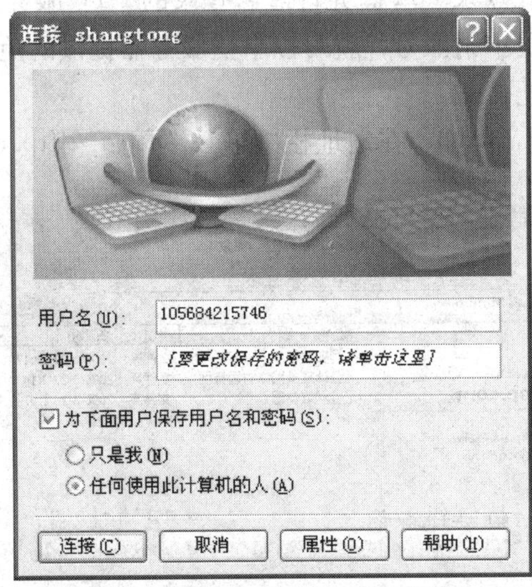

图 2—4—35　试用新建连接

思考与练习

1. 简述接入 Internet 的不同方式，分别画出示意图。

2. 将学校网络实训室用两台计算机互连（不用交换机，进行网卡互连），配置网络参数，并设置文件/文件夹共享。

课题 5　网络文件传输

网络文件传输是指文件遵循一定规则，借助网络在计算机之间传输，如在客户端与客户端之间、客户端与文件服务器之间或文件服务器与文件服务器之间的交换，从而实现资源共享。

一、FTP 文件传输

1. FTP 的概念

FTP 是“File Transfer Protocol”（文件传输协议）的缩写，该协议是 Internet 文件传输的基础，它由一系列规格说明文档组成，工作在 C/S（客户机/服务器）模式下，用于将文件从网络上的一台计算机传送到同一网络上的另一台计算机。

2. FTP 的主要功能

（1）上传

指用户从自己的计算机向 Internet 服务器上传输文件。

（2）下载

指用户从 Internet 上往自己的计算机中传输所需文件。

3. 用 IE 浏览器登录 FTP 服务器实现文件上传和下载

使用浏览器以匿名方式登录 FTP。允许匿名登录的 FTP 服务器是用作公共服务的，用户不必专门向服务器管理员申请账号，就可以享受服务器提供的免费软件资源。但匿名登录一般只允许下载，不允许上传。

步骤：打开 IE 浏览器，例如，在地址栏中输入“ftp：//ftp. eop. com”，打开网页，如图 2—5—1 所示。

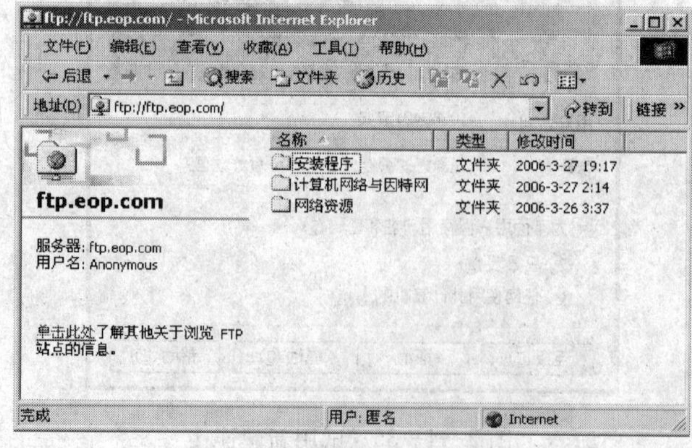

图 2—5—1　访问 FTP 服务器

4. 用 CuteFTP 软件登录 FTP 服务器实现文件上传和下载

CuteFTP 是一个基于文件传输协议的软件。它具有相当友好的界面，即使用户并不完全了解协议本身，也能够使用文件传输协议进行文件下载和上传。目前，CuteFTP 是小巧而强大的 FTP 工具之一，它具有友好的用户界面（见图 2—5—2），简单的操作程序，稳定的传输速度等优点，拥有越来越多的用户。

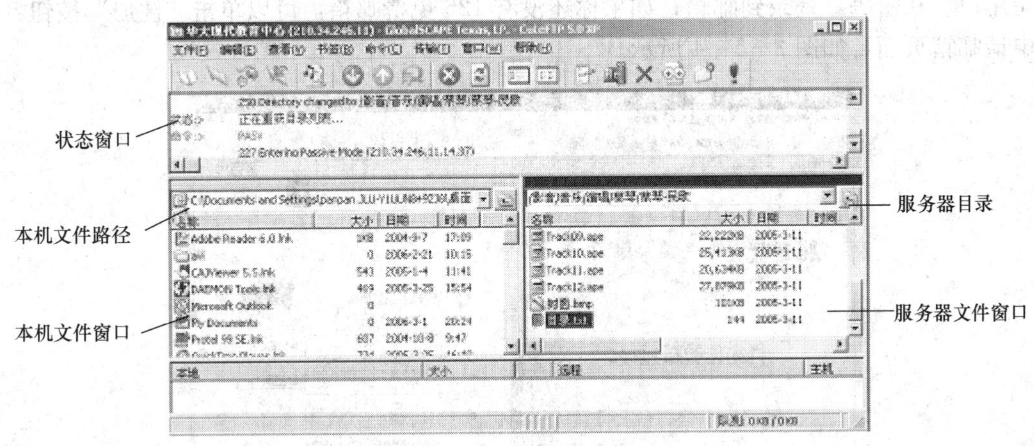

图 2—5—2　CuteFTP 界面

使用 CuteFTP 可实现的主要功能有站点对站点的文件传输、定制操作日程、远程文件修改、自动搜索文件、断点续传直到完成文件传输、恢复传输队列、附加防火墙支持、可以删除回收站中的文件、及时提示出错信息等。

二、邮件附件文件传输

1. 电子邮件概述

电子邮件是 Internet 提供的主要服务之一，通过电子邮件，用户可以进行信息传递。电子邮件既可以传递文字信息，也可以传递图像、声音、视频等信息。电子邮件已经成为用户之间在网络上传递信息的主要途径。

2. 电子邮件使用的协议

邮件服务器使用的协议有简单传输协议“SMTP”、电子邮件扩充协议“MIME”和 POP 协议。POP 服务需要一个邮件服务器来提供，用户必须在该邮件服务器上取得账号才可使用这种服务。目前使用较普遍的 POP 协议为第三版，简称 POP3。

3. 电子邮件地址

使用电子邮件系统的用户首先要用一个电子邮件信箱。该信箱在因特网上有唯一的地址，以便识别。

电子邮件地址结构如下：

＜用户名＞@＜域名＞

电子邮件地址由被字符“@”分成两部分的字符串组成，前一部分为用户名，如“liming”；后一部分为用户信箱的邮件接收服务器域名，如“163. com”（网易的邮件服务器）。例如，liming@163. com 就是一个电子邮箱的地址。

4. **申请免费邮箱**

很多网站如搜狐、新浪、网易等，都提供免费的电子信箱，需要的用户可以申请。大多数免费电子邮箱的申请方法相似，下面以网易 126 免费信箱为例说明。

（1）在浏览器地址栏中输入：www.126.com，按回车键，打开网易 126 免费邮箱首页，如图 2—5—3 所示。如果你已经拥有 126 免费信箱，可以在“用户名”和“密码”栏中输入邮箱用户名和密码，登录到邮箱；如果你还没有 126 免费邮箱，可以单击“注册”按钮，进入申请邮箱页面，如图 2—5—4 所示。

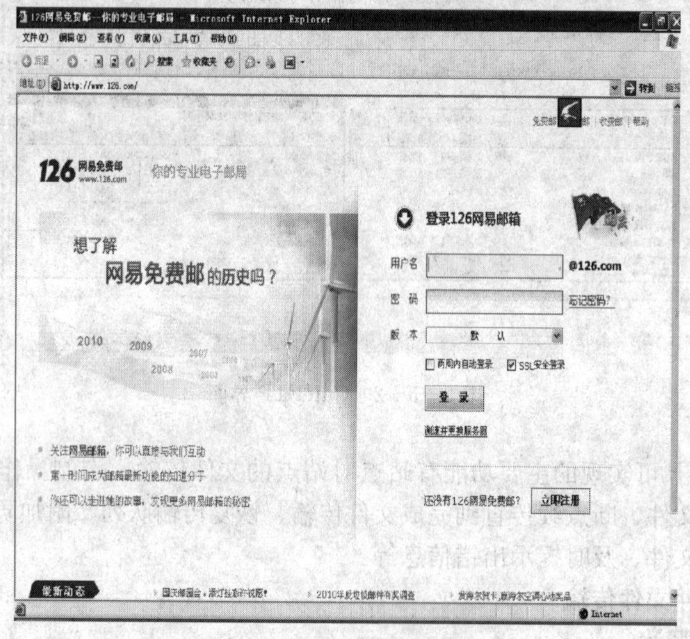

图 2—5—3 网易 126 免费邮箱首页

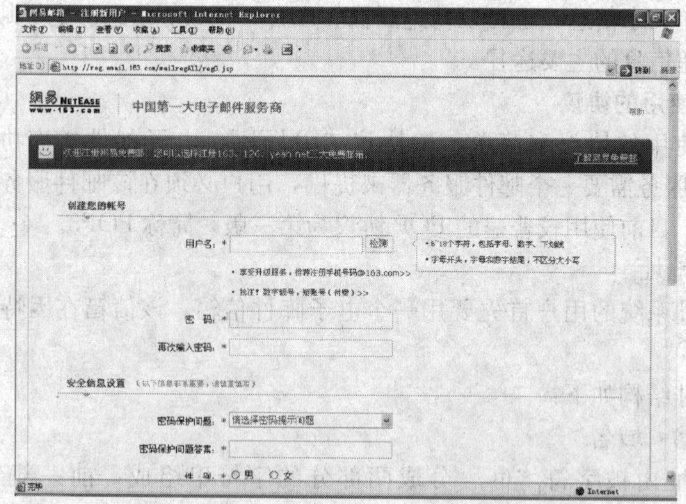

图 2—5—4 注册邮箱第一步

（2）在图2—5—4所示的页面中，输入你想注册的用户名并填写有关内容，完成之后单击“创建账号”按钮，输入基本信息，并仔细阅读“服务条款”，没有异议后，就可以直接单击“我接受下面的条款”复选框，并单击“确定”按钮。到此为止，邮箱创建成功。

利用邮件附件发送和接收文件，优点是非常方便，在不同网络段中的计算机之间也可进行发送和接收文件，缺点是免费的电子邮箱容量都很小，一般只有几兆到几十兆，所以，只能用它来发送和接收字节数非常小的邮件或文件。

5. 电子邮件格式

一封完整的电子邮件都由两个基本部分组成：信头和信体。

（1）信头

信头一般由以下几个部分组成：收信人，即收信人的电子邮件地址；抄送，表示同时可以收到该邮件的其他人的电子邮件地址；主题，概括地描述该信件的内容，可以是一个词，也可以是一句话。

（2）信体

信体是希望收信人看到的内容，有时信体还可以包含附件。附件是含在一封信里的一个或多个文件，附件可以从信件上分离出来，成为独立的文件。

6. 添加附件

如果用户在发送邮件的同时，需要将一些其他的文件随电子邮件一起发送给收件人，可以使用“附件”功能来实现。例如，打开网易邮箱，向老师的电子邮箱里发送“作业.doc”文件，操作方法如下：

（1）进入到邮箱页面之后，单击“添加附件”链接，如图2—5—5所示。在弹出的“选择文件”对话框中，选择传送的附件内容，单击“打开”按钮，如图2—5—6所示。

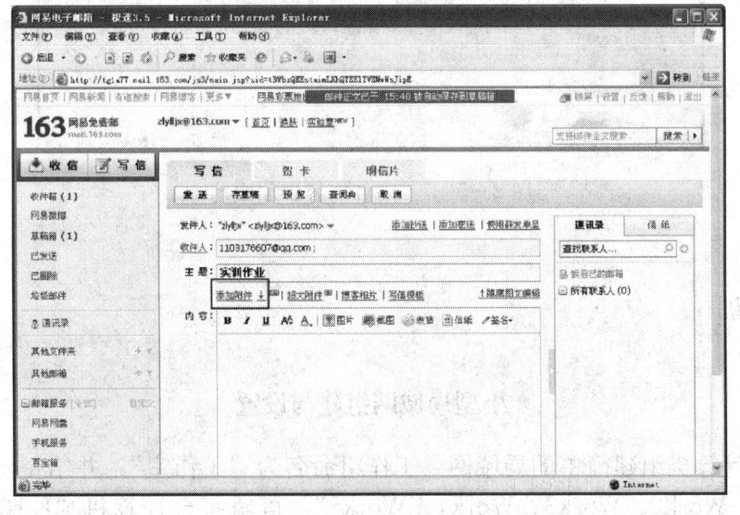

图2—5—5　添加附件

（2）收信人信息部分的“添加附件”栏中出现添加的附件内容，如图2—5—7所示。附件添加成功。

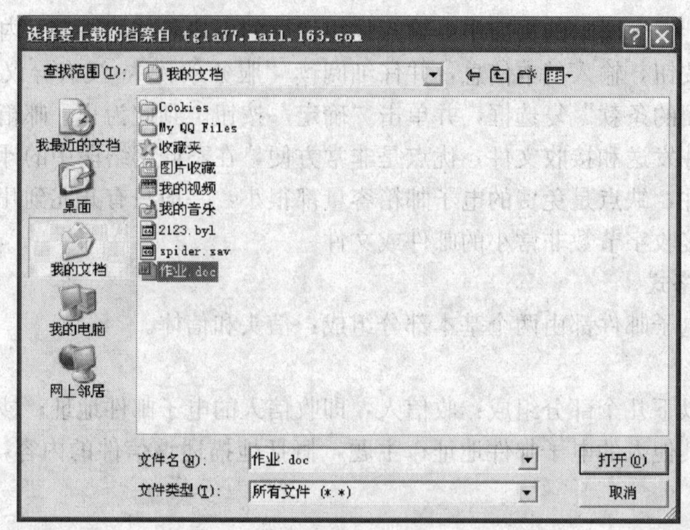

图 2—5—6　选择附件内容

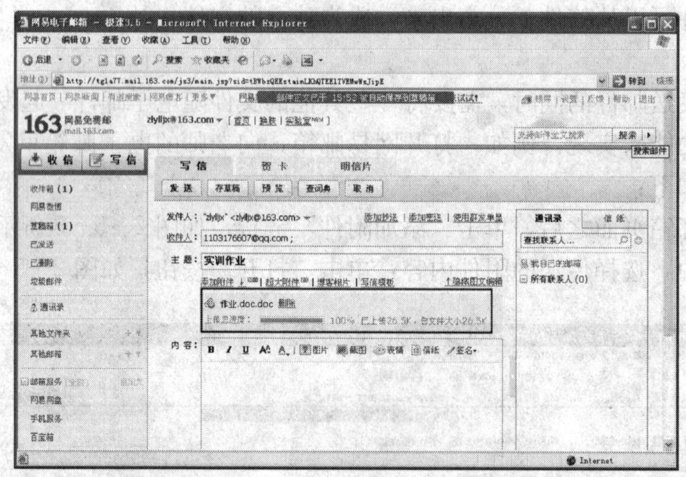

图 2—5—7　附件内容添加成功

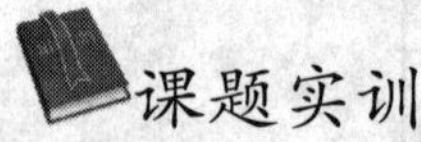

课题实训

小型局域网组建与设置

1. 用五台计算机组建简单的局域网，工作组命名为“工作室”，并给每台计算机分别命名为“Work1、Work2、Work3、Work4、Work5”，再给每台计算机“D 驱动器”设置共享，实现网上邻居能看到其他 4 台计算机上的共享文件。

2. 从网上搜索 Serv U FTP Server 文件传输软件，下载并安装该软件，设置某一文件夹共享，在其他计算机上访问该文件夹，并下载和上传该文件。

模块三

物流数据采集技术应用

课题1　条码技术应用

条码技术是目前物流行业中普遍使用的低成本、高效率的数据采集技术。要让信息系统正确及时地反映物流业务中货物的状态与位置，首先必须对物流设施和商品进行编码，然后选择相应的条码来标识每一个实体。不同实体的编码方式不同，在选择编码方式和条码时要参照国家的相关标准。

一、条码的基本知识

1. 基本概念

条码是由一组规则排列的条、空及其对应字符组成的标记，用于表示一定的信息。其中，条是反射率较低的部分，空是反射率较高的部分。表3—1—1列出了在条码技术应用中的基本术语。

表3—1—1　　条码技术基本术语

序号定义		术语
1	条码	由一组规则排列的条、空及其对应字符组成的标记，用于表示一定的信息
2	代码	用来表示客观事物的一个或一组排列有序的符号
3	条/空	条码符号中反射率较低/较高的部分
4	空白区	条码符号左右两端外侧与空的反射率相同的限定区域
5	起始符	位于条码符号起始位置的若干条和空
6	终止符	位于条码符号终止位置的若干条和空
7	中间分隔符	位于条码符号中间位置的若干条和空
8	条码字符	表示一个字符的若干条和空
9	条码字符集	某类型条码所能表示的字符集合
10	条码数据字符	表示特定信息的条码字符
11	条码校验字符	表示校验码的条码字符
12	供人识读字符	位于条码符号下方，与相应的条码字符相对应的、用于供人识别的字符

续表

序号	术语	定义
13	条高	垂直于单元宽度方向的条的高度尺寸
14	条宽	条的宽度尺寸
15	空宽	空的宽度尺寸
16	条宽比	条码符号中最宽条与最窄条的宽度比
17	条码字符间隔	相邻条码字符间不表示特定信息且与空的反射率相同的区域
18	条码长度	从条码符号起始符前缘到终止符后缘的长度
19	条码密度	单位长度的条码所能表示的字符个数
20	模块	模块组配编码方法中组成条码字符的基本单位
21	单元	构成条码字符的条或空
22	连续型条码	没有条码字符间隔的条码
23	非连续型条码	有条码字符间隔的条码
24	定长条码	条码字符个数固定的条码
25	非定长条码	条码字符个数不固定的条码
26	自校验码	条码字符本身具有校验功能的条码
27	双向条码	左右两端均可作为扫描识读起点的条码
28	附加条码	表示附加信息的条码
29	码制	条码符号的类型
30	放大系数	条码符号的设计尺寸与标准版尺寸的比值

2. 条码符号的结构

一般而言，一个完整的条码符号结构包括左右空白区、起始符、数据字符、中间分隔符（部分码制）、校验字符（可选）、终止符及供人识读字符组成，如图 3—1—1 所示。

图 3—1—1 条码符号的结构

3. 条码的编码方法

条码是利用“条”和“空”表示二进制的“0”或“1”，并以它们的组合来表示某个数字或字符，反映出某种信息。不同码制的条码在编码方式上有所不同，主要有以下两种：

（1）宽度调节法

按照这种方式编码时，是以宽单元（由条或空组成）表示二进制“1”，窄单元（由条或空组成）表示二进制“0”。宽单元通常是窄单元的 2～3 倍。39 条码、库德巴条码及 25 条码都属于宽度调节型条码。其中，25 条码的符号编码如图 3—1—2 所示。

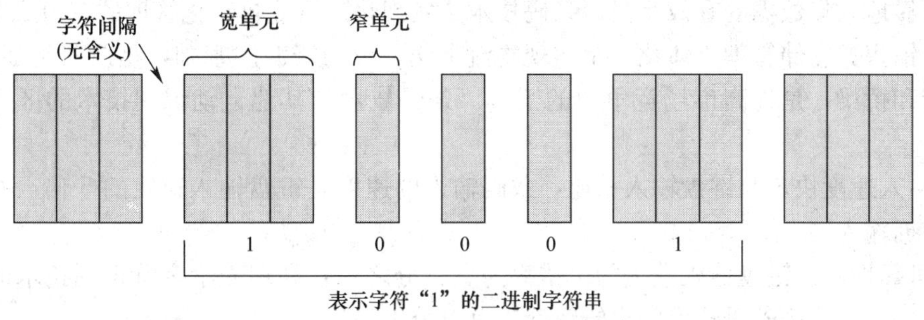

图 3—1—2　25 条码的字符结构

（2）模块组配法

这种编码方式的条和空是由标准宽度的模块组成。一个模块宽度的条模块表示二进制“1”，一个模块宽度的空模块表示二进制“0”。商品条码采用的都是模块组配法，其模块的标准宽度是 0.33 mm，它的一个字符由 2 个条和 2 个空构成，每一个条或空由 1～4 个标准宽度的模块组成，每一个字符对应 7 个模块，如图 3—1—3 所示。

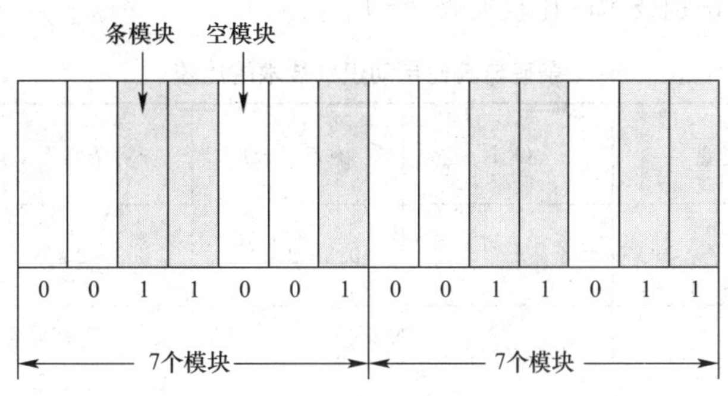

图 3—1—3　商品条码字符的构成

4. 条码技术与自动识别技术

（1）条码技术与自动识别技术

自动识别技术就是应用一定的识别装置，通过被识别物品和识别装置之间的接近活动，自动地获取被识别物品的相关信息，并提供给后台的计算机处理系统来完成相关后续处理的一种技术。自动识别技术是以计算机技术和通信技术的发展为基础的综合性科学技术，是信息数据自动识读、自动输入计算机的重要方法和手段。正是自动识别技术的崛起，提供了快速、准确地进行数据采集输入的有效手段，解决了由于计算机数据输入速度慢、错误率高等原因造成的“瓶颈”难题。

自动识别技术近几十年在全球范围内得到了迅猛发展，初步形成了一个包括条码技术、磁条（卡）技术、光学字符识别、系统集成化、射频技术、声音识别及视觉识别等集计算机、光、机电、通信技术为一体的高新技术学科。由此可见，条码技术只是自动识别技术的一种。

（2）条码技术与其他自动识别技术的区别

条码技术是光电技术、通信技术、计算机技术和印刷技术相结合的产物，是实现快速、准确而可靠地采集数据的有效手段。条码技术是实现物流行业自动化管理的有力武器，有助于进货、销售、仓储管理一体化，是实现物流 EDI、节约资源的基础，是及时沟通产、供、销的纽带和桥梁，是提高市场竞争力的工具。条码技术与其他自动识别技术的区别主要表现在：

1）输入速度快。与键盘输入相比，条码输入的速度是键盘输入速度的 5 倍，并且能实现即时数据输入。

2）可靠性高。键盘输入数据的出错率为三百分之一，利用光学字符识别技术的出错率为万分之一，而采用条码技术的出错率低于百万分之一。

3）采集信息量大。利用传统的一维条码一次可采集几十位字符的信息，二维条码更可以携带数千个字符的信息，并有一定的自动纠错能力。

4）灵活实用。条码标识既可以作为一种识别手段单独使用，也可以和有关识别设备组成一个系统实现自动化识别，还可以和其他控制设备连接起来实现自动化管理。

另外，条码标签易于制作，对设备和材料没有特殊要求；识别设备操作容易，不需要特殊培训，并且设备也相对便宜。

条码与其他自动识别技术的比较见表 3—1—2。

表 3—1—2　　条码与其他自动识别技术的比较

项目＼名称	键盘	OCR	磁条（卡）	条码	射频
输入 2 位数据速度	6 s	4 s	0.3～2 s	0.3～2 s	0.3～0.5 s
误码率	1/300 字符	1/1 万字符		1/1.5 万字符至 1/1 亿字符	
印刷密度		10～12 字符/in	48 字符/in	最大 20 字符/in	4～8 000 字符
基材价格	无	低	中	低	高
扫描器价格	无	高	中	低	高
能否接触识读		不能	不能	接触至 5 m	接触至 2 m
优点	操作简单；可用眼阅读；键盘本身便宜	可用眼阅读	数据密度高；输入速度快	输入速度快，误读率低；设备便宜；设备种类多；可非接触式阅读	可在灰尘、油污等环境下使用；可非接触式识读
缺点	误码率高；输入速度低；输入受个人因素影响	输入速度低；不能非接触式识读；设备价格高	不能直接用眼阅读；不能非接触式阅读；数据可变更	数据不能更改；不可用眼直接阅读	发射、接收装置价格昂贵；发射装置寿命短；数据可改写

二、项目代码编制及条码符号选择

1. EAN 与 UCC 简介

1970 年美国超级市场委员会制定了通用商品代码 UPC 码。1976 年，美国和加拿大在超级市场上成功地使用了 UPC 商品条码应用系统。1977 年，欧共体在 12 位的 UPC－A 商品条码的基础上，开发出与 UPC－A 商品条码兼容的欧洲物品编码系统，简称 EAN 系统，并签署了欧洲物品编码协议备忘录，正式成立了欧洲物品编码协会，简称 EAN。直到 1981 年，由于 EAN 组织已发展成为一个国际性组织，改称为国际物品编码协会，简称 EAN International。且 EAN 码与 UPC 码兼容。

EAN・UCC 系统是国际物品编码协会和美国统一代码委员会经过近 30 年的努力而建立的全球开放的物流信息标识和条码表示系统，是全球贸易和供应链管理的共同语言，包括对贸易项目、物流单元、资产、位置、服务等的标识系统。

2. 项目代码编制及条码符号选择

EAN・UCC 系统提供了从供应商到最终消费者的整个物品流通过程中，对物品的不同状态分别赋予不同的编码信息，并可以选择适当的条码符号对这些不同的编码进行标识。这些标识性的标签可以伴随整个供应链的物流过程，起初是生产线上的单品，而后形成可以储运的储运单元，多个储运单元又可以构成物流单元，运抵流通中转环节后，需要展开上述过程的逆过程，由物流单元逐步拆包，回到单品的状态。对应不同的货物状态，可以在 EAN・UCC 系统中选择适当的条码码制来标识。如图 3—1—4 所示。

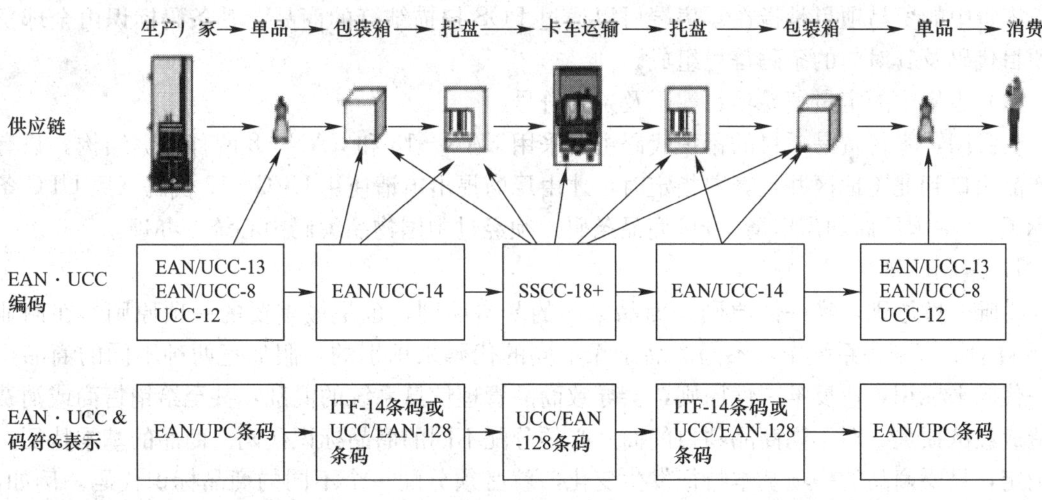

图 3—1—4　EAN・UCC 系统在物流供应链中的应用

从图 3—1—4 中可以看出，对于项目的编码要根据该项目的性质及其所处的供应链位置来选择。

（1）制造商的产成品和零售中的定量消费商品

制造商的产成品和零售环节的商品属于贸易项目，在这个环节采用的是全球贸易项目（GTIN）代码，定量消费的普通商品采用 EAN－13 代码，用 EAN－13 条码表示，北美地区采用 UCC－12 代码，用 UPC－A 条码表示；对于商品表面积过小的商品可以采用 EAN－

8代码，用EAN-8条码表示，北美地区采用UCC-8代码，用UPC-E条码表示。

(2) 配送、仓储或批发环节中的商品

在配送、仓储或批发环节中的商品可以采用EAN·UCC-14代码进行编码或者直接使用商品原包装上的EAN-13或UCC-12代码。如果采用EAN·UCC-14代码，则要用ITF-14或EAN-128条码来表示。

(3) 运输过程中的编码与条码符号

在运输过程中的物流单元，要采用系列货运包装箱代码（SSCC）进行编码，用EAN-128条码表示。

(4) 对实体组织的编码

对于一个参与供应链的物理实体、功能实体和法律实体的组织，则采用全球位置码（GLN）来编码，用EAN-128条码来表示。

(5) 对资产的编码

对于资产采用EAN·UCC资产代码进行编码，用EAN-128条码表示。

三、全球贸易项目编码及条码符号

全球贸易项目是指可以在供应链的任意一点进行标价、订购或开具发票以便所有贸易伙伴进行交易的一项产品或服务。全球贸易项目代码是唯一的、无含义的、多行业的、全球认可的代码。

1. 零售中的贸易项目编码及条码符号

零售中的贸易项目是指在零售端可以通过POS扫描结算的商品。其条码标识由全球贸易项目代码及其对应的条码符号组成。

(1) 零售中的定量贸易项目编码及条码符号

在我国，零售贸易项目的标识代码主要采用EAN-13和EAN-8两种数据结构。只有当产品出口到北美地区并且客户指定时，才由厂商提出申请使用UCC-12代码（用UPC条码标识）。中国厂商如需申请UPC商品条码，须经过中国物品编码中心统一办理。

1) 编码原则

①唯一性原则。唯一性原则是商品编码的基本原则，也是最重要的一项原则。在商业POS自动结算销售系统中，不同商品是靠不同的代码来识别的，假如把两种不同的商品用同一代码来标识，违反唯一性原则，会导致商品管理信息系统的混乱，甚至给销售商或消费者造成经济损失。对不同商品项目的商品必须分配不同的商品标识代码。商品的基本特征一旦确定，只要商品的一项基本特征发生变化，就必须分配一个不同的商品标识代码。例如，某个服装企业将商标、品种、款型、面料、颜色作为服装的五个基本特征项，那么只要这五个基本特征项中的一项发生变化，就必须分配不同的商品标识代码来标识商品。

②无含义性原则。无含义性原则是指商品标识代码中的每一位数字一般不表示任何与商品有关的特定信息，即与商品本身的基本特征无关，也与厂商性质、所在地域、生产规模等信息无关，商品标识代码与商品是一种人为的捆绑关系。这样利于充分利用一个国家（地区）的厂商代码空间。厂商在申请厂商代码后编制商品项目代码时，最好使用无含义的流水号，即连续号，这样在自己的厂商代码下能够最大限度地利用商品项目代码的编码容量。也正因为商品条码的无含义性，在使用中必须要有后台数据库的支持。

③稳定性原则。稳定性原则是指商品标识代码一旦分配，若商品的基本特征没有发生变化，就应保持标识代码不变。这样利于生产和流通各环节的管理信息系统数据保持一定的连续性和稳定性。一般情况下，当商品项目的基本特征发生了明显的、重大的变化，就必须分配一个新的商品标识代码。另外，在某些行业，如医药保健业，只要产品的成分有较小的变化，就必须分配不同的代码。总之，原则上尽可能地减少商品标识代码的变更，保持其稳定性，否则，将导致很多不必要的繁重劳动，如设计、打印并粘贴条码标签、修改系统记录数据等。

2）编码方式

①EAN－13 代码。EAN－13 代码有三种结构，每种结构均由三个部分组成，见表 3—1—3。

表 3—1—3　　EAN－13 条码的代码结构

结构种类	厂商识别代码	商品项目代码	校验码
结构一	$X_{13}X_{12}X_{11}X_{10}X_9X_8X_7$	$X_6X_5X_4X_3X_2$	X_1
结构二	$X_{13}X_{12}X_{11}X_{10}X_9X_8X_7X_6$	$X_5X_4X_3X_2$	X_1
结构三	$X_{13}X_{12}X_{11}X_{10}X_9X_8X_7X_6X_5$	$X_4X_3X_2$	X_1

前缀码。前缀码由 2～3 位数字（$X_{13}X_{12}$或 $X_{13}X_{12}X_{11}$）组成，是 EAN 分配给国家（地区）编码组织的代码。前缀码由 EAN 统一分配和管理，EAN 的成员组织前缀码的分配见表 3—1—4。需要指出的是，随着世界经济一体化发展，前缀码并不一定代表产品的原产地，而只能说明分配和管理有关厂商识别代码的国家（地区）编码组织。

表 3—1—4　　EAN 已分配的前缀码

前缀码	编码组织所在国家或地区	前缀码	编码组织所在国家或地区	前缀码	编码组织所在国家或地区
00～13	美国、加拿大	479	斯里兰卡	54	比利时和卢森堡
30～37	法国	480	菲律宾	560	葡萄牙
380	保加利亚	481	白俄罗斯	569	冰岛
383	斯洛文尼亚	482	乌克兰	57	丹麦
385	克罗地亚	484	摩尔多瓦	590	波兰
387	波黑	485	亚美尼亚	594	罗马尼亚
40～44	德国	486	格鲁吉亚	599	匈牙利
45、49	日本	487	哈萨克斯坦	600、601	南非
460～469	俄罗斯	489	中国香港特别行政区	608	巴林
470	吉尔吉斯斯坦	50	英国	609	毛里求斯
471	中国台湾	520	希腊	611	摩洛哥
474	爱沙尼亚	528	黎巴嫩	613	阿尔及利亚
475	拉脱维亚	529	塞浦路斯	616	肯尼亚
476	阿塞拜疆	531	马其顿	619	突尼斯
477	立陶宛	535	马耳他	621	叙利亚
478	乌兹别克斯坦	539	爱尔兰	622	埃及

续表

前缀码	编码组织所在国家或地区	前缀码	编码组织所在国家或地区	前缀码	编码组织所在国家或地区
624	利比亚	76	瑞士	880	韩国
625	约旦	770	哥伦比亚	884	柬埔寨
626	伊朗	773	乌拉圭	885	泰国
627	科威特	775	秘鲁	888	新加坡
628	沙特阿拉伯	777	玻利维亚	890	印度
629	阿拉伯联合酋长国	779	阿根廷	893	越南
64	芬兰	780	智利	899	印度尼西亚
690～695	中国（内地）	784	巴拉圭	80、91	奥地利
70	挪威	786	厄瓜多尔	93	澳大利亚
729	以色列	789、790	巴西	94	新西兰
73	瑞典	80～83	意大利	955	马来西亚
740	危地马拉	84	西班牙	958	中国澳门特别行政区
741	萨尔瓦多	850	古巴	前缀码	应用领域
742	洪都拉斯	858	斯洛伐克	20～29	店内码
743	尼加拉瓜	859	捷克	977	连续出版社
744	哥斯达黎加	860	南斯拉夫	978、979	图书
745	巴拿马	865	蒙古	980	应收票据
746	多米尼加	867	朝鲜	981、982	普通流通券
750	墨西哥	869	土耳其	99	优惠券
759	委内瑞拉	87	荷兰		

注：各国家或地区编码组织负责指导本国或本地区范围内对前缀 20～29、981、982、99 的应用；在中国内地地区，当 $X_{13}X_{12}X_{11}$ 为 690、691 时，EAN/UCC－13 代码采用结构一，当 $X_{13}X_{12}X_{11}$ 为 692、693、694、695 时，EAN/UCC－13 代码采用结构二。

厂商识别代码。厂商识别代码用来在全球范围内唯一标识厂商，由 7～9 位数字组成，其中包含前缀码。在我国大陆地区，厂商识别代码统一由中国物品编码中心负责分配和管理。具有企业法人营业执照或营业执照的生产者或销售者可以根据自己的经营需要，申请注册厂商识别代码。申请人可到所在地的编码分支机构（一般为设在当地的质量技术监督局）办理申请注册手续，办理流程如图 3—1—5 所示。当厂商的商品品种很多，超过了“商品项目代码”的编码容量时，允许厂商申请注册一个以上的厂商识别代码，但只有在商品项目代码全部用完时，才能再次申请。

商品项目代码。商品项目代码由 3～5 位数字组成，由获得厂商识别代码的厂商自主编制。厂商在编制商品项目代码时必须遵循以下原则：对同一商品必须编制相同的商品项目代码，对不同的商品项目必须编制不同的商品项目代码。要保证商品项目代码的唯一性。不难看出，由 3 位数字组成的商品项目代码有 000～999 共 1 000 个编码容量，可标识 1 000 种商品；同理，由 4 位数字组成的商品项目代码可标识 10 000 种商品；由 5 位数字组成的商品项目代码可标识 100 000 种商品。

校验码。校验码为 1 位数字，用于检验厂商识别代码、商品项目代码的正确性。它是根

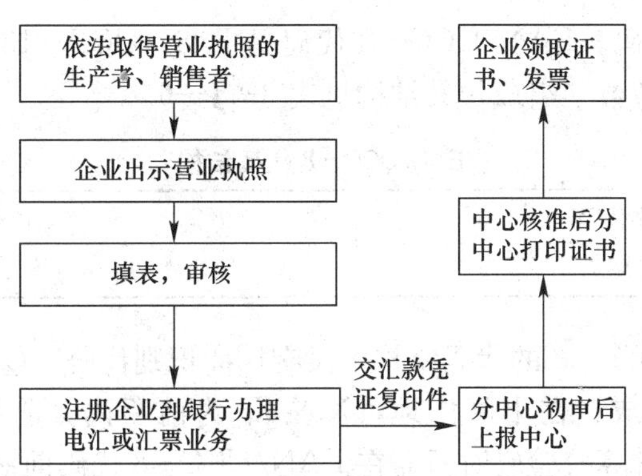

图 3—1—5　企业注册商品代码流程

据 X_{13} 到 X_2 这 12 位数的数值按一定的数学算法计算得出的。计算方法是用 13 位代码中的偶数位数字代码和的 3 倍与奇数位数字代码和之和去减比自己大的最小的 10 的倍数，差即为校验码。厂商在编制商品项目代码时，可不必计算校验码的值，可由编码软件或条码印制设备自动生成。检验码的计算方法如下：

第 1 步：包括检验码在内，由右至左编排代码位置序号，校验码为 X_1；

第 2 步：将 X_{13} 到 X_2 中所有偶数位的数字代码求和；

第 3 步：将第 2 步求和得到的数值乘以 3；

第 4 步：将 X_{13} 到 X_2 中所有奇数位的数字代码求和；

第 5 步：将第 3 步和第 4 步得到的数值相加，设所得结果为 T；

第 6 步：用大于或等于 T 且为 10 的最小整数倍的数减去 T，所得结果即为所求校验码。

例：代码 690123456789 X_1 校验码的计算过程见表 3—1—5。

表 3—1—5　　代码 690123456789 X_1 校验码的计算

步骤	说明													
1. 由右至左编排代码位置序号	位置代号	13	12	11	10	9	8	7	6	5	4	3	2	1
	代码	6	9	0	1	2	3	4	5	6	7	8	9	X_1
2. 偶数位的数字代码求和 E	9+7+5+3+1+9=34													
3. $E\times3=S_1$	34×3=102													
4. 奇数位的数字代码求和 S_2	8+6+4+2+0+6=26													
5. $S_1+S_2=T$	102+26=128													
6. 用大于或等于 T 且为 10 的最小整数倍的数减去 T	130−128=2													
最终结果	校验码 $X_1=2$													

②EAN/UCC－8代码。EAN/UCC－8代码是EAN/UCC－13代码的一种补充，用于标识小型商品。它由8位数字组成，其结构见表3—1—6。

表3—1—6　　EAN/UCC－8代码结构

商品项目识别代码	校验码
$X_8X_TX_6X_5X_4X_5X_2$	X_1

可以看出，EAN/UCC－8的代码结构中没有厂商识别代码。EAN/UCC－8的商品项目识别代码由7位数字组成。在中国内地，$X_8X_7X_6$ 为前缀码。前缀码与校验码的含义与EAN/UCC－13相同。计算校验码时只需在EAN/UCC－8代码前添加5个“0”，然后按照EAN/UCC－13代码中的校验码计算即可。

从代码结构上可以看出，EAN/UCC－8代码中用于标识商品项目的编码容量要远远小于EAN/UCC－13代码。以前缀码690的商品项目标识代码为例，就EAN/UCC－8代码而言，除校验码外，只剩下4位可用于商品的编码，即仅可标识10 000种商品项目；而在EAN/UCC－13代码中，除厂商识别代码、校验码外，还剩5位可用于商品编码，即可标识100 000种商品项目。可见，EAN/UCC－8代码用于商品项目编码的容量很有限，应慎用。

EAN/UCC－8商品条码的注册。在我国大陆，EAN－8商品条码由中国物品编码中心统一分配，厂商不得自行分配。注册的条件是商品条码印刷面积超过商品包装表面面积或者标签可印刷面积四分之一并且已办理或在办理注册EAN－13厂商识别代码的生产者或销售者。注册的程序与注册EAN－13基本相同，只是需要填写《中国商品条码缩短码注册登记表》，并提供使用缩短码产品的外包装或标签的设计样张。

③UCC－12代码。UCC－12代码由12位数字组成（最左边加0后与EAN－13代码兼容），其结构见表3—1—7。

表3—1—7　　UCC－12代码结构

厂商识别代码和商品项目代码	校验码
$X_{12}X_{11}X_{10}X_9X_8X_7\ X_6X_5X_4X_3X_2$	X_1

厂商识别代码。厂商识别代码由美国统一代码委员会分配，由左起6～10位数字组成。其中，X_{12} 为系统字符，其应用规则见表3—1—8。

表3—1—8　　厂商识别代码应用规则

系统字符	应用范围	系统字符	应用范围
0，6，7	一般商品	4	零售店内码
2	商品变量单元	5	优惠券
3	药品及医疗用品	8	非定长厂商识别代码

系统字符0、6、7用于一般商品，通常为6位厂商识别代码；系统字符2、3、4、5用于特定领域，其中2、4、5用于内部管理，变量单元是指需要称重或检尺后才能销售的散装商品。系统字符1、9保留未用；系统字符8用于非定长的厂商识别代码分配，其位数分别为：80、82为6位，81、83为8位，84为7位，85为9位，86为10位。

商品项目代码。商品项目代码是指前 11 位中除厂商识别代码后剩余的数位，1～5 位数字组成，由厂商自行编码。

校验码。校验码为 1 位数字，在最左边加上一个“0”后，视为 13 位代码，与 EAN-13 代码的计算方法相同。

④UCC-8 代码。UCC-8 代码由 8 位数字组成，是将系统字符为 0 的 UCC-12 代码进行消零压缩所得，其中，左边 7 位为商品项目代码，右边最后一位为校验码，也是压缩 UCC-12 代码之前的校验码。UCC-12 代码转换为 UCC-8 代码的压缩方法见表 3—1—9。

表 3—1—9　　UCC-12 代码转换为 UCC-8 代码的消零压缩方法

UCC-12 代码				UCC-8 代码	
厂商识别代码		商品项目代码	校验码	商品项目代码	校验码
X_{12}	$X_{11}X_{10}X_9X_8X_7$	$X_6X_5X_4X_3X_2$			
0	$X_{11}X_{10}000$ $X_{11}X_{10}100$ $X_{11}X_{10}200$	$00X_4X_3X_2$	X_1	$0X_{11}X_{10}X_4X_3X_2X_9$	X_1
	$X_{11}X_{10}300$ ⋮ $X_{11}X_{10}900$	$000X_3X_2$		$0X_{11}X_{10}X_9X_3X_2 3$	
	$X_{11}X_{10}X_910$ ⋮ $X_{11}X_{10}X_990$	$0000X_2$		$0X_{11}X_{10}X_9X_8X_2 4$	
	$X_7 \neq 0$	00005 ⋮ 00009		$0X_{11}X_{10}X_9X_8X_7X_2$	

需要说明的是，表 3—1—9 所示的消零压缩方法是人为规定的算法，但是，在识读设备读取 UCC-8 代码的条码符号（UPC-E）时，要由条码识读软件或应用软件把压缩的 8 位标识代码还原成 UCC-12 代码，数据库中是不存在 UCC-8 代码的。

例：设某企业采用 UCC-12 代码，编码系统字符为“0”，厂商识别代码为 012300，商品项目代码为 00045，将其进行消零压缩后得到的 UCC-8 代码是多少？

解：查表 3—1—9，因该代码的厂商识别代码的最后三位是“300”，故其消零压缩后的排列顺序应是 $0X_{11}X_{10}X_9X_3X_2 3$，分别取对应位数值，并计算压缩前 12 位代码的校验码为“1”，所以，该代码经消零压缩得到的 UCC-8 代码为 01234531。

⑤特殊情况下的编码。主要有以下几种特殊编码：

产品变体的编码。产品变体是指制造商在产品生产周期内对产品进行的各种变更。如果制造商决定产品的变体（如含不同的有效成分）与标准产品同时存在，那么就必须为该变体另外分配一个标识代码。如果产品只做较小的改变或改进，则不需要分配不同的商品项目代码。例如，标签图形进行重新设计，产品说明有小部分修改，但内容物不变或成分只有微小的变化。当产品的变化影响到产品的质量、尺寸、包装类型、产品名称、商标或产品说明时，必须另行分配一个商品项目代码。

组合包装的编码。如果商品是一个稳定的组合单元，其中每一部分都有其相应的商品项目代码。一旦任意一个组合单元的商品项目代码发生变化，或者组合单元的组合有所变化，都必须分配一个新的商品项目代码。如果组合单元变化微小，其商品项目代码一般不变。但如果需要对商品实施有效地订货、营销或跟踪，必须对其进行分类标识，另行分配商品项目代码。例如，针对某一特定地理区域的促销品，某一特定时期的促销品，或用不同语言进行包装的促销品。如果某一产品的新变体取代原产品，消费者已从变化中认为两者截然不同，这时就必须给新产品分配一个不同于原产品的商品项目代码。

促销品的编码。此处所讲的促销品是指商品的一种暂时性的变动，并且商品的外观有明显的改变。这种变化是由供应商决定的，商品的最终用户从中获益。通常促销变体和它的标准产品在市场中共同存在。商品的促销变体如果影响产品的尺寸或重量，必须另行分配一个不同的、唯一的商品标识代码，例如，加量不加价的商品，或附赠品的包装形态。包装上明显地注明了减价的促销品，必须另行分配一个唯一的商品标识代码，例如，包装上有“省2.5元”的字样。针对时令的促销品要另行分配一个唯一的商品标识代码，例如，春节才有的糖果包装。其他的促销变体不必另行分配商品标识代码。

商品项目代码的重新启用。厂商在重新启用商品项目代码时，应主要考虑以下两个因素：第一，合理预测商品在供应链中流通的期限。根据 EAN · UCC 规范，按照国际惯例，不再生产的产品的商品项目代码自厂商将最后一批商品发送之日起，至少 4 年内不能重新分配给其他商品项目。对于服装类商品，最低期限可为 2 年半；第二，合理预测商品历史资料的保存期。即使商品已不在供应链中流通，由于要保存历史资料，需要在数据库中较长时期地保留它的商品项目代码，因此，在重新启用商品项目代码时，还需考虑此因素。

3）条码符号

①EAN－13 条码符号。EAN－13 条码是 EAN · UCC－13 商品项目代码的条码符号。该条码符号由左侧空白区、起始符、左侧数据字符、中间分隔符、右侧数据字符、校验符、终止符和右侧空白区组成，如图 3—1—7 所示。它采用模块组配编码方法，总共由 113 个模块组成，各部分模块数如图 3—1—6 所示。

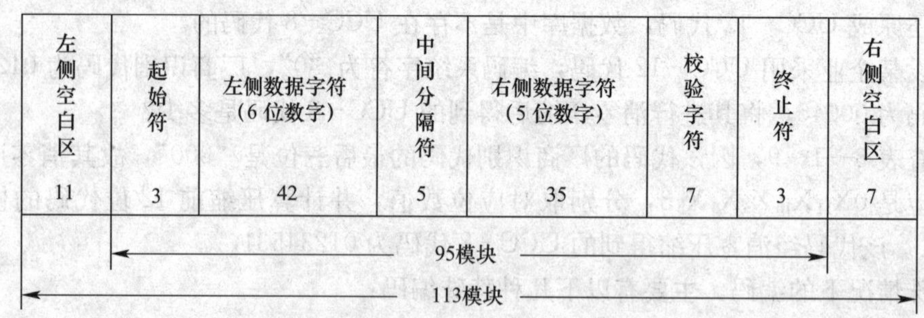

图 3—1—6 EAN－13 条码构成

EAN－13 条码的每一数据字符条码由 2 个条单元和 2 个空单元组成，每一条或空单元由 1～4 个模块组成，每一条码字符的总模块数为 7，条表示二进制的 1，空表示二进制的 0。数据字符分为左侧数据字符和右侧数据字符两个部分，它们各自采用的字符集不同，左

图 3—1—7　EAN-13 条码符号结构

侧数据字符可采用 A 子集或 B 子集，右侧数据字符和校验字符均采用 C 子集，见表 3—1—10。左侧数据字符采用哪个字符集是由代码的前置码决定的。所谓前置码是指商品标识代码的左边第一位即最高位数值，如图 3—1—7 所示。表 3—1—11 列出了前置码与数据字符中各个数位字符集的对应关系。

表 3—1—10　　商品条码字符集的二进制表示

数据字符	A 子集	B 子集	C 子集
0	0001101	0100111	1110010
1	0011001	0110011	1100110
2	0010011	0011011	1101100
3	0111101	0100001	1000010
4	0100011	0011101	1011100
5	0110001	0111001	1001110
6	0101111	0000101	1010000
7	0111011	0010001	1000100
8	0110111	0001001	1001000
9	0001011	0010111	1110100

表 3—1—11　　左侧数据字符的字符集选择规则

字符集 / 代码序号 / 前置码数值	X_{12}	X_{11}	X_{10}	X_9	X_8	X_7
0	A	A	A	A	A	A
1	A	A	B	A	B	B
2	A	A	B	B	A	B
3	A	A	B	B	B	A
4	A	B	A	A	B	B

续表

字符集 代码序号 前置码数值	X_{12}	X_{11}	X_{10}	X_9	X_8	X_7
5	A	B	B	A	A	B
6	A	B	B	B	A	A
7	A	B	A	B	A	B
8	A	B	A	B	B	A
9	A	B	B	A	B	A

商品条码符号的起始符和终止符的二进制表示都为“101”，中间分隔符的二进制表示为“01010”。

例：确定代码6901234567892左侧数据符的二进制表示。

解：从代码得知，这个13位代码的前置码是6；查表3—1—11得出，该代码左侧数据字符所选用的字符集排列为ABBBAA；该代码左侧数据字符901234的二进制表示如下：

左侧数据字符	9	0	1	2	3	4
字符集	A	B	B	B	A	A
二进制表示	0001011	0100111	0110011	0011011	0111101	0100011

②EAN-8条码符号。EAN-8条码是表示EAN/UCC-8代码的条码符号。EAN-8条码采用的是模块组配编码方法，总共由81个模块组成，各部分模块数如图3—1—8所示。

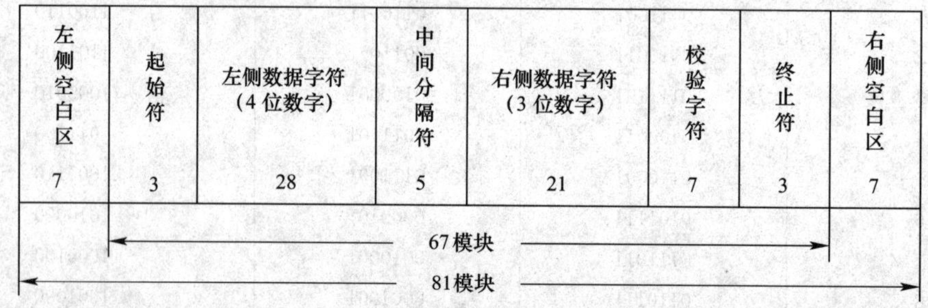

图3—1—8　EAN-8码符号构成

EAN-8条码采用的字符集与EAN-13条码相同，其左侧数据字符采用A子集表示，右侧数据字符、校验字符均由C子集表示。

③UPC-A条码。UPC-A条码是用来表示UCC-12代码的条码符号，其符号结构基本与EAN-13条码相同，也是由左右空白区、起始符、数据字符、中间分隔符、检验字符、终止符和供人识读字符组成。UPC-A条码的左、右侧空白区最小宽度均为9个模块，其他各部分的模块数量与EAN-13码相同。UPC-A条码的左侧6个条码字符采用EAN-13条码的A子集，右侧数据字符及校验字符采用C子集，该条码符号与EAN-13条码中的最左侧数字等于零兼容。供人识读字符中第一位为系统字符，最后一位是校验字符，它们分别放在起始符和终止符的外侧（见图3—1—9），即没有相应的条或空进行表示。

④UPC－E 条码。UPC－E 条码如图 3—1—10 所示，是表示 UCC－8 代码的条码符号。该条码的结构不同于前面介绍的几种码制，它不含中间分隔符，是由左右侧空白区、起始符、数据字符、终止符及供人识读字符组成的。UPC－E 条码的左侧空白区、起始符的模块数同 UPC－A 条码，终止符为 6 个模块，二进制代码为“010101”，右侧空白区最小宽度为 7 个模块。UPC－E 条码的数据字符只有 6 位数，它所采用的字符集由校验码决定，见表 3—1—12。

图 3—1—9　UPC－A 条码符号

图 3—1—10　UPC－E 条码符号

表 3—1—12　UPC－E 条码数据字符的字符集选择规则

校验码	条码字符集					
	X_7	X_6	X_5	X_4	X_3	X_2
0	B	B	B	A	A	A
1	B	B	A	B	A	A
2	B	B	A	A	B	A
3	B	B	A	A	A	B
4	B	A	B	B	A	A
5	B	A	A	B	B	A
6	B	A	A	A	B	B
7	B	A	B	A	B	A
8	B	A	B	A	A	B
9	B	A	A	B	A	B

2. 零售中的变量贸易项目的编码及条码符号

（1）零售中的变量贸易项目的编码

零售中的变量贸易项目是指需要称重或检尺后才能销售的散装商品。这种变量贸易项目的编码是由零售商自己采用 EAN－13 代码的店内码进行编制的。其代码结构见表 3—1—13。

表 3—1—13　变量消费单元编码结构

结构种类	前缀码	商品项目代码			校验码
		商品种类代码	价格校验码	价格代码	
结构 1	$X_{13}X_{12}$	$X_{11}X_{10}X_9X_8X_7X_6$	无	$X_5X_4X_3X_2$	X_1
结构 2	$X_{13}X_{12}$	$X_{11}X_{10}X_9X_8X_7$	无	$X_6X_5X_4X_3X_2$	X_1
结构 3	$X_{13}X_{12}$	$X_{11}X_{10}X_9X_8X_7$	X_6	$X_5X_4X_3X_2$	X_1
结构 4	$X_{13}X_{12}$	$X_{11}X_{10}X_9X_8$	X_7	$X_6X_5X_4X_3X_2$	X_1

1）前缀码。前缀码（X_{13} X_{12}）由两位数字组成，其取值为 20～29，用于指示该 13 位数字代码为商店用于标识商品变量消费单元的代码。

2）商品项目代码。商品项目代码（X_{11}～X_2）由 10 位数字组成，包括商品种类代码、价格（度量值）代码及其校验码。其中，商品种类代码用于表示变量消费单元的商品；价格（度量值）代码表示该消费单元的价格（度量值）信息，后两位为小数点后的数字；在结构 3 和结构 4 中的价格（度量值）校验码计算过程中，首先要对价格代码中的每位数字位置分配一个特定的加权因子（2－，3＋，5＋，5－），再用加权因子按照特定的规则对价格代码计算加权积之后，根据不同的算法计算价格代码为四位和五位的校验码。该校验码由条码软件自动生成。

3）校验码。校验码的计算同 EAN－13 条码校验码的计算方法。

（2）零售中的变量贸易项目的条码符号

采用店内码编码的条码符号可以采用 EAN－13 条码符号，如果需要对商品进行附加说明，可以采用 EAN－128 条码。

3. 仓储或批发中的贸易项目的编码及条码符号

（1）仓储或批发中的贸易项目的编码

仓储或批发中的贸易项目可以采用 EAN/UCC－14、EAN/UCC－13 或 UCC－12 三种代码。EAN/UCC－14 的代码结构见表 3—1—14。

表 3—1—14　　EAN/UCC－14 编码结构

指示符	包装内含贸易项目的 EAN－13 标识代码（不含校验码）												校验码
N_1	N_2	N_3	N_4	N_5	N_6	N_7	N_8	N_9	N_{10}	N_{11}	N_{12}	N_{13}	N_{14}

指示符 N_1 的取值区间为 1～9，其中，1～8 用于定量的贸易项目，一般用来表示包装的类型或规格；9 用于表示变量的储藏单元。

N_2～N_{13} 是包装内商品的原有商品条码，除去校验码后的前 12 位，包括厂商识别代码和商品项目代码。N_{14} 是校验码。

1）单个包装的储藏单元的编码。对于单个包装的储藏单元，如冰箱、洗衣机，其标识代码可以采用 EAN/UCC－13 或 UCC－12 代码结构，物流中心可以采用商品原包装上的代码。

2）含有多个包装等级的储藏单元的编码。如果标识的货物内含有多个包装等级，如装有 24 条香烟的一整箱烟和装有 6 箱香烟的托盘，对于生产厂家来说其标识代码可以采用 EAN/UCC－13 或 UCC－12 代码结构，把不同等级的包装当成一种新的商品项目来编码。例如，某种香烟的单盒包装上的条码为 6901234000009，则整条的代码可以编为 6901234000016，24 条一箱的代码为 6901234000023，6 箱一托盘的代码为 6901234000030。对于物流中心来说，如果原不同等级包装上已经有不同的 EAN－13 条码了，则可以继续使用该代码。如果没有，则需要采用 EAN－14 代码来编码。例如，上述例子中，把纸箱的包装代码编为 1，托盘编为 2，则 24 条一箱的编码为 1690123400001c，托盘的编码为 2690123400001c，其中 c 为校验码。

3）变量储藏单元。对于散装储藏单元或数量不固定的储藏单元，采用 EAN/UCC－14 代码编码，并且 N_1＝9，商品的数量作为附加信息采用应用标识符来进行说明。应用标识符在后面 EAN－128 条码中进行说明。如 42.7 kg 代码为 6901234000009 的商品的储藏单元代码可以编为：（01）9690123400000x（3101）00427。其中，x 为新的校验码，由软件自动生成。

（2）仓储或批发中的贸易项目的条码符号

对于采用 EAN/UCC－13 代码的储藏单元，就采用 EAN－13 条码符号表示；对于采用 EAN/UCC－14 代码结构的，可以采用 ITF－14 或 EAN－128 条码符号表示，如果有附加信息的，必须采用 EAN－128 条码符号表示。

1）ITF－14 条码。ITF 条码是一种连续型、定长、具有自校验功能，并且条、空都表示信息的双向条码。ITF－14 条码对印刷精度要求不高，比较适合直接印制（热转印或喷墨）于表面不够光滑、受力后尺寸易变形的包装材料，如瓦楞纸或纤维板上。ITF－14 条码的条码字符集、条码字符的组成与交插 25 条码相同。它由矩形保护框、左侧空白区、条码字符、右侧空白区组成，如图 3—1—11 所示。

图 3—1—11　ITF－14 条码符号结构

ITF－14 条码符号的放大系数范围为 0.625～1.200，条码符号的大小随放大系数的变化而变化。当放大系数为 1.000 时，ITF－14 条码符号各个部分的尺寸如图 3—1—12 所示。条码符号四周应设置保护框，保护框的线宽为 4.8 mm，线宽不受放大系数的影响。

图 3—1—12　ITF 条码符号尺寸

2）交插 25 条码。交插 25 条码被广泛应用于仓储和物流管理中。它是一种双向可读、非定长、具有自校验功能的连续型条码，其字符集为数字字符 0～9。交插 25 条码采用的是宽度调节法，宽单元表示二进制的“1”，窄单元表示二进制的“0”。它的条码符号从左到右，表示奇数位字符的数据字符由“条”组成，表示偶数位字符的数据字符由“空”组成，图 3—1—13 给出了表示“3185”的交插 25 条码的结构。交插 25 条码的每一个数据符由 5 个单元组成，其中两个是宽单元，其余是窄单元。它所表示的数据字符个数需为偶数，当字符个数为奇数时，应在字符串左端添“0”，如图 3—1—14 所示。

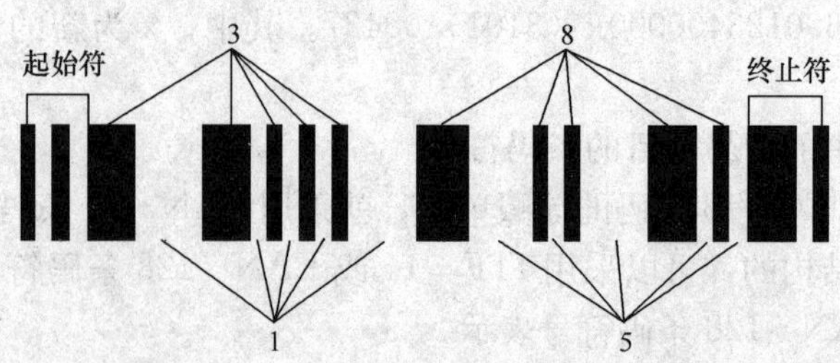

图 3—1—13　表示“3185”的交插 25 条码

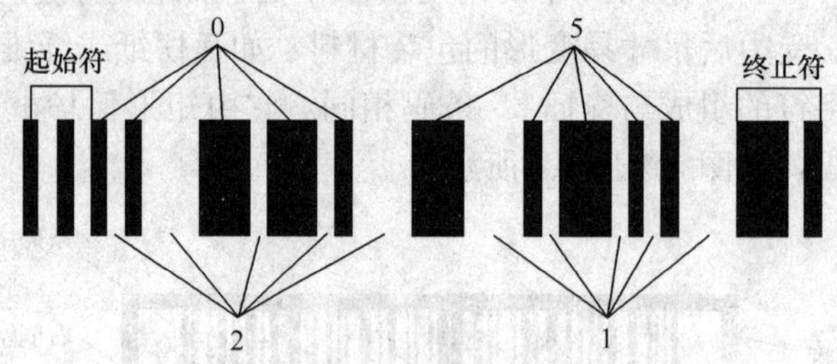

图 3—1—14　表示“251”的交插 25 条码

3）UCC/EAN-128 条码。UCC/EAN-128 条码是由国际物品编码协会（EAN）和美国统一代码委员会（UCC）共同提出的，用于标识商品项目、贸易单元和物流标签的条码符号。UCC/EAN-128 条码是一种非定长、可连接、双向可读的连续型条码，能更多地标识贸易单元中的信息，如产品批号、数量、规格、生产日期、有效期、交货地等。它所表示的字符代码位数不是固定的，而是根据实际信息变长变短，并且需要表示出物品的一些特定含义。其长度虽然可变，但是，编码的数据字符不能超过 48 个，且整个符号的物理长度不能超过 165 mm。

①UCC/EAN-128 条码的结构。UCC/EAN-128 条码的结构见表 3—1—15。该条码除终止符（Stop）由 13 个模块组成外，其他字符均由 11 个模块组成。

表 3—1—15　　UCC/EAN-128 条码的结构

左侧空白区	双起始字符		单元数据串		符号校验符	终止符	右侧空白区
	START A 或 B 或 C	FNC 1	应用标识符	数据域			
10 模块	11 模块	11 模块	11N 模块		11 模块	13 模块	10 模块

②UCC/EAN-128 条码的字符。UCC/EAN-128 条码有三种不同的字符集。字符集 A 包括所有标准的大写英文字母、数字字符、控制字符、特殊字符及辅助字符；字符集 B 包括所有标准的大写和小写英文字母、数字字符、特殊字符及辅助字符；字符集 C 包括00～99 的 100 个数字字符以及辅助字符。因为字符集 C 中的一个条码表示两个数字字符，因此，使用该字符集表示数字信息时，可以比其他字符集信息增加一倍，即条码符号的密度提高一倍。这些字符集交替使用，可将 128 个 ASCⅡ码编码。详细字符集请查阅 GB/T 15425—2002。UCC/EAN-128 条码有 9 个辅助字符，CODE A、CODE B、CODE C 可以改变所使

用的字符集，所引起的字符集变化可以保持到条码符号结束或遇到下一个字符变换符号时为止；FNC1 主要用途是充当双起始字符的一部分，有时也可以充当条码符号的校验符，不能出现在条码的其他部位；START A（B 或 C）表明条码开始时的编码字符集；SHIFT 能使条码符号该字符后的第一个字符从字符集 A 转换到字符集 B，或从字符集 B 转换到字符集 A；STOP 表示条码符号的终止。

③UCC/EAN－128 条码的应用标识符。应用标识符（AI）是标识编码应用含义和格式的字符。其作用是指明跟随在应用标识符后面数字所表示的含义。应用标识符由 2～4 位数字组成，其后面的数据部分由一组字符组成。应用标识符的格式代码的含义见表 3—1—16，应用标识符的含义见表 3—1—17。

表 3—1—16　　应用标识符格式代码的含义

应用标识符格式代码	含义	应用标识符格式代码	含义
a	字母字符	i	字符个数
n	数字字符	ai	i 个字母字符
an	字母数字字符	ni	i 个数字字符
ani	i 个字母和数字字符	n..i	最多 i 个数字字符
a..i	最多 i 个字母字符	an..i	最多 i 个字母和数字字符

表 3—1—17　　应用标识符的含义

应用标识符	含义	格式
00	系列货运包装箱代码	n2＋n18
01	货运包装箱代码	n2＋n14
10	批号或组号	n2＋an..20
11	生产日期	n2＋n6
13	包装日期	n2＋n6
15	保质期	n2＋n6

其他应用标识符含义及其格式请查阅《EAN·UCC 通用规范》。

4）39 条码（Code 39）。39 条码是在 1975 年由美国的 Intermec 公司研制出的一种码制。它双向可读、非定长、非连续、具有自校验功能，字符集包括数字 0～9、26 个英文字母 A～Z 及一些特殊字符等 44 个字符，见表 3—1—18。由于误读率较低，39 条码首先应用在美国国防部中。目前已广泛应用在物流、汽车、医疗卫生、图书信息、工业生产、经济管理等多个领域。

表 3—1—18　　39 条码字符集

字符	B	S	B	S	B	S	B	S	B	ASCⅡ值
0	0	0	0	1	1	0	1	0	0	48
1	1	0	0	1	0	0	0	0	1	49
2	0	0	1	1	0	0	0	0	1	50

续表

字符	B	S	B	S	B	S	B	S	B	ASCⅡ值
3	1	0	1	1	0	0	0	0	0	51
4	0	0	0	1	1	0	0	0	1	52
5	1	0	0	1	1	0	0	0	0	53
6	0	0	1	1	1	0	0	0	0	54
7	0	0	0	1	0	0	1	0	1	55
8	1	0	0	1	0	0	1	0	0	56
9	0	0	1	1	0	0	1	0	0	57
A	1	0	0	0	0	1	0	0	1	65
B	0	0	1	0	0	1	0	0	1	66
C	1	0	1	0	0	1	0	0	0	67
D	0	0	0	0	1	1	0	0	1	68
E	1	0	0	0	1	1	0	0	0	69
F	0	0	1	0	1	1	0	0	0	70
G	0	0	0	0	0	1	1	0	1	71
H	1	0	0	0	0	1	1	0	0	72
I	0	0	1	0	0	1	1	0	0	73
J	0	0	0	0	1	1	1	0	0	74
K	1	0	0	0	0	0	0	1	1	75
L	0	0	1	0	0	0	0	1	1	76
M	1	0	1	0	0	0	0	1	0	77
N	0	0	0	0	1	0	0	1	1	78
O	1	0	0	0	1	0	0	1	0	79
P	0	0	1	0	1	0	0	1	0	80
Q	0	0	0	0	0	0	1	1	1	81
R	1	0	0	0	0	0	1	1	0	82
S	0	0	1	0	0	0	1	1	0	83
T	0	0	0	0	1	0	1	1	0	84
U	1	1	0	0	0	0	0	0	1	85
V	0	1	1	0	0	0	0	0	1	86
W	1	1	1	0	0	0	0	0	0	87
X	0	1	0	0	1	0	0	0	1	88
Y	1	1	0	0	1	0	0	0	0	89
Z	0	1	1	0	1	0	0	0	0	90

续表

字符	B	S	B	S	B	S	B	S	B	ASCⅡ值
—	0	1	0	0	0	0	1	0	1	45
·	1	1	0	0	0	0	1	0	0	46
空格	0	1	1	0	0	0	1	0	0	32
$	0	1	0	1	0	1	0	0	0	36
/	0	1	0	1	0	0	0	1	0	47
+	0	1	0	0	0	1	0	1	0	43
%	0	0	0	1	0	1	0	1	0	37
*	0	1	0	0	1	0	1	0	0	无

注：*表示起始符/终止符；B表示“条”，S表示“空”；0代表一个窄单元，1代表一个宽单元。

39条码的结构包括左右侧空白区、起始符、数据字符、校验字符（可选用）、终止符，它的每一个字符由9个单元组成，其中包含3个宽单元和6个窄单元，如图3—1—15所示，每一个数据字符间有一个空作为间隔，将各个字符分隔开。它的起始符和终止符通常用*表示，这个字符不作为代码的一部分。

图3—1—15　表示“B2C3”的39条码

5）库德巴条码。库德巴条码在1972年被研制出来，广泛应用在医疗卫生、图书馆行业及邮政快递上。美国输血协会还将库德巴条码规定为血袋标识符号，以确保重要信息识别的准确和快速。库德巴条码是双向可读的、非定长的、具有自校验功能的非连续型条码，它的字符集包括数字0～9、4个英文字母ABCD及一些特殊字符，见表3—1—19。

表3—1—19　　库德巴条码的字符集、二进制表示

字符	二进制表示		字符	二进制表示	
	条	空		条	空
1	0010	001	A	0100	011
2	0001	010	B	0001	011
3	1000	100	C	0001	011
4	0100	001	D	0010	011
5	1000	001	$	0100	010
6	0001	100	—	0010	010
7	0010	100	：	1011	000
8	0100	100	/	1101	000
9	1000	010	·	1110	000
0	0001	001	+	0111	000

库德巴条码的结构由左右侧空白区、起始符、数据字符、校验字符及终止符组成，每一

个字符由 7 个单元组成，其中，包含 2～3 个宽单元，其余为窄单元，如图 3—1—16 所示。它的字符集中的英文字母 ABCD 只用于起始符和终止符，可任意组合使用。

图 3—1—16　库德巴条码

四、运输单元编码及条码符号

运输单元采用系列货运包装箱代码（SSCC）来编码，其编码结构见表 3—1—20。运输单元条码符号一般采用 EAN/VCC－128 条码。

表 3—1—20　SSCC 编码结构

AI	SSCC			校验码
	扩展位	厂商识别代码	系列代码	
00	N_1	$N_2N_3N_4N_5N_6N_7N_8N_9N_{10}N_{11}N_{12}N_{13}N_{14}N_{15}N_{16}N_{17}$		N_{18}

1. 扩展位

用于增加 SSCC 系列代码的容量，由厂商分配，可以用来表示不同材质或不同规格的包装箱。

2. 厂商识别代码

由中国物品编码中心负责分配给用户，用户通常是组合运输单元的厂商，并不表示运输单元的起始点。

3. 系列代码

由取得厂商识别代码的厂商分配的一个系列号，一般为流水号，位数为 16 一厂商识别代码位数。

五、位置编码——全球位置码

1. 全球位置码标识的对象

全球位置码（GLN）能够唯一标识任何物理实体、功能实体和法律实体在贸易活动中的所有位置及其功能。其中，物理实体包括建筑物中某个房间、橱柜、仓库、发货点等。功能实体是指法律实体内一个具体的部门，如退货部门、发票处理部门等。法律实体是指整个公司、分公司或者分部等。

2. 全球位置码的编码结构

全球位置码采用的是 EAN/UCC－13 代码。其编码结构见表 3—1—21。

表 3—1—21　全球位置码的编码结构

应用标识符	厂商识别代码	位置参考代码	校验码
AI	$N_1N_2N_3N_4N_5N_6N_7N_8N_9N_{10}N_{11}N_{12}$		N_{13}

厂商识别代码由EAN统一分配，在我国由中国物品编码中心分配，能保证在全球是唯一的；位置参考代码是厂商识别代码的企业对自己内部的物理实体、功能实体或法律实体进行的分配，因此，能在全球贸易中标识出唯一的参与者或地理位置。应用标识符不是表明后面的13位数字是位置码，而是说明针对该位置发生的活动。常用的位置码应用标识符见表3—1—22。

表3—1—22 位置码应用标识符

AI	表示形式	含义
410	410+位置码	将货物运往位置码表示的某一物理位置
411	411+位置码	开发票或账单给位置码表示的某一实体
412	412+位置码	从位置码表示的某一实体处订货
413	413+位置码	将货物运往某处再运往位置码表示的某一物理位置
414	414+位置码	某一物理位置
415	415+位置码	从位置码表示的某一实体处开发票

3. 全球位置码的条码符号

由于位置码必须和应用标识符一起使用，所以，其条码符号只能采用EAN-128条码。

六、资产编码

1. 全球可回收资产的编码

可回收资产是指具有一定价值的、可再次使用的包装或运输设备，如啤酒桶、塑料托盘、板条箱、集装箱等。只要是拥有EAN/UCC厂商识别代码的企业，就可以分配一个全球可回收资产代码，能实现该资产在全球范围内的跟踪和管理。全球可回收资产代码结构见表3—1—23。

表3—1—23 全球可回收资产代码结构

条码类型	应用标识符	可回收资产标识代码			系列编号（可选择的）
		厂商识别代码	资产类型	校验码	
UCC-12	8003	0 0 $N_1 N_2 N_3 N_4 N_5 N_6 N_7 N_8 N_9 N_{10} N_{11} N_{12}$			an..16
EAN/UCC-13	8003	0 $N_1 N_2 N_3 N_4 N_5 N_6 N_7 N_8 N_9 N_{10} N_{11} N_{12} N_{13}$			an..16

资产标识代码是必备项，厂商识别代码由中国物品编码中心分配，资产类型要求一系列同种资产分配一个资产标识代码，由厂商自己分配，14位中的最后一位为校验码。系列编号是可选项，由资产所有人分配，表示具有某给定资产类型编码的单个资产，该字段是字符数字型的，而且长度是可变的，但最多16位。

2. 全球单个资产的编码

全球单个资产是指具有任何特性的物理实体，只要是拥有EAN/UCC厂商识别代码的企业就可以分配一个全球单个资产代码，以实现该资产在全球范围内的跟踪和管理，如对飞机零部件的编码，可以实现对该零件的全过程跟踪和识别。全球单个资产代码结构见表 3—1—24。

表 3—1—24　　全球单个资产代码结构

应用标识符	单个资产代码	
	厂商识别代码	单个资产项目代码
8004	N_1…… … N_i	X_{i+1}… 变长… X_{30}

全球单个资产代码是字符数字型的，长度不固定，但加上厂商识别代码后，最长不能超过 30 位。

3. 资产代码的条码符号

资产代码使用了应用标识符，而且除了数字外还有字母字符，因此，其条码符号采用 EAN－128 条码。

七、其他特殊编码

1. 全球服务标识代码

全球服务关系代码可以用于标识在一个服务关系中服务的接收方，为服务供应方提供了存储相关服务数据的方法。其编码结构见表 3—1—25。其中，服务项目代码由服务的供应方分配。其条码符号也采用 EAN－128 条码。

表 3—1—25　　全球服务关系代码结构

应用标识符	全球服务关系代码		
	厂商识别代码	服务项目代码	校验码
8018	$N_1N_2N_3N_4N_5N_6N_7N_8N_9N_{10}N_{11}N_{12}N_{13}N_{14}N_{15}N_{16}N_{17}$		N_{18}

2. 图书编码

图书编码可以采用 EAN－13 代码，也可以按国际标准书号进行编码。我国采用的是后者，其编码结构见表 3—1—26。图书条码符号直接用 EAN－13 条码。

表 3—1—26　　我国的图书编码结构

前缀码	图书项目代码		
	出版社号	书序号	校验码
978	$N_1N_2N_3N_4N_5N_6N_7N_8N_9$		C

3. 期刊编码

期刊是根据 ISSN 号来编码的，其代码结构见表 3—1—27。其中，备用码可以用来辅助区分出版物是日刊或一周内发行几次的期刊，也可以用来表示出版年份的后两位；附加码中的两位是用来表示出版日期（周、旬、双周、半月、月）在一年中的序数。出版周期超过一个月的就用出版月份的序数表示。如 ISSN 为“1671－6663”，2001 年第 9 期的代码为：9771671666123 09，其中，9771671666123 为主码，用 EAN－13 条码表示，最后的 09 用附加条码表示，条高比主码小。

表 3—1—27　　期刊编码结构

主码				附加码
前缀码	ISSN 号（不含校验码）	备用码	校验字符	期刊系列号
977	$N_1N_2N_3N_4N_5N_6N_7$	N_8N_9	C	S_1S_2

八、二维条码

二维条码是指在横向和纵向两个方向上同时表示信息的条码。二维条码不仅能在较小面积内表示大量信息，而且能够表示汉字和图像。它能够脱离数据库，对物品进行现场描述。二维条码的出现解决了一维条码所不能解决的问题，拓展了条码技术的应用领域，在自动化生产线、物流管理、身份证件、珠宝玉石饰品管理、车船票及银行汇票等行业中得到了广泛应用。

1. 二维条码的特点

与一维条码相比较，二维条码的主要特点是信息容量大、安全性高、读取率高、错误纠正能力强等，见表 3—1—28。二维条码与磁卡、IC 卡、光卡相比，具有较强的抗磁力、抗静电、抗损性。

表 3—1—28　　二维条码与一维条码的比较

条码类型 项目	一维条码	二维条码
用途	对物品的标识	对物品的描述
信息密度与容量	信息密度低、容量较小	信息密度大、容量大
垂直方向上的信息表示	不表示信息	可表示信息
错误检查及纠错性能	可通过校验码进行错误校验，无纠错性能	具备错误校验和纠错性能，可根据需要设置不同的纠错级别
对数据库和通信网络的依赖程度	多数场合使用需要依赖数据库和通信网络	可脱离数据库和通信网络单独使用
扫描识读设备	可用线式扫描识读设备，如线阵 CCD、光笔、激光枪等	行排式二维条码可用线式扫描识读设备；矩阵式二维条码需使用图像扫描识读设备

2. 二维条码的分类

（1）行排式二维条码

行排式二维条码又称为堆积式二维条码，其编码原理是建立在一维条码基础上，按需要堆积成两行或多行。它继承了一维条码的一些特性，识读印刷设备与一维条码实现技术兼容。行排式二维条码中具有代表性的码制有 PDF417 条码、Code 49 条码、Code 16K 条码等。

（2）矩阵式二维条码

矩阵式二维条码又称为棋盘式二维条码，它是在一个矩形空间范围内通过黑、白像素的不同分布来进行编码。矩阵式二维条码是建立在计算机图像处理技术、组合编码原理等基础上的一种新型图形符号自动识读处理码制。具有代表性的矩阵式二维条码有 QR Code 条码、

Data Matrix 条码、Maxi Code 条码、龙贝码、Aztec 条码等。

在现有的几十种码制中，PDF417 条码、Code 49 条码、Data Matrix 条码、QR Code 条码等较为常用。

3. 常用二维条码

(1) PDF417 条码

PDF417 条码（见图 3—1—17）是行排式二维条码，是目前应用最为广泛的二维条码符号，主要应用于身份识别、货运代理及珠宝玉石管理等行业。它是由留美华人王寅（音）敬博士研制的。PDF 是英文 Portable Data File（意思为"便携数据文件"）的首字母缩写，该条码的每一个字符由 4 个条、4 个空共 17 个模块组成，因此，称其为 PDF417 条码。它可以表示二进制数据、数字、字母和汉字。表 3—1—29 列出了 PDF417 条码的基本特性。

图 3—1—17　PDF417 条码符号

表 3—1—29　PDF417 条码的基本特性

项目	特性
类型	连续，多层
符号尺寸	可变，高度 3～90 层，宽度 90～583 个模块
自校验功能	有
双向可读性	是
字符集	全部 ASCⅡ字符，8 位二进制数据，汉字
纠错字符数	2～512 个
最大数据容量	1 850 个文本字符，2 710 个数字或 1 108 个字节
识读方向	正负 10°
附加属性	可选择纠错级别，可跨行扫描，宏 PDF417，全球标记标识符等

PDF417 条码是非定长、高容量、高纠错性能的二维条码，其纠错能力分为 0～8 共 9 个级别，级别越高，纠错能力越强，条码符号的尺寸也越大。当采用的纠错级别为 8 时，即使符号有 50%的面积被污损，也能将正确的信息还原出来。

(2) Code 49 条码

图 3—1—18　Code 49 条码符号

Code 49 条码是一种多层、连续型、非定长的行排式二维条码，它的符号中，层与层之间由一个层分隔条分开，如图 3—1—17 所示，每层包含一个层标识符，其基本特性见表 3—1—30。

表 3—1—30　Code 49 条码的基本特性

项目	特性
类型	连续，多层
符号尺寸	可变，高度 2～8 层，宽度 81 个模块（包括空白区）
层自校验功能	有
双向可读性	是，通过层
字符集	全部 ASCⅡ字符
数据容量	2 层：9 个字母或 15 个数字 8 层：49 个字母或 81 个数字
其他特性	工业特定标志，字段分隔符，信息追加，序列符号连接

（3）Data Matrix 条码

Data Matrix 条码是矩阵式二维条码，它分为 ECC000 - 140 和 ECC200 两种类型，如图 3—1—19a、b 所示。这两种类型采用的纠错原理不同，ECC000 - 140 具有几种不同等级的卷积纠错功能，目前使用得很少，而 ECC200 采用 Reed - Solomon 纠错，在实际中的应用较多。表 3—1—31 列出了 Data Matrix 条码的基本特性。

a)

b)

c)

图 3—1—19　Data Matrix 条码的两种符号形式

a）ECC000 - 140　b）ECC200　c）ECC200 的反转映像

表 3—1—31　Data Matrix 条码的基本特性

项目	特性
字符集	全部 ASCⅡ字符及扩展字符
最大数据容量	2 335 个文本字符，3 116 个数字或 1 556 个字节
结构链接	可用 1～16 个符号连续表示
符号高度及宽度	ECC000 - 140：9～49 个模块；ECC200：10～144 个模块
识读方向	全方位（360°）
附加特性	反转映像，即符号图形及背景颜色可互换（如图 3—1—19c）

（4）QR Code 条码

QR Code 条码（见图 3—1—20）是由日本 Denso 公司于 1994 年 9 月研制出来的一种矩阵式二维条码。它可以表示汉字和图像等多种信息，具有高容量、高可靠性、超高速全方位 360°识读等特点，其基本特性见表 3—1—32。

图 3—1—20　QR Code 条码符号

表 3—1—32　　QR Code 条码的基本特性

项目	特性
字符集	数字 0～9，大写字母 A～Z，8 位字节数据，中国汉字，日本汉字，其他字符（空格　$　%　*　+　—　/　:）
最大数据容量	7 089 个数字，4 296 个字母，2 953 个 8 位字节数据或 1 817 个中国汉字、日本汉字
纠错能力	分为 L、M、Q、H 四个级别，最大可纠错 30%的数据字符
独立定位功能	有
结构链接	可用 1～16 个符号连续表示
扩充特性	可以表示固定字符集以外的数据，如阿拉伯字符、希腊字母等，以及其他针对行业特点需要进行的编码

在 QR Code 条码的符号中，具有寻像图形和校正图形，它们使得识读器对符号的识读简便快速，并有效解决基底弯曲或光学变形等情况的识读问题，使其适用于工业自动化生产线管理等领域。

(5) 复合条码

复合条码是将一维条码和二维条码复合组分组合起来的一种码制，如图 3—1—21 所示。其中，一维条码部分是对项目的主要标识进行编码，二维条码部分对附加数据，如生产日期和批号等进行编码。

图 3—1—21　复合条码的两种符号形式

复合条码中的一维条码可以采用 EAN/UPC 码制（EAN－13 条码、EAN－8 条码、UPC－A 条码或 UPC－E 条码）或者 UCC/EAN－128 条码，二维条码可以采用行排式或矩阵式二维条码的各种码制。

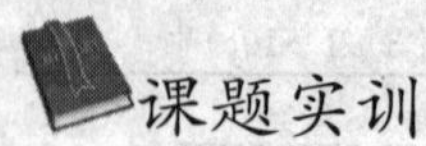

课题实训

1. 配送中心设施及货物编码

某仓储配送中心的平面图如图 3—1—22 所示，该配送中心硬件设备清单见表 3—1—33。

表 3—1—33　　配送中心硬件设备清单

序号	名称	规格要求	数量	备注
1	仓储管理系统	某仓储管理系统	1 套	商品管理
2	托盘货架	横梁式；每组三层，每层 2 组货位，每组 6 个货位	6 组	

续表

序号	名称	规格要求	数量	备注
3	栈板货架	1 650 mm×1 100 mm×2 100 mm；每组三层，每层 4 组货位，每组 12 个货位	2 组	2 组共 24 个货位
4	托盘	标准 1 200 mm×1 000 mm，单面川字底塑料托盘	100 个	1 000 mm 进叉方向
5	周转箱	480 mm×380 mm×150 mm	100 个	
6	手动搬运车	额定负载不小于 2 000 kg	4 辆	
7	堆高车（手动）	额定负载≥1 000 kg，提升高度≥1 600 mm	4 辆	为手动堆高车
8	手推车	轮式，扶手可折叠，载重 50 kg 以上	2 辆	
9	货品	货品种类大于 24 种	1 批	
10	纸箱	至少 5 种规格	若干	

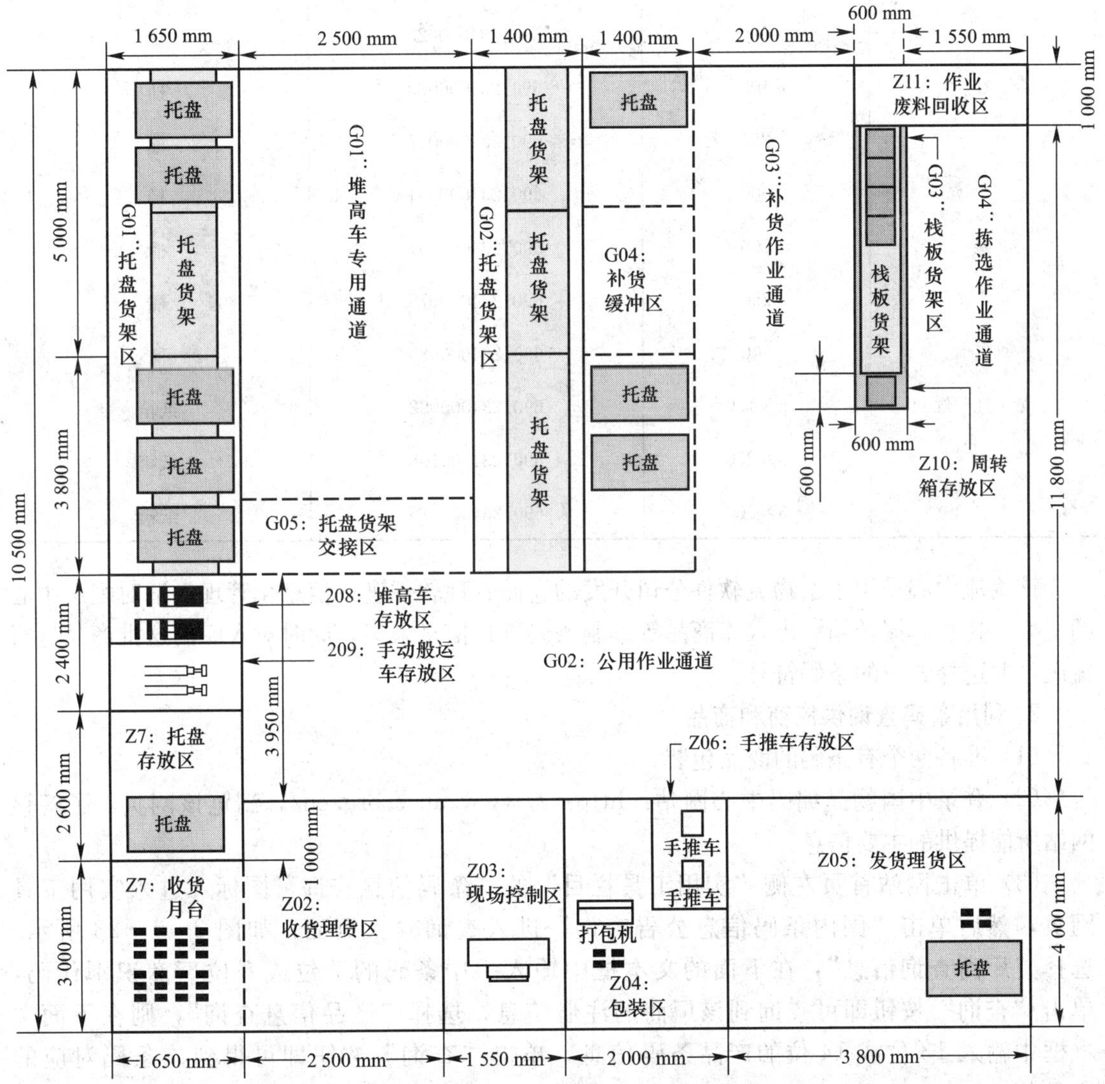

图 3—1—22　配送中心平面图

该配送中心日前从油漆厂进了一批货，该厂商的识别代码为 6901234，生产 3 种颜色的油漆，每种颜色分装成 100 ml/桶、250 ml/桶和 500 ml/桶三种规格的零售产品，每款基本产品的包装上的商品条码代码见表 3—1—34，入库的产品每种颜色都有 6×100、6×250、6×500、12×100、12×250、12×500 的包装箱和 216×100、96×250、48×500 的托盘等规格。

表 3—1—34　　油漆规格及其出厂商品条码

颜色	容量（ml）	出厂商品条码	包装类型
黄	100	6901234000009	桶
	250	6901234000016	桶
	500	6901234000023	桶
红	100	6901234000030	桶
	250	6901234000047	桶
	500	6901234000054	桶
绿	100	6901234000061	桶
	250	6901234000078	桶
	500	6901234000085	桶
黄＋红＋绿	3×100	6901234000092	纸箱
	3×250	6901234000108	纸箱
	3×500	6901234000115	纸箱

该物流中心采用了某物流软件公司开发的仓储管理软件进行信息化管理，请对配送中心的货架、托盘、周转箱、出入库商品等编制条码进行信息采集，同时对入库的这批商品进行编码，并选择相应的条码符号。

2. 利用条码查询供应商和商品

（1）准备两个有条码的商品包装。

（2）登录中国物品编码中心网站：http：//www.ancc.org.cn/，浏览该网页，了解该网站所能提供的主要信息。

（3）单击网站首页左侧“实用工具栏目”的“条码信息查询”图标，进入实用工具网页，然后单击“国内条码信息公告查询”进入查询输入页面，如图 3—1—23 所示。选择“厂商查询信息”，在下面的文本框中输入手中条码的 7 位或 8 位厂商识别代码，单击“查询”按钮即可查询到该厂商的注册信息；选择“产品信息查询”，则在下面文本框中输入 13 位或 14 位的产品条码信息，单击“查询”按钮即可得到该条码对应的商品信息。

（4）将查询结果与商品标签上的厂商信息和产品信息进行对比，如图 3—1—24 所示。

图 3—1—23　实用工具网页

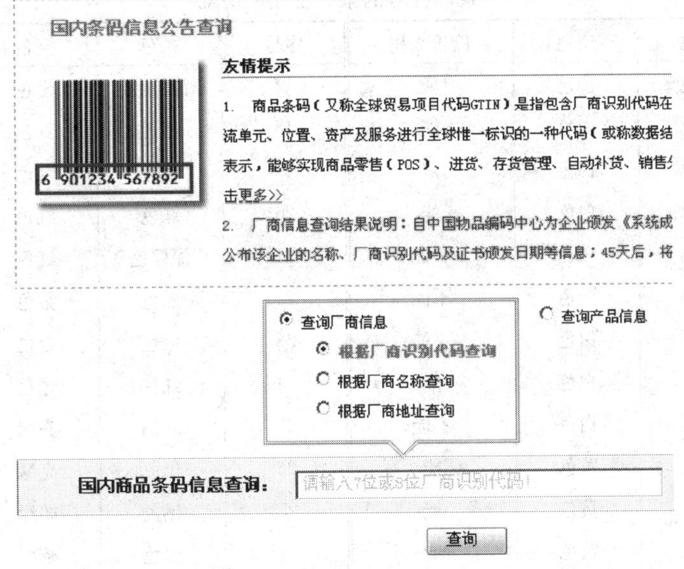

图 3—1—24　查询输入页面

思考与练习

1. 采用 EAN/UCC 系统对学校物流实训室的设备与资产进行编码。

2. 采用 EAN/UCC 系统的全球位置码对学校内部的建筑设施和部门进行编码（假设学校的识别码为 69412345）。

课题 2　条码设备选择

一、条码识读设备

1. 条码识读的基本原理

（1）条码的光学特性

条码识读设备对条码符号的扫描识读利用了条和空的不同颜色对光线的反射率不同，来识别出对应的数据。我们在日常生活中见到的条码符号往往印制成黑条和白空。因为在各种颜色中，黑色对光线的反射率最低，白色的反射率最高。当光线照射到条码符号上时，黑条和白空就产生了较强的对比度，使扫描识读的精度得以提高。但条码符号不一定必须是黑色和白色，也可以印制成其他颜色，只要两种颜色对光线的反射率不同，且保证有足够的对比度即可。表 3—2—1 列出了条、空颜色搭配。

表 3—2—1　　条码符号的条、空颜色搭配

序号	条色	空色	能否采用	序号	条色	空色	能否采用
1	黑色	白色	能	17	深棕色	橙色	能
2	蓝色	白色	能	18	黑色	红色	能
3	绿色	白色	能	19	蓝色	红色	能
4	深棕色	白色	能	20	绿色	红色	能
5	黄色	白色	不能	21	深棕色	红色	能
6	橙色	白色	不能	22	黑色	金色	不能
7	红色	白色	不能	23	橙色	金色	不能
8	金色	白色	能	24	红色	金色	不能
9	浅棕色	白色	不能	25	红色	亮绿	不能
10	黑色	黄色	能	26	黑色	亮绿	不能
11	蓝色	黄色	能	27	黑色	暗绿	不能
12	绿色	黄色	能	28	蓝色	暗绿	不能
13	深棕色	黄色	能	29	红色	蓝色	不能
14	黑色	橙色	能	30	黑色	蓝色	不能
15	蓝色	橙色	能	31	黑色	深棕色	不能
16	绿色	橙色	能	32	红色	深棕色	不能

（2）条码识读系统的组成

条码符号是图形化的编码符号，对它的识读需要借助一定的专用设备，将其中的编码信息转换成计算机可以识别的数字信息。条码识读系统由扫描系统、信号整形和译码三个部分组成，如图 3—2—1 所示。

1）扫描系统。由光学系统及探测器（光电转换器件）组成，它的功能是完成对条码符号的扫描，并通过探测器将条空图形的光强信号转换成电信号，如图 3—2—2a～c 所示。

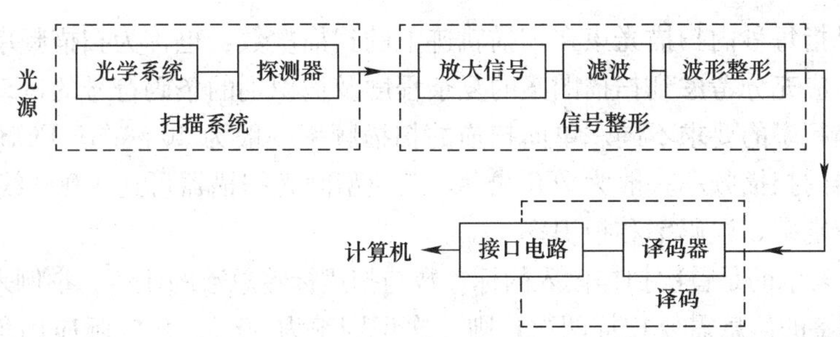

图 3—2—1　条码识读系统组成

2）信号整形。由信号放大、滤波、波形整形组成，它主要负责将扫描得到的光电信号处理成为标准电位的矩形波信号，其高低电平的宽度和条码符号的条空尺寸相对应，如图 3—2—2d 所示。

3）译码。由嵌入式微处理器组成，它将矩形波信号转换为二进制数据，然后通过接口电路输出到条码应用系统的数据终端中。

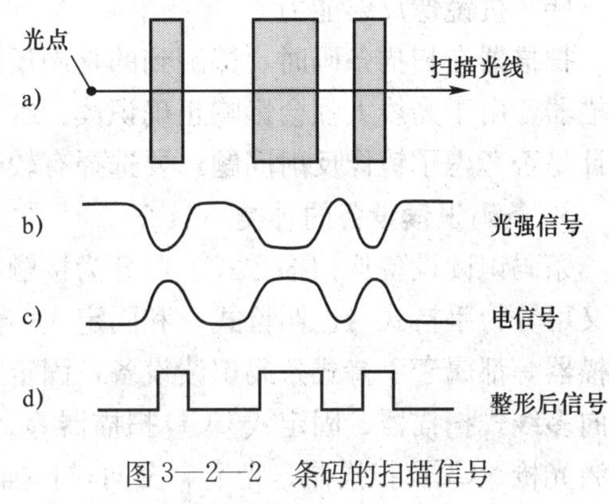

图 3—2—2　条码的扫描信号

（3）二维条码的识读

虽然二维条码所表示的信息容量要远远大于一维条码，但其扫描识读速度却很快。二维条码的识读设备按照识读原理的不同可分为线形 CCD 和线性图像式识读器、带光栅的激光识读器以及图像式识读器三种。其中，线形 CCD 和线性图像式识读器主要用于识读行排式二维条码，而带光栅的激光识读器和图像式识读器则可识读二维条码的各种码制。虽然它们对于二维条码的识读有一些限制，但均能识读一维条码。

2. 条码识读设备的性能参数

（1）分辨率

条码扫描设备的分辨率是指能正确识读的条（空）宽度的最小值。它与扫描器扫描光点尺寸密切相关。选择设备时，并不是设备的分辨率越高越好，而是应根据具体应用中使用的条形码密度选取具有相应分辨率的识读设备。使用中，如果所选设备的分辨率过高，则条形码上的污点、脱墨等对系统的影响将更为严重。

（2）扫描景深

扫描景深指的是在确保可靠识读的前提下，扫描头允许离开条形码表面的最远距离与扫描器可以接近条形码表面的最近点距离之差，也就是条形码扫描器的有效工作范围。有的条形码扫描设备在技术指标中未给出扫描景深指标，而是给出扫描距离，即扫描头允许离开条形码表面的最短距离。

（3）扫描宽度

扫描宽度指标指的是在给定扫描距离上扫描光束可以阅读出条形码信息的物理长度值。

（4）扫描速度

扫描速度是指每秒内扫描光束在扫描轨迹上的扫描次数，也称为扫描频率。选择扫描器的扫描频率时，应充分考虑到扫描图案的复杂程度及被识别的条码符号的运动速度。不同的应用场合对扫描频率的要求不同。单向扫描的扫描频率一般为 40 线/s；POS 系统用的台式激光全向扫描器的扫描频率一般为 200 线/s，工业型激光扫描器可达 1 000 线/s。

（5）一次识别率、误码率和拒识率

一次识别率表示的是首次扫描读入的标签数与扫描标签总数的比值。举例来说，如果每读入一只条形码标签的信息需要扫描两次，则一次识别率为 50%。从实际应用角度考虑，当然希望每次扫描都能通过，但是，由于受多种因素的影响，要求一次识别率达到 100%是很难的。

误码率是反映条码识读设备错误识别情况的极其重要的测试指标。误码率等于错误识别次数与识别总次数的比值。对于一个条码识读设备来说，误码率是比一次识别率更为严重的问题。

拒识率是指不能识别的条码符号数量与条码符号总数量的比值。

（6）抗镜像反射能力

扫描器在扫描条码时，探测到的是漫反射光才能正确识读，如果覆膜的镜像反射光进入扫描器，由于光线太强会影响正确识读。因此，用户在选择条码扫描设备时，要注意其光路设计是否考虑了镜像反射问题，要选择有较强的抗镜像反射能力的设备。

3. 条码识读设备的种类

条码识读设备从扫描方式上可分为接触式和非接触式两种。从操作方式上，条码识读设备又可分为手持式（也叫枪式）和固定式。光笔、激光枪、手持式全向扫描器、手持式图像扫描器等都属于手持式条码识读设备，固定式条码识读设备有卡槽式扫描器、固定式单线单方向多线式扫描器、固定式 CCD 扫描器等。常用的识读设备以一维条码识读设备为主，包括激光枪、CCD 扫描器、光笔、全向式扫描平台、数据采集器等。

（1）激光枪

激光枪属于手持式自动扫描的激光扫描器，如图 3—2—3 所示。激光枪是一种远距离条码识读设备，其性能优越，因而被广泛应用。其优点为：识读距离适应能力强，具有穿透保护膜识读的能力，识读的精度和速度较易提高。缺点是：对识读的角度要求比较严格，只能识读行排式二维条码（如 PDF417 条码）和一维条码。

（2）CCD 扫描器

CCD 扫描器（见图 3—2—4）是利用光电耦合（CCD 芯片技术）原理，对条码印刷图案进行成像，然后再译码。它的特点是：无任何机械运动部件，性能可靠，寿命长，按元件排列的节距或总长计算，可以进行测长，价格比激光枪便宜，但可测条码的长度受限制，景深小。手持式 CCD 扫描器在外形上与激光枪相似。

图 3—2—3　激光枪

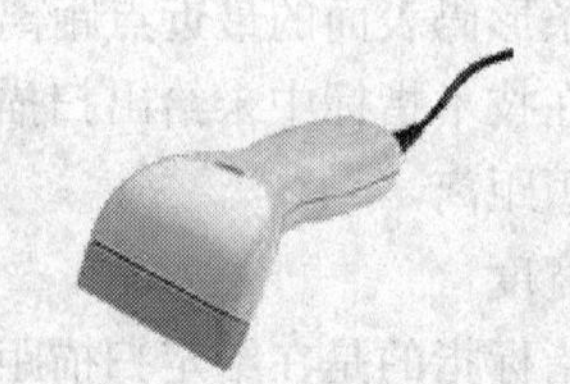

图 3—2—4　手持式 CCD 扫描器

(3) 光笔和卡槽式扫描器

光笔和卡槽式扫描器属于接触式、固定光束扫描器，如图 3—2—5 所示。所谓固定光束扫描器是在扫描器内部不带有任何扫描装置，发射照明光束的位置相对于扫描器是固定的，扫描过程需要贴近条码符号从头至尾扫过一遍。光笔的耗电量非常低，比较适合连接在由电池驱动的手持式数据采集终端上。

图 3—2—5　光笔和卡槽式扫描器

(4) 全向扫描平台

全向扫描平台指的是标准尺寸的条码符号以任何方向通过扫描器的区域都会被扫描器的某条或某两条扫描光束扫过整个条码符号，它属于激光扫描器，如图 3—2—6 所示。这种扫描器一般用于商业超市的收款台，可以安装在柜台下面，也可以安装在柜台侧面。

(5) 数据采集器

数据采集器是把条码识读器和具有数据存储、处理、通信传输功能的手持数据终端设备结合在一起的多功能条码扫描识读设备，如图 3—2—7 所示。数据采集器在仓储管理、邮政专递、移动销售等领域已有广泛应用。它与普通条码识读设备相比，同时具备了实时采集、自动存储、即时显示、即时反馈、自动处理、数据传输等功能。目前的数据采集器就是一部集成了条码激光扫描器的能够无线上网的掌上电脑。因此，在选择时，要注意 CPU、内存、显示器、扫描器、键盘、接口、电源和操作系统等方面的配置情况，同时要注意数据采集器整机的重量、尺寸、抗振抗摔性、防水性及操作温度范围，必须满足室内外的出入库作业要求。

图 3—2—6　全向扫描平台

图 3—2—7　数据采集器

4. 条码扫描器的选择原则

(1) 与条码符号相匹配。选择条码扫描器时，要根据条码符号的密度、尺寸和颜色来选择相应的扫描器。

（2）首读率能满足工作环境要求。首读率过低，会增大操作人员的工作量和强度，同时会降低工作效率。

（3）能满足工作空间对扫描距离的要求。例如，对于货架上的扫描，最好选择有较大工作景深的扫描器。

（4）识读器接口符合系统整体要求。

（5）性价比高。

5. 条码识读器使用中的常见问题

（1）没有打开识读这种条码的功能。

（2）条码不符合规范，例如，缺少必需的空白区，条和空的对比度过低，条和空的宽窄比例不合适等。

（3）阳光直射，感光器件进入饱和区。

（4）条码表面覆盖有透明材料，反光度太高，虽然眼睛可以看到条码，但是条码识读器识读条件严格，不能识读。

（5）硬件产生故障导致条码识读器不能识读。

（6）未正确传输数据，保护功能起作用。由于扫描器的保护功能，如果读取的条码数据传输错误，会自动进入保护状态，防止数据丢失，因此，在读取一个条码后，扫描器死机。如果发生这种现象，请仔细检查连线、协议。确认无误后，关掉扫描器，再打开就可以重新正常使用。或者把没有传输成功的数据读取后，扫描器可以重新使用。

（7）设备不能通电。设备的电源连接不好，熔断器熔丝熔断或者扫描器电源出现电路故障。

（8）应该送修的故障。指示灯异常，有异常声音，没有激光线，扫描距离变得很近等。

二、条码生成设备与耗材

1. 条码生成设备

条码的生成设备有两大类：一是非现场印制（也称预印刷），即采用传统印刷设备大批量印刷制作，它适用于数量大、标签格式固定、内容相同的标签印制，如产品包装等；二是现场印制，即由计算机控制打印机实时打印条码标签，这种方式实时性强，可适用于多品种、小批量、需要现场实时印制的场合。

2. 预印制条码设备

预印制条码设备包括胶片制版印刷、轻印刷系统、条码号码机和高速激光喷码机。

（1）传统方式印刷——胶片印刷

1）条码原版胶片制作。条码印刷技术要求高，专业性强。制作条码原版胶片的主流设备有矢量激光设备和点阵激光设备两类。矢量激光设备在给胶片曝光时采取矢量移动方式，条的边缘可以保证平直。点阵激光设备在给胶片曝光时采取点阵行扫描方式，点的排列密度与分辨率和精确度密切相关。另外，印刷制版行业使用的激光照排机可以将要印制的包装图案、文字及条码标识一并完成。原版胶片有正、负片之分，与印制出的条码符号明暗一致的为正片，反之为负片。通常条码符号原版胶片的正片由激光绘图设备绘制而成，负片则通过正片拷贝而成。由于预印制分为凸版印刷、平版印刷、凹版印刷和孔板印刷几种形式，每种印刷方式采用的胶片不一样。凸版、平凸版和电子雕刻凹版印刷选择负片；照相凹版、平凹版和孔版（丝网版）印刷选择正片。

2）到指定印刷厂印刷。条码胶片制作完成后，只需要到指定的印刷厂进行印刷，印刷出样品后要利用条码检测设备对条码进行检测，质量检测合格后才能大批量印刷。

（2）轻印刷系统

条码轻印刷系统是指由计算机控制打印机进行条码印制。条码轻印刷系统主要由计算机、软件和打印机三部分组成。轻印刷系统可以用作条码的预印制，也可用于条码的现场印制，如图 3—2—8 所示。

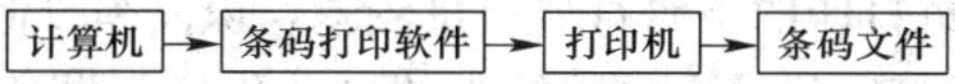

计算机 → 条码打印软件 → 打印机 → 条码文件

图 3—2—8　条码轻印刷系统的构成

条码轻印刷系统主要有以下优点：

1）条码的印制是由配有条码打印软件的计算机来完成的，效率高，成本低。

2）不受油墨浓淡、版的精度和质量等因素影响。

3）能打印大量数据不同的条码。

4）可以用来实时打印条码。

（3）条码号码机

由于制版印刷方式适用于条码符号的大批量重复印刷，因此，对于那些使用连续代码的用户，应采用一种专门用于印刷条码的印刷部件来代替制版印制条码符号，这就是条码号码机。条码号码机由钢或其他金属制成的机壳（机架）、号码轮、进位机构等组成，分为平压式和轮转式两种。印刷时将其装在相应印刷机的印版部位，由印刷机带动号码机的进位机构，使一组号码轮顺序进位，从而完成连续变号条码的印刷。根据印刷要求，可将号码机组合成不同的形式。通过对进位机构的预先确定，可实现完成一次印刷动作后即进位，或完成几次印刷动作后再进位。

号码机最适合血液系统、航空机票及其他票证系统所用条码符号的印刷。目前许多型号的印刷机都配有安装条码号码机的装置。

（4）激光喷码机

激光可以形成极细的光束，在材料表面的最细线宽可以达到 0.1 mm。激光喷码机喷印的是一个无法擦掉的永久性标记，它是通过激光直接在物体表面瞬间气化而成，无须借助任何辅助工具即可肉眼分辨，便于消费者识别，且无耗材，维护更方便。激光喷码机基本覆盖了喷墨机的全部应用范围，目前广泛应用于烟草行业、生物制药、酒业、食品饮料、保健品、电子行业、国防工业、汽车零件、制卡、工艺、服饰配件、建筑材料等领域。

激光喷码机的优势：高标码质量和极好的可重复性能；标码持久稳定；防伪性能好；标码时无须接触产品；处理过程洁净干燥；无须其他标码技术所需的消耗品，如油墨、溶剂、箔片及模版等，非常环保；可标码高解像度图案；高精度定位；高速标码和高线速处理；可对移动的或不移动的产品（类似喷墨打印）进行标码；条码生成过程灵活；可用于全自动化和准时制造系统；可大大降低不合格率和停机时间；保养成本和运营成本都控制在很低水平，经济实用。通常情况都不需要另外加装流水线，很容易和现有的生产线匹配。

激光喷码机的局限性：不是所有的材料都适合用系统设定的激光类型进行标码，激光喷码的对比度要比油墨标码的对比度低，调色板受到限制，不能直接产生红色，绿色和蓝色，不能直接进行多色彩标码，需要排气系统和激光保护罩，激光喷码机的投资成本高。

3. 现场打印设备

(1) 通用办公设备

1) 针式打印机。针式打印机打印条码有以下两个优点：一是成本低。针式打印机和其消耗材料相对来说都是成本较低的；二是对纸张要求不高，一般纸张包括不干胶纸都可用于针式打印机。但针式打印机打印的条码符号质量较差，识读率较低，并且打印速度较慢。

2) 喷墨打印机。喷墨打印机是由电脑控制的自动化打印设备，其打印数据传输控制过程与针式打印机类似。按照喷墨头工作方式，喷墨打印机可以分为压电喷墨和热喷墨两大类型。喷墨打印机的优点是打印机购置成本低，但使用的耗材成本高。

3) 激光打印机。激光打印机是利用图形感应半导体表面上充电荷的原理设计的。此表面对光学图像产生反应，并在所指定区域上放电，由此产生一幅静电图像。然后，使图像与着色材料（炭粉）相接触，将着色材料有选择地吸附到静电图像上，再转印到普通纸上。

激光打印机的条码精度高，速度快，而且噪音低，是条码印制中较理想的打印机，只是价格和打印成本较高。但随着价格不断降低，这种打印机将会得到越来越多的应用。需要指出的是，用激光打印机打印较小的不干胶标签时，要注意防止标签脱落而损坏硒鼓。

(2) 专用条码打印机

1) 热敏打印机和热转印式打印机。热敏式条码打印机和热转印式条码打印机俗称打码机。热敏式打印和热转印式打印是两种互为补充的技术，现在市场上绝大多数条码打印机都兼容热敏和热转印两种工作方式。两者工作原理基本相似，都是通过加热方式进行打印，热敏式打印机采用热敏纸进行打印，热敏纸在高温及阳光照射下易变色，用热敏打印机打印的标签在保存及使用上存在一些问题，但因为其设备简单，价格低，因此，热敏打印机广泛应用于打印临时标签的场合，如零售业的付货凭证，超市的结账单，证券公司的交易单等。

热转打印机的执行部件与热敏打印机相同或相似，但它使用热敏炭带。执行打印操作时，通过对加热元件相应点的加热，使炭带上的颜色转印在普通纸上，而形成文字或图形。

各种方式打印机特点比较见表 3—2—2。

表 3—2—2　　**各种方式打印机特点比较**

打印方式	针式打印	喷墨打印	激光打印	热转打印
打印原理	靠打印针的机械击打作用，将色带上的染料转印到打印纸上	喷墨头将墨滴喷到打印线上形成像素点，组成画面	经过数据信号调制过的激光束在充电的感光鼓上扫描形成静电潜像，静电潜像吸附墨粉，然后再将墨粉转印到打印纸上，形成实际图形	利用打印介质受热时的物理或化学变化，使打印介质变色，形成图形
打印质量	较差	较好	好	好
打印速度	慢	慢	快	快

续表

打印方式	针式打印	喷墨打印	激光打印	热转打印
分辨率	中	低	高	高
复杂性	复杂	复杂	复杂	简单
成本	低	高	高	较高
环境适应性	一般	一般	一般	强

通过表3—2—2可以看出，热转打印方式与其他打印方式相比，具有分辨率高、打印质量好、打印速度快、操作简便、成本低廉、维护简单、可使用多种打印介质等优点，是在线条码打印的最理想方式。

2）升华打印机。染料热升华技术主要是为了打印连续色调的图案（如照片等）。这种技术使用一条有一定数量的色块组成的色带。每三个色块（黄、红、蓝）为一组，然后沿着整条色带重复排列。当热升华打印机开始打印时，一张空白的卡自动进入打印机并被送到包含有数百个热敏元件的打印头的下面。然后，这些热敏元件将色带上的染料加热并蒸发使之渗入到卡片的表面。打印头依次将黄、红、蓝色块上的染料“打印”到卡上。通过改变打印头的温度（可以改变单色的色度）以及三种颜色的混合（类似彩色显示器原理），打印机能够产生有层次的多种色彩。

4. 条码打印耗材

条码打印机的耗材主要是标签、炭带与背胶。

（1）标签

标签按材质可分为纸质标签、PET标签、PVC标签、硝银龙标签、合成标签、织唛、热敏标签等。标签按使用范围可分为外箱标签、内盒标签、服装吊牌标签、染色标签、珠宝标签、化工标签、高温标签、电器标签、荧光标签、手机标签、食品标签、价格标签、洗水唛、织唛等。

（2）炭带

购买炭带时通常需要确定炭带的色基（蜡基、混合基还是树脂基）、炭带的宽度和长度。炭带的宽度应大于等于标签纸的宽度，小于打印机的最大打印宽度。铜版纸表面相对粗糙，应配合蜡基或混合基的炭带使用；而PET纸表面比较光滑，应配合树脂基的炭带使用。如果希望打印出来的标签内容具有较好的耐久性，则应选择树脂基炭带。一般来说，蜡基炭带的成本最低，混合基炭带的成本次之，树脂基的炭带成本最高。标签的耐刮、耐刮擦、耐涂抹、耐腐蚀、耐高温等要求高就需要选择树脂基炭带或混合基炭带。在高速打印的情况下应选择感度高的炭带。

三、条码打印软件

条码打印软件能实现从代码到条码的转化。需要用条码的企业可以自行编制条码生成软件，也可以购买商业化的编码软件。业内最早成型的条码打印软件起于欧美发达国家，这与该地域工业自动化普及程度有着密不可分的关系。国外条码标签打印软件有著名的Barcode、Codesoft、Labelmartix等。目前国内的软件公司也开发出了很多条码软件，每种条码软件支持的代码和条码符号类型不同，企业要根据自己所采用的编码方式和条码符号以及性价比进行选择。

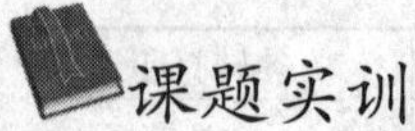

课题实训

根据仓库基本情况和业务需求选择条码设备

某仓库有三个入库区，三个出库备货区，入库上架作业人员 3 名，库内分拣作业人员 10 名。该仓库内未使用自动化分拣设备，出入库作业以人工作业为主。目前该仓库已经购买了一套仓储管理软件，但该软件未内嵌条码软件。现在请你为该仓库选配各种条码扫描、打印设备及相关软件，以实现仓库作业的信息化管理。该物流中心在该仓库条码设备方面的资金预算额度为 20 万元。

1. 确定所需设备名称及数量

根据仓库的业务需要，应该为该仓库的每一个出入库区域配备一台条码打印机和条码扫描器，直接与办理出入库的计算机相连接。另外，要为在库内做上架和分拣的作业人员每人配备一把性能较好的数据采集器。这样，所需设备为：条码打印机 6 台，条码扫描器（有线）6 台；数据采集器 13 把；能支持 EAN－13、ITF－14 和 EAN－128 条码的条码打印软件一套。

2. 备选设备与软件的搜集汇总

进入搜索引擎，键入关键词“条码识读设备、数据采集器、条码打印机、条码软件”，得到涉及“条码识读设备”的检索结果，如图 3—2—9 所示。

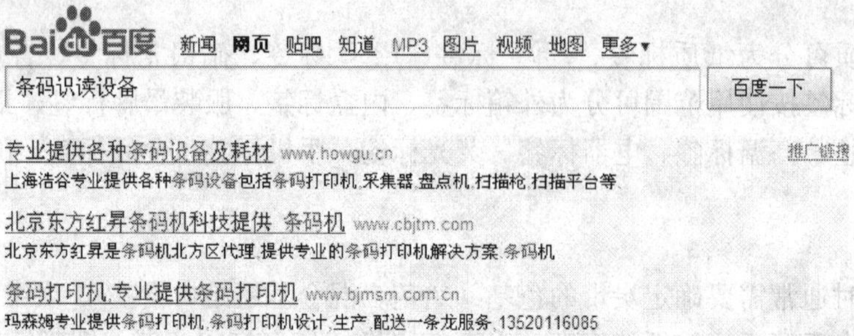

Baidu百度 新闻 网页 贴吧 知道 MP3 图片 视频 地图 更多▾
条码识读设备 百度一下

专业提供各种条码设备及耗材 www.howgu.cn 推广链接
上海浩谷专业提供各种条码设备包括条码打印机,采集器,盘点机,扫描枪,扫描平台等.

北京东方红昇条码机科技提供 条码机 www.cbjtm.com
北京东方红昇是条码机北方区代理,提供专业的条码打印机解决方案.条码机

条码打印机,专业提供条码打印机 www.bjmsm.com.cn
玛森姆专业提供条码打印机,条码打印机设计,生产,配送一条龙服务.13520116085

图 3—2—9　条码识读设备的搜索结果

在检索结果中搜索查看多个设备有关网页，找出各种性能和价位适合仓库出入库作业区使用的设备及软件，并填入表 3—2—3 备选。

表 3—2—3　条码设备及软件一览表

序号	品牌型号	性能参数	报价	供应商	备注

3. 条码设备及软件挑选

在搜索出来的结果中挑选出性价比高，适合仓库作业特点，并且总预算不超过 20 万元的购买预算方案，然后将预算方案发到老师的邮箱中，老师根据采购设备的性能和总报价进行评分。条码设备及软件采购预算内容见表 3—2—4。

表 3—2—4　　条码设备及软件采购预算

序号	设备名称	规格	单位	数量	单价	合计
1						
2						
……	……	……	……	……	……	……
总计						

思考与练习

1. 条码设备的工作原理是什么？
2. 在选择条码设备的时候，应该注意哪些问题？

课题 3　物流条码标签打印与粘贴

一、商品条码的位置

1. 基本原则

条码符号位置的选择，要以相对统一、符号不易变形、便于扫描操作和识读为准则。

2. 首选位置

首选条码符号位置是商品包装背面的右侧下半区域，这里的右侧是指阅读标签者看见的右侧。商品包装的正面是指商品包装上主要标明商标和名称的一个外表面。与商品包装正面相背的商品包装的一个外表面就是商品包装的背面。

3. 其他选择

商品包装背面不适宜放置条码符号时，可以选择商品包装另一个适合的面的右侧下半区域放置条码符号。但是，对于体积大的或笨重的商品，条码符号不应放置在商品包装的底面。

4. 边缘原则

条码符号与商品包装邻近边缘的间距不应小于 8 mm 且不大于 102 mm。

5. 方向原则

（1）通则

商品包装上条码符号宜横向放置。横向放置时，条码符号的供人识读字符应从左至右阅读。在印刷方向不能保证印刷质量或者商品包装表面曲率及面积不允许的情况下，应该将条码符号纵向放置。纵向放置时，条码符号供人识读字符的方向宜与条码符号周围的其他图文相协调。

(2) 曲面上的符号方向

当商品包装的表面曲度小于 30°时，将条码标签横向放置；当表面曲度大于 30°时，要将条码标签纵向放置。所谓纵向就是条码符号的条垂直于曲面的母线。曲面曲度是贴上条码后，条码的中间分隔符两条正中间与圆心的连线和第一个条的外侧边缘与圆心的连线所形成的夹角的度数。

6. 表面选择的位置

不应把条码符号放置在有穿孔、冲切口、开口、装订钉、拉丝拉条、接缝、折叠、折边、交叠、波纹、隆起、褶皱、其他图文和纹理粗糙的地方，也不应把条码符号放置在转角处或表面曲率过大的地方，不应把条码符号放置在包装的折边或悬垂物下边。

二、物流条码标签的位置

1. 印刷位置及方向

每一个贸易项目和物流单元上至少有一个条码符号。仓储应用中，为确保在连贯转动的情况下，至少可以看见一个标签，推荐的最佳方案是将同一标签印在运输包装的相邻两面上。这两个相邻面的位置应是宽面位于窄面的右方。物流标签的详细位置可参阅国家标准 GB/T 18127—2000 中的有关内容。

2. 高度小于 1 m 的物流单元的条码标签位置

对于高度低于 1 m 的纸板箱与其他形式的物流单元，标签中 SSCC 的底边应距离物流单元的底部 32 mm。标签与物流单元垂直边线的距离不小于 19 mm，如图 3—3—1 所示。如果物流单元已经使用 EAN-13、UPC-A、ITF-14 或贸易单元 128 条码符号，标签应贴在上述条码的旁边，不能覆盖原有的条码，并保持一致的水平位置。

3. 高度超过 1 m 的物流单元

托盘和其他高度超过 1 m 的物流单元，标签应位于距离物流单元底部或托盘表面 400 mm至 800 mm 的位置，标签与物流单元直立边的距离不小于 50 mm，如图 3—3—2 所示。

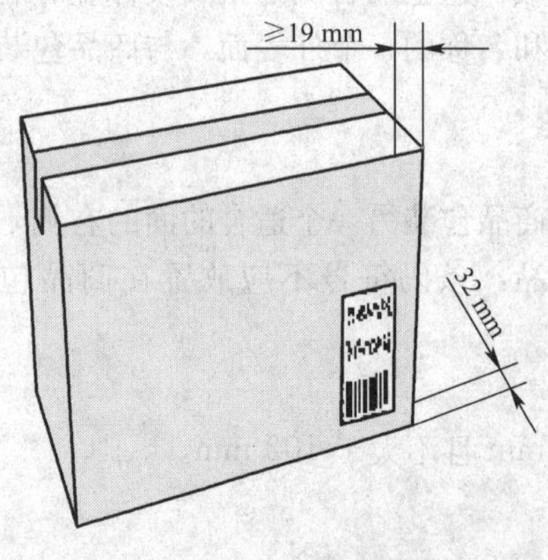

图 3—3—1　高度小于 1 m 的物流单元标签放置位置

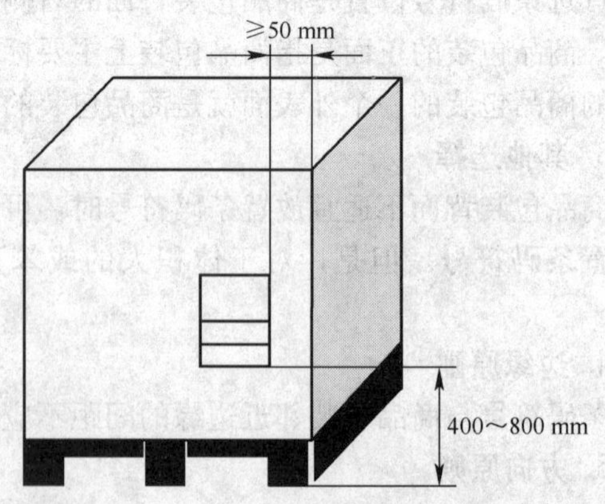

图 3—3—2　高度超过 1 m 的箱体和托盘的标签放置位置

三、条码标签的打印与粘贴

打印条码标签，只需要启动打印设备，将条码的代码输入到条码打印软件中，选择相应的条码符号，打印出来，打印的同时要注意打印条码的质量，有明显不合格的重新打印。标签打印完成后，要针对不同的商品，将条码标签粘贴到正确的位置上。

1. 托盘货架储位条码打印

（1）单击“桌面”按钮，打开条码打印软件，如图 3—3—3 所示。

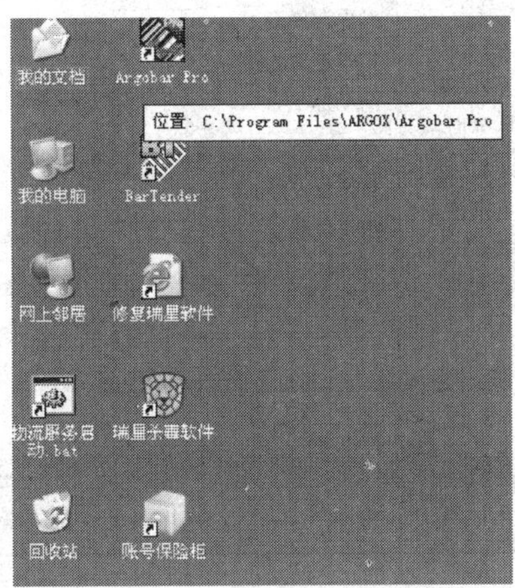

图 3—3—3　运行条码打印软件

（2）选择对应的打印机，如图 3—3—4 所示。

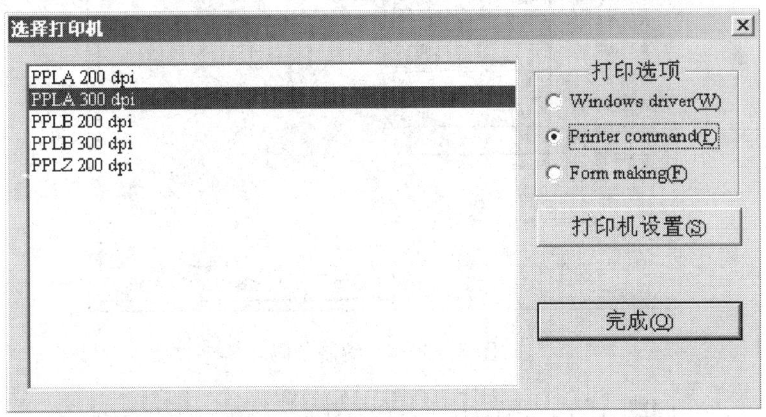

图 3—3—4　选择打印机

（3）进行打印机设置，如图 3—3—5 所示。

（4）为托盘货架储位选择 Code39 码，进行码制编写。

1）编制条码，如图 3—3—6 所示。

2）输入条码代码及可识读字符，如图 3—3—7 所示，然后对文字属性进行设置，如图 3—3—8 所示。

（5）打印条码，如图 3—3—9 所示。

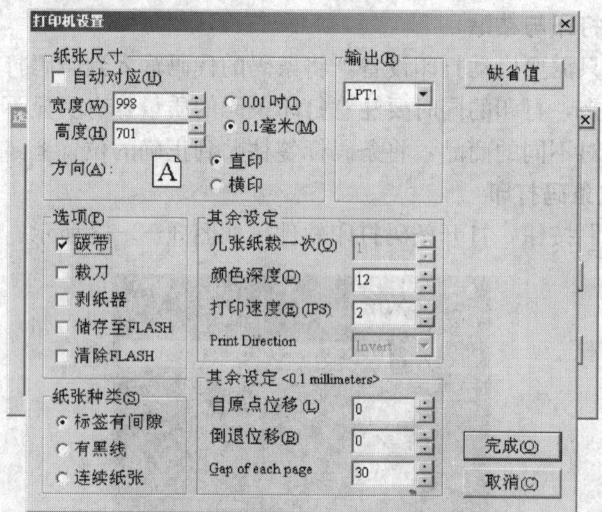

图 3—3—5　打印机设置

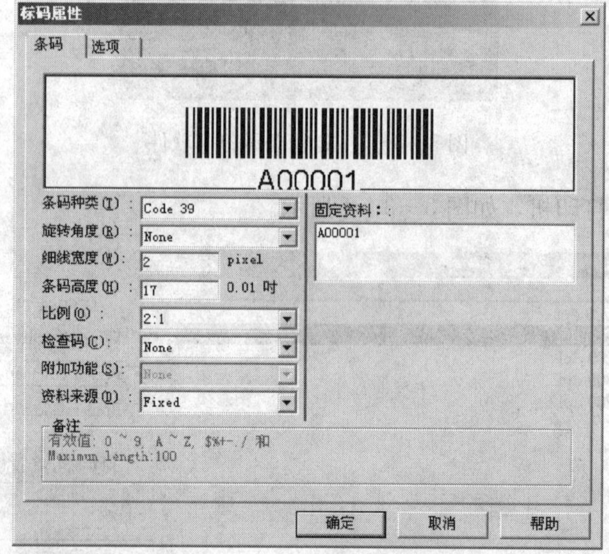

图 3—3—6　编制条码

图 3—3—7　代码及字符输入

图 3—3—8　文字属性设置

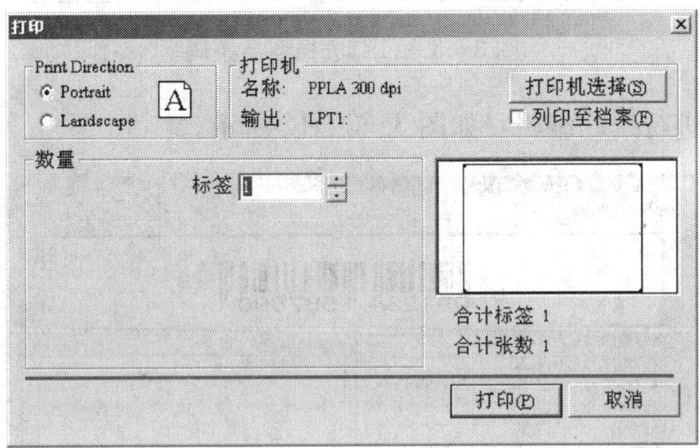

图 3—3—9　条码打印

2. 托盘条码的打印

托盘条码的编辑打印如图 3—3—10 所示。

图 3—3—10　托盘条码编辑打印

3. 商品条码打印

（1）选择 EAN－13 条码，如图 3—3—11 所示。

图 3—3—11　选择商品条码

（2）输入代码并进行条码编辑，如图 3—3—12 所示。

图 3—3—12　输入代码并编辑

4. 条码粘贴

（1）将打印出的托盘货架标签粘贴到储位上。托盘货架标签的贴在货架的立柱上，不要贴在横梁上，这样便于条码扫描仪的扫描，如图 3—3—13 所示。

（2）将打印出的托盘标签粘贴到托盘上

每一个托盘要在托盘的前面和后面分别粘贴两个相同的标签，这样便于在托盘上架后进行标签扫描，如图 3—3—14 所示。

（3）栈板货架储位标签粘贴。如图 3—3—15 所示。

（4）周转箱标签粘贴。如图 3—3—16 所示。

（5）出入库商品标签粘贴。出入库的商品包装，要在包装箱的两个不同侧面粘贴物流储运条码，如图 3—3—17 所示。

图 3—3—13　托盘货架标签粘贴

图 3—3—14　托盘条码标签粘贴

图 3—3—15　栈板货架标签粘贴

图 3—3—16　周转箱标签粘贴

图 3—3—17　出入库商品条码标签粘贴

思考与练习

1. 选择商品条码位置的原则有哪些？
2. 条码打印和粘贴过程中应该注意哪些问题？

课题4　RFID技术应用

RFID技术是利用无线电波来传送识别信息，不受空间限制，快速地进行物品追踪和数据交换的数据自动采集与识别技术。该技术彻底解决了物流管理中信息采集的自动化问题。同条形码技术相比，RFID技术可以大大削减用来获取产品信息的人工成本，使供应链许多环节的操作自动化。

一、RFID技术概述

1. RFID的含义

RFID是Radio Frequency Identification的缩写，即射频识别，俗称电子标签。RFID射频识别是一种非接触式的自动识别技术，它通过射频信号自动识别目标对象并获取相关数据，识别工作无须人工干预，可工作于各种恶劣环境。RFID技术能够识别高速运动物体并可同时识别多个标签，操作快捷方便。

2. RFID的基本组成部分

（1）标签

由耦合元件及芯片组成，每个标签具有唯一的电子编码，附着在物体上标识目标对象。

（2）阅读器

读取（有时还可以写入）标签信息的设备，可设计为手持式或固定式。

（3）天线

在标签和读取器间传递射频信号。

3. RFID的基本工作原理

标签进入磁场后，接收阅读器发出的射频信号，凭借感应电流所获得的能量发送出存储在芯片中的产品信息（无源标签），或者主动发送某一频率的信号（有源标签）；阅读器读取信息并解码后，送至中央信息系统进行有关数据处理。

一套完整的RFID系统由阅读器、电子标签及应用软件系统三个部分组成，其工作原理是阅读器发射一特定频率的无线电波能量给标签，用以驱动标签电路将内部的数据送出，此时阅读器便依序接收解读数据，送给应用程序做相应的处理。

阅读器根据使用的结构和技术不同可以是读或读/写装置，是RFID系统的信息控制和处理中心。阅读器通常由耦合模块、收发模块、控制模块和接口单元组成。阅读器和应答器之间一般采用半双工通信方式进行信息交换，同时，阅读器通过耦合为无源应答器提供能量和时序。在实际应用中，可进一步通过以太网或无线局域网等实现对物体识别信息的采集、处理及远程传送等管理功能。标签是RFID系统的信息载体。目前应答器大多是由耦合原件

（线圈、微带天线等）和微芯片组成的无源单元。

4. 射频卡的标准及分类

目前生产射频识别产品的很多公司都采用自己的标准，国际上还没有统一的标准。可供射频卡使用的标准有 ISO 10536、ISO 14443、ISO 15693 和 ISO 18000。应用最多的是 ISO 14443 和 ISO 15693，这两个标准都由物理特性、射频功率和信号接口、初始化和反碰撞以及传输协议四部分组成。

射频卡有以下几种分类：

（1）按供电方式分为有源卡和无源卡

有源卡是指卡内有电池提供电源，其作用距离较远，但寿命有限、体积较大、成本高，且不适合在恶劣环境下工作；无源卡内无电池，它利用波束供电技术将接收到的射频能量转化为直流电源为卡内电路供电，其作用距离相对有源卡短，但寿命长且对工作环境要求不高。

（2）按载波频率分为低频射频卡、中频射频卡和高频射频卡

低频射频卡频率主要有 125 kHz 和 134.2 kHz 两种，中频射频卡频率主要为 13.56 MHz，高频射频卡频率主要为 433 MHz、915 MHz、2.45 GHz、5.8 GHz 等。低频系统主要用于短距离、低成本的应用，如多数的门禁控制、校园卡、动物监管、货物跟踪等。中频系统用于门禁控制和需传送大量数据的应用系统；高频系统应用于需要较长的读写距离和高读写速度的场合，其天线波束方向较窄且价格较高，如在火车监控、高速公路收费等系统中的应用。

（3）按调制方式分为主动式和被动式

主动式射频卡用自身的射频能量主动地发送数据给读写器；被动式射频卡使用调制散射方式发射数据，它必须利用读写器的载波来调制自己的信号，该类技术适合用于门禁或交通应用中，因为读写器可以确保只激活一定范围内的射频卡。在有障碍物的情况下，使用调制散射方式，读写器的能量必须来回穿过障碍物两次，而主动式的射频卡发射的信号仅穿过障碍物一次，因此，主动式射频卡主要用于有障碍物的应用中，读写距离更远（可达 30 m）。

（4）按作用距离可分为密耦合卡（作用距离小于 1 cm）、近耦合卡（作用距离小于 15 cm）、疏耦合卡（作用距离约 1 m）和远距离卡（作用距离 1～10 m，甚至更远）。

（5）按芯片分为只读卡、读写卡和 CPU 卡

只读卡中的内容是用专门的读写设备一次性写入的，以后不能改写，因此，对于商品的全程跟踪有特殊作用。读写卡是可以重复更新内容的射频卡。CPU 卡是集成了微处理器的射频卡，具有一定的运算处理功能。

5. RFID 技术的优点

（1）快速扫描

条形码一次只能有一个条形码受到扫描；RFID 读写器可同时辨识读取数个 RFID 标签。

（2）体积小型化、形状多样化

RFID 在读取上并不受到尺寸大小与形状限制，不需为了读取精确度而配合纸张的固定尺寸和印刷品质。此外，RFID 标签更可能向小型化与多样化形态发展，以适用于不同产品。

（3）抗污染能力和耐久性

传统条形码的载体是纸张，容易受到污染，但 RFID 对水、油和化学药品等物质具有很强的抵抗性。此外，由于条形码是附在塑料袋或外包装纸箱上，特别容易受到折损；RFID 卷标是将数据存在芯片中，可以免受污损。

（4）可重复使用

条形码印刷上去之后就无法更改，RFID 标签则可以重复地新增、修改和删除。RFID 卷标内存储数据，可方便信息的更新。

（5）穿透性和无障碍阅读

在被覆盖的情况下，RFID 能穿透纸张、木材和塑料等非金属或非透明的材质，进行穿透性通信。而条形码扫描器必须在近距离而且没有物体阻挡的情况下，才可辨读条形码。

（6）数据的记忆容量大

一维条形码的容量是 50 Bytes，二维条形码最大的容量可储存 2～3 000 字符，RFID 最大的容量则有数 MegaBytes。随着记忆载体的发展，数据容量也有不断扩大的趋势。未来物品所需携带的资料量会越来越大，对卷标所能扩充容量的需求也相应增加。

（7）安全性

RFID 承载的电子式信息，其数据内容可经由密码保护，使其内容不易被伪造及更改。近年来，RFID 因其所具备的远距离读取、高储存量等特性而备受瞩目。它不仅可以帮助企业大幅提高货物、信息管理的效率，还可以使销售企业和制造企业信息互联，从而更加准确地接收反馈信息，控制需求信息，优化整个供应链。在统一的标准平台上，RFID 标签在整条供应链内任何时候都可提供产品的流向信息，让每个产品信息有了共同的沟通语言。通过计算机互联网就能实现物品的自动识别和信息交换与共享，进而实现对物品的透明化管理，实现真正意义上"物联网"。

二、RFID 技术的应用

1. 高速公路自动收费及交通管理

RFID 技术应用在高速公路自动收费上能够充分体现它非接触识别的优势，让车辆高速通过收费站的同时自动完成收费。同时，还可以解决收费员贪污路费及交通拥堵的问题。

一般来说，对于公路收费系统，车辆的大小和形状不同，需要大约 4 m 的读写距离和很快的读写速度，也就要求系统的频率应该在 900 MHz 和 2 500 MHz 之间。射频卡一般在车的挡风玻璃后面。现在最现实的方案是将多车道的收费口分两个部分：自动收费口、人工收费口。天线架设在道路的上方。在距收费口约 50～100 m 处，当车辆经过天线时，车上的射频卡被头顶上的天线探测到，判别车辆是否带有有效的射频卡。读写器指示灯指示车辆进入不同车道，人工收费口仍维持现有的操作方式，进入自动收费口的车辆，养路费款被自动从用户账户上扣除，且用指示灯及蜂鸣器告诉司机收费是否完成，不用停车就可通过。

用 RFID 技术实时跟踪车辆，通过交通控制中心的网络在各个路段向司机报告交通状况，指挥车辆绕开堵塞路段，并用电子地图实时显示交通状况。能够使得交通流向均匀，大大提高道路利用率。还可用于车辆特权控制，在信号灯处给警车、应急车辆、公共汽车等行驶特权；自动查处违章车辆，记录违章情况。另外，公共汽车站实时跟踪指示公共汽车到站时间及自动显示乘客信息，给乘客很大的方便。用 RFID 技术能使交通的指挥自动化、法制

化，有助于改善交通状况。

2. 门禁保安

门禁保安系统均可采用射频卡，一卡可以多用，如用作工作证、出入证、停车卡、饭店住宿卡甚至旅游护照等，目的都是识别人员身份、安全管理、收费等。优点是简化出入手续，提高工作效率，提供安全保护。只要人员佩戴了封装成 ID 卡大小的射频卡，出入时自动识别身份，非法闯入则会有报警。安全级别要求高的地方，还可以结合其他的识别方式，将指纹、掌纹或颜面特征存入射频卡。

公司还可以用射频卡保护和跟踪财产。将射频卡贴在计算机、传真机、文件、复印机或其他办公室用品上，该射频卡使得公司可以自动跟踪管理这些有价值的财产，如可以跟踪一个物品从某一建筑离开，或是用报警的方式限制物品离开某地。结合 GPS 系统利用射频卡，还可以对货车、货舱等进行有效跟踪。

3. RFID 卡收费

射频卡不易磨损，也不怕静电，非接触识读，使用方便、快捷，可以同时识别几张卡，因此，在收费中有其优势。公交卡、会员制收费卡、职工就餐卡、商店收费卡、电话卡、储蓄卡等均可使用射频卡。射频卡上有内存分区，不同区域有不同的安全级别，可以在各种场合使用，互不干扰。而未来的发展必将各种卡的应用统一到一张卡上，个人手持一张卡就可以各处使用。

4. 生产线自动化

RFID 技术还可以用于生产流水线上，实现自动控制、监视，提高生产效率，改进生产方式，节约成本。

5. 仓储管理

将 RFID 系统用于智能仓库货物管理，可以有效地解决仓库存储与货物流动有关的信息管理，它不但增加了一天内处理货物的件数，还监视着这些货物的一切信息。射频卡贴在货物所通过的仓库大门边上，读写器和天线都放在叉车上，每个货物都贴有条码，所有条码信息都被存储在仓库的中心计算机里，该货物的有关信息都能在计算机里查到。当货物被装走运往别地时，由另一读写器识别并告知管理中心它被放在哪个拖车上。这样，管理中心可以实时地了解到已经生产了多少产品和发送了多少产品，并可自动识别货物，确定货物的位置。

6. 汽车防盗

这是 RFID 较新的应用。已经开发了足够小的射频卡，能够封装到汽车钥匙当中，在汽车上装有读写器，当钥匙插入点火器中时，读写器能够辨别钥匙的身份。如果读写器接收不到射频卡发送来的特定信号，汽车的引擎将不会发动。用这种电子验证的方法，汽车的中央计算机也就能容易地防止短路点火。

另一种汽车防盗系统是司机自己带有一射频卡，其发射范围是在司机坐椅 45～55 cm 以内，读写器安装在坐椅的背部。当读写器读取到有效的 ID 号时，系统发出三声鸣叫，然后汽车引擎才能启动。该防盗系统还有另一强大功能：倘若司机离开汽车并且车门敞开，引擎也没有关闭的话，这时读写器就需要读取另一有效 ID 号，假如司机将该射频卡带离汽车，这样读写器不能读到有效 ID 号，则引擎会自动关闭，同时会触发报警装置。同样，这种射频卡也可用于家庭和办公室的防盗。

射频卡还可应用于寻找丢失的汽车。在城市的各主要街道路线处埋设 RFID 的天线系统，只要车辆带有射频卡，则在路过任何天线读写器时，该汽车的 ID 号和当时的时间都将会被自动记录，并被反馈到城市交通管理中心的计算机中，除了城市街道埋设天线外，警察还开动若干辆带有读写器的流动巡逻车，以更加方便地监测车辆的行踪。

7. 防伪

将射频识别技术应用在防伪的领域有它自身的技术优势。防伪技术本身要求成本低，且难以伪造。射频卡的成本相对便宜，而芯片的制造需要有昂贵的芯片工厂，使伪造者望而却步。射频卡本身具有内存，可以储存、修改与产品有关的数据，利于销售商使用；体积十分小，便于产品封装。像电脑、激光打印机、电视等产品都可使用。

建立严格的产品销售渠道是防伪问题的关键。利用射频识别技术，厂家、批发商、零售商之间可以使用唯一的产品号来标识产品的身份。生产过程中，在每样产品上封装入射频卡，卡上记载了唯一的产品号。批发商、零售商用厂家提供的读写器就可以严格检验产品的合法性。

8. 电子物品监视系统

电子物品监视系统简称 EAS，该系统的目的是防止商品盗窃，系统是基本配置的 RFID、内存容量仅为 1 Byte，即开或关。系统包括贴在物体上的射频卡和商店出口处的扫描器，射频卡在安装时被激活，它在激活状态时接近扫描器将会被探测到，这样就会报警。货物购买之后，射频卡由销售人员用专用工具拆除（典型的是在衣服店里），或者用磁场来使其失效或破坏射频卡本身的电特性。

9. 畜牧管理

用小玻璃封装的射频卡植于动物皮下，提供动物的识别。射频卡大约 10 mm 长，内有一个线圈，约 1000 圈的细线绕在铁氧体上，读写距离是十几厘米。

10. 火车和货运集装箱的识别

在火车运营中，使用 RFID 系统有个很大的优势，就是火车是按既定路线运行，当通过设定读写器的地点时，通过读到的数据，能够得到火车的身份、监控火车的完整性，以防止遗漏在铁轨上的车厢发生撞车事故。同时，在车站能将车厢重新编组。起初是用超音波和雷达测距系统读出车厢侧的条码，现在被 RFID 系统取代，射频卡一般安在车厢顶边，读写器安装在铁路沿线，可方便得到火车的实时信息及车厢内装的物品信息。

11. RFID 技术在未来超市的应用

（1）未来超市的特点

1）轻易找到商品位置。未来超市的购物车装有一个触摸式电脑，在电脑中安有电子地图，顾客决定购买某件商品但又不知道商品的具体位置时，搜索要购买的商品，该商品名称后面就会显示出导航信息，点击打开就可以看到该商品所在位置，按照电子地图的指示就可以找到商品。

2）自助结账。购买商品时，顾客只需要把商品直接放入小车中，小车里的 RFID 扫描设备会自动识别商品，显示商品的详细信息，包括商品名称、价格、简单介绍等（因为在每件商品上粘贴了写入商品信息的 RFID 标签）。购物结束后，进入自动结账系统。顾客的银行账号已经在银行管理系统中注册成功，并且在会员管理系统中和顾客身份信息一起写入了VIP会员卡。所以，在智能购物小车的界面上，顾客的账号、用户名都会自动显示，顾客只需要输入密码即可。点击确认后完成结账，此时门口的智能收款系统会自动打印购物小票，显示所购商品和消费金额。

3）退货扫描。如果顾客想要放弃某件商品，可以点击购物小车上的退货扫描按钮，此时退货功能打开，同时出现弹出窗口，提示顾客可以进行退货扫描。顾客只要把要退货的商品在RFID读写区扫描一下，货物就退掉了，省时省力。

4）网络预购物与实体店购物相结合。很多人在超市购物时都有这样的经历，实体店购物到家后经常发现自己想买的东西忘记买了，不需要的东西却买了好多。在未来超市购物就可以避免这种情况。在去未来超市购物之前，顾客可以登录超市的网站，以会员的身份进行网络购物，形成网络订单，到实体店购物时，只要在购物小车上扫描一下会员卡，顾客的网络购物清单就会显示出来，顾客就可根据清单在超市购买自己想要的商品。如果顾客觉得现实中的商品和电子商务网站上的商品有很大差异，不符合自己的要求，可以选择不买清单上的商品。

未来超市依赖的是RFID（无线射频技术）。每件商品都会有一个电子标签，标签中存储着商品的基本标识信息。未来超市使用“智能货架”，贴有标签的物品放在配有嵌入式扫描仪的货架上，这些嵌入式扫描仪可以直接和货物管理系统联系，雇员使用PDA就可以在任何时间、任何地点检查存货，或者直接进入商场、超市的货物管理系统。

（2）未来超市的构建方案，如图3—4—1所示。

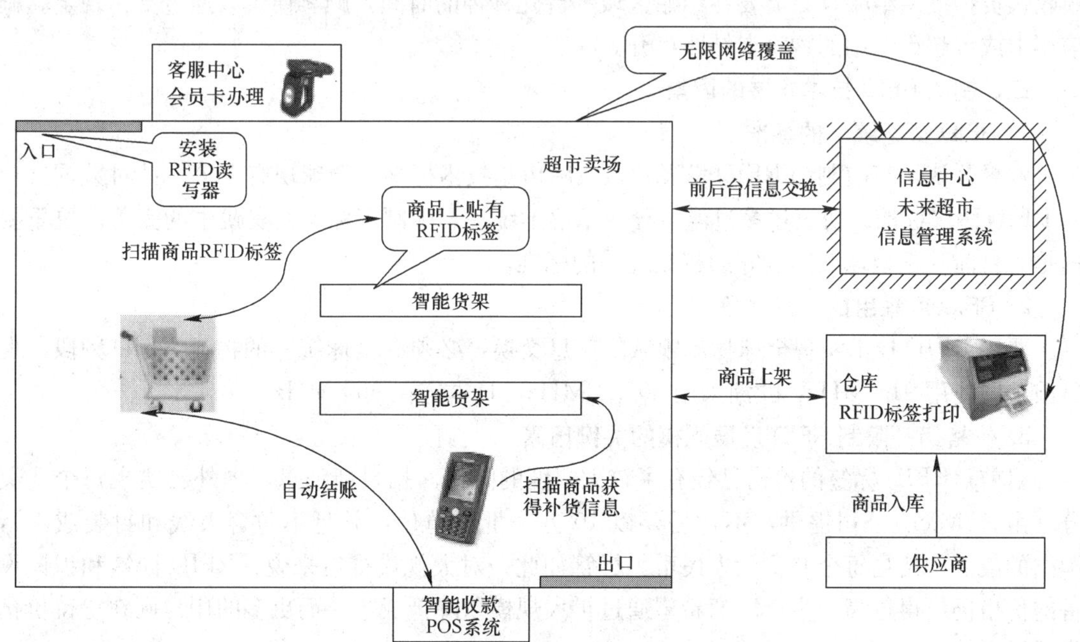

图3—4—1　基于RFID技术构建的未来超市

超市安装有无限网络，覆盖整个超市，保证信息接收通畅。另外，超市信息管理中心安装未来超市信息管理系统，负责后台数据的维护工作。所有的货物由供货商或仓库工作人员贴上 RFID 标签，然后在将货物送至仓库前，在货物检测区域稍作停留，待读写器检测完货物的类型、名称和数量后，货物入库。同时，读写器将入库商品的信息通过网络上传至中心服务器，中心服务器进行商品信息的更新。商品入库以后，可以由检验人员对货物进行检验，然后再调整商品信息。商品上了智能货架以后，顾客就可以推着智能购物车进行购物了。未来超市的经营采用会员制，每位来超市购物的顾客首先要在超市的客服中心办理一张会员卡，在会员卡里写入顾客的基本信息、银行账户信息以及网络购物的 ID 信息，当顾客在网上完成购物清单，到超市购物时，只要刷一下会员卡就可以在购物小车上显示网购清单，提醒顾客购买所需商品。进入超市，顾客会看到商品都放在智能货架上，智能货架其实是一些按照特殊要求制作摆放商品的地方，智能货架通过无线网络连接到中心服务器，每个智能货架上面贴有放置一类货物类型的标签，上面会显示商品的名称、价格、生产日期。这类标签和贴在商品上的标签是有区别的，它们都是有源标签，可以主动向阅读器报告位置；而商品上的标签是无源的，它们只能在有效范围内被读写器读取。两种标签的成本也有很大的差别，不过都符合 UHF GEN2 标准。智能购物车是一个在传统购物车基础上进行改进，集读写器模块、无线通信模块、触摸屏及 ARM 芯片为一体的嵌入式系统。顾客可以通过触摸屏设定需要购买商品的信息，并且可以随时看到购物车内商品的总价格，购物车上配置超市的电子地图，如果顾客需要查询某一商品的具体位置，可以在触摸屏上查询，电子地图上将会显示一条找到该商品的指示线路。当顾客购买完货物出去结账时，不需要再排着长队等候收银员扫描、结账，只需要在结账区域等待几秒钟的时间，顾客便可以通过支付现金、刷信用卡或者超市专用的购物卡结账离开。

三、制约 RFID 技术发展的因素

1. RFID 缺乏统一的标准

业界公认，当前制约 RFID 发展的最大障碍是技术标准。全球现有 117 个针对数据交换的 RFID 协议标准。协议过多过滥，导致术语不统一，限制了标准在实践中的完善。更重要的是，目前缺乏全球共同遵守的权威统一的标准。

2. RFID 所采用的频段之争

要用 RFID 技术实现全球物流领域的信息交换，必须有全球统一的物流 RFID 频段。但目前美国使用 915 MHz，欧洲采用 805.8 MHz，日本定在 960 MHz。

3. 价格仍是限制 RFID 发展规模的关键因素

目前，RFID 标签的价格已经有了较大幅度的降低。据最新消息，国外已实现每个 5 美分（由 STMicro 公司提供，不过需要以 10 万个批量单价，并且不包含天线和封装成本），国内的最低价格是每个 0.7 元人民币。尽管如此，对大规模推广来说，RFID 标签和识读设备的价格仍显得过高。生产厂商希望通过扩大规模以降低成本，而更多的用户则在等待价格降低后再使用。

4. 安全性还待解决

由于标签内存有标记物品的信息，如何保证这些信息不被泄露出去，也是制约电子标签发展的重要因素。

思考与练习

1. RFID的特点有哪些?

2. RFID在物流行业中有哪些应用?

课题5　EPC技术应用

一、EPC的含义

1. EPC编码

产品电子代码简称EPC，是国际条码组织推出的新一代产品编码体系。原来的产品条码仅是对产品分类的编码，被认为是唯一识别所有物理对象的有效方式，这些对象包含贸易产品、产品包装和物流单元等体系。EPC编码是对每个单品都赋予一个全球唯一编码，EPC编码为96位（二进制）方式的编码体系。96位的EPC编码可以为2.68亿家公司赋码，每个公司可以有1 600万产品分类，每类产品有680亿的独立产品编码。形象地说，可以为地球上的每一粒大米赋予一个唯一的编码。

EPC编码本身包含非常有限的信息，但它有对应的后台数据库作为支持，将EPC编码对应的产品信息存储在数据库里，这些数据库又互相连接，与对象名称解析服务体系（ONS）等信息技术一起构成了一个"实物互联网"，因此，EPC是连通现实世界的桥梁。

产品电子代码是下一代产品标识代码，它可以为供应链中的对象（包括物品、货箱、货盘、位置等）进行全球唯一的标识。EPC存储在RFID标签上，这个标签包含一块硅芯片和一根天线。读取EPC标签时，它可以与一些动态数据连接，例如，该贸易项目的原产地或生产日期等。这与全球贸易项目代码（GTIN）和车辆鉴定码（VIN）十分相似，EPC就像是一把钥匙，用以解开EPC网络上相关产品信息这把锁。

2. EPC标签

产品电子标签是由一个微小电子芯片和一个软天线组成的RFID标签。EPC电子标签像纸一样薄，可以做成邮票大小，或者更小，可以在1～6 m的距离让读写器探测到，并读写信息。

二、EPC系统的组成

1. EPC编码标准

EPC码是新一代与EAN/UCC代码兼容的编码标准。在EPC系统中，EPC编码与现行的GTIN相结合，因而EPC并不是取代现行的条码标准，而是由现行的条码标准逐渐过渡到EPC标准，或者是在未来的供应链中EPC和EAN・UCC系统共存。EPC码段的分配是由EAN・UCC来管理的。在我国，EAN・UCC系统中GTIN编码由中国物品编码中心负责分配和管理。

2. EPC标签

EPC标签由天线、集成电路、集成电路与天线连接部、天线所在的底层四部分构成。

96 位或者 64 位 EPC 编码是存储在 RFID 标签中的唯一信息。EPC 标签有主动型、被动型和半主动型三种类型。主动型标签有一个电池，这个电池为微芯片的电路运转提供能量，并向读写器发送信号（同蜂窝电话传送信号到基站的原理相同）；被动型标签没有电池，它从读写器获得电能。读写器发送电磁波，在标签的天线中形成了电流；半主动型标签用一个电池为微芯片的运转提供电能，但是，发送信号和接收信号时却是从读写器处获得能量。主动型和半主动型标签在追踪高价值商品时非常有用，因为它们可以远距离扫描，扫描距离可以达到 100 英尺（1 英尺＝0.3048 米），但这种标签成本较高，不适合应用于低成本的商品上。

3. 读写器

读写器使用多种方式与标签交换信息。近距离读取被动标签中信息最常用的方法就是电感式耦合。只要贴近，盘绕读写器的天线与盘绕标签的天线之间就形成了一个磁场，标签就是利用这个磁场发送电磁波给读写器，这些反馈的电磁波被转换为数据信息，即标签的 EPC 编码。

4. 神经网络软件（简称 Savant）

每件产品都加上 EPC 标签之后，在产品的生产、运输和销售过程中，阅读器将不断收到一连串的 EPC 码。整个过程中最为重要、同时也是最困难的环节就是传送和管理这些数据。自动识别产品技术中心于是开发了一种名叫 Savant 的软件技术，相当于该新式网络的神经系统。Savant 与大多数的企业管理软件不同，它不是一个拱形结构的应用程序，而是利用了一个分布式的结构，以层次化进行组织、管理数据流。Savant 系统需要完成的主要课题是数据校对、读写器协调、数据传送、数据存储和课题管理。

5. 对象名解析服务（简称 ONS）

当一个读写器读取一个 EPC 标签的信息时，EPC 码就传递给了 Savant 系统。Savant 系统再在局域网或因特网上利用 ONS 对象名解析服务找到这个产品信息所存储的位置，并找到这个文件，并且将这个文件中的关于这个产品的信息传递过来，从而应用于供应链的管理。

6. 物理标记语言（简称 PML）

用 EPC 码识别单品，所有关于产品的有用信息都要用一种新型的标准的计算机语言——物理标记语言书写，PML 是从可扩展标识语言发展而来的。PML 文件不仅包括那些不会改变的产品信息，也包括经常性变动的数据（动态数据）和随时间变动的数据（时序数据）。关于这方面的信息通常通过 PML 文件都能得到，公司再以自己的方式利用这些数据。PML 文件被存储在一个 PML 服务器上，该服务器配置一个专用的计算机，为其他计算机提供所需要的文件。PML 服务器由制造商维护，并且储存制造商生产的所有商品的文件信息。具体的数据流程如图 3—5—1 所示。

三、EPC 系统的特点

EPC 系统是一个非常先进的、综合性的和复杂的系统。其最终目标是为每一单品建立全球的、开放的标识标准。EPC 系统具有如下特点：

1. 开放的结构体系

EPC 系统采用全球最大的公用 Internet 网络系统。这就避免了系统的复杂性，同时也大大降低了系统的成本，并且还有利于系统的增值。

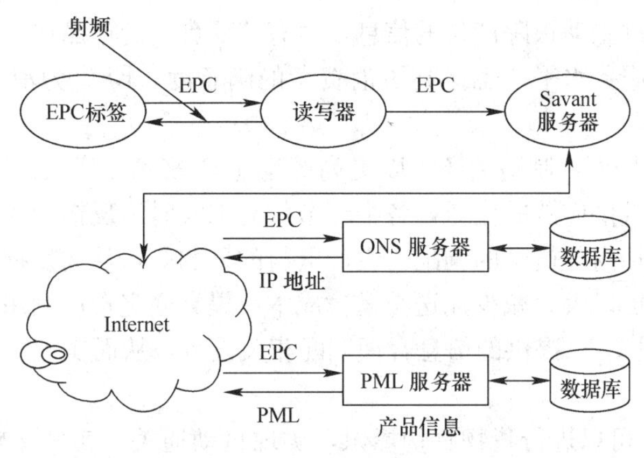

图 3—5—1　EPC 数据流程

2. 独立的平台与高度的互动性

EPC 系统识别的对象十分广泛，因此，不可能有哪一种技术适用所有的识别对象。同时，不同地区、不同国家的射频识别技术标准也不相同。因此，开放的结构体系必须具有独立的平台和高度的交互操作性。EPC 系统网络建立在 Internet 网络系统上，并且可以与 Internet 网络所有可能的组成部分协同工作。

3. 灵活的可持续发展的体系

EPC 系统是一个灵活的开放的可持续发展的体系，在不替换原有体系的情况下就可以做到系统升级。

EPC 系统是一个全球的大系统，供应链中各个环节、各个节点、各个方面都可受益，但对低价值的识别对象来说，如食品、消费品等，它们对 EPC 系统引起的附加价格十分敏感。EPC 系统正在考虑通过本身技术的进步，进一步降低成本，同时，通过系统的整体改进，使供应链管理得到更好的应用，提高效益，以便抵消和降低附加价格。

四、EPC 技术的应用

1. EPC 技术应用于仓库管理

由于 EPC 技术具有无接触、远距离、动态、批量读取、标签无源、海量存储等优势，因此，采用 EPC 电子标签技术，可以实现数字化库房管理，并配合使用 EPC 编码，使得库存货品真正实现网络化管理。具体表现为：货品动态出入库管理，对出入库产品信息记录采集准确性的极大提高；灵活的可持续发展体系，系统能在任何时间及时地显示当前库存状态，独立的工作平台与高度的互动性，实时性信息收集和传输将提高工作效率，方便的管理模式，准确快捷的信息交流，易操作性的界面设计将降低库存管理的难度等。

2. EPC 技术在供应链中的应用

（1）制造商

制造商实施 EPC 可以实现高效的生产计划，减少库存。也就是说，制造商提供的产品正是它供应链下游参与方所需要的东西，供应链下游参与方所需要的东西，制造商正在积极地组织生产，彼此间真正做到了“心有灵犀”。同时，制造商可以对需求作出更快的响应，这样，就在市场信息的捕捉方面夺得先机，积极组织生产，满足市场需要，提高市场份额。

此外，制造商通过主动跟踪产品的信息，对有“瑕疵”的产品或“缺陷”产品进行有效召回，提高了自己的服务水平，也提高了消费者的满意度，EPC为消费者和制造商架起了一座信息交流的桥梁。

不仅如此，实施EPC，制造商还可以提高劳动生产效率，降低产品退货率，因为生产做到了有的放矢，通过供应链的流通，各个环节的需求实时地反馈回来，制造商可以相应地调整自己的生产，包括内部员工的调配、生产资料的采购等，从而发挥最大效能。

当然，制造商还可以大大减少配送与运输成本，提高固定资产利用率（如生产、配送设备等）。因为可以通过EPC提供的信息合理调配相关设备，从而实现利用率的最大化。

（2）运输商

运输商通过EPC可以进行货物真伪标识，实现自动通关，实施运输路线追踪，提高货物运输的安全性。同时，EPC的实施，提高了运输商送货的可靠性和送货效率，从而改善了服务质量，提高了客户服务水平。

根据EPC，运输商可以自动获取数据，自动分类处理，降低取货、送货成本，提高质量管理水平。另外，使用EPC，运输商可以降低索赔费用，降低保险费用，提供新信息增值服务，从而提高收益率。运输商还可以通过EPC加强资产管理、资产的追踪、资产的维护，从而提高资产的利用率。

（3）零售商

零售商实施EPC可以提高订单供应率，增加产品的可获取性，减少脱销，从而增加收入。EPC在商场的使用，可以大大提高自动结算的速度，减少缺货，降低库存水平，减少非流通存货量，降低最小安全存货量。同时，零售商还可以通过EPC进行产品追溯，提高产品的质量保证。另外，EPC在零售管理中，可以降低运转费用，提高运转效率和工作效率，减少货物损失，从而进一步降低零售商的成本。

（4）消费者

对消费者而言，EPC的应用可以实现个性化购买，减少排队等候的时间，提高生活质量。同时，消费者通过EPC可以了解自己所购买的产品及其厂商的有关信息，一旦产品出现问题，便于进行质量追溯，维护自己的合法权益。

3. EPC技术在集装箱管理上的应用

一般情况下，集装箱由专门的集装箱运输公司提供给需要运输的企业使用，货物运到后，经过掏箱，然后由集装箱公司回收使用。在集装箱的运输和使用过程中，最关键的环节就是集装箱的跟踪管理，以及如何防止集装箱的丢失、被盗和损坏，提高集装箱的周转率，从而提高资源的使用效率。EPC识别系统在集装箱管理上的应用是将标签粘贴或者镶嵌在集装箱或者托盘上，伴随集装箱或者托盘走过集装箱的整个生命周期。集装箱运输公司可以在整个供应链中对其集装箱进行跟踪，以减少丢失、被盗和损坏，从而最大程度地利用资源，提高企业的效益。

通过入口处或者安装在叉车上的读写器，或者手持机来读取标签，实时信息在显示器上被显示或者直接进入数据库。有些集装箱的RFID/EPC识别系统可以同时识别40个托盘和80个塑料集装箱。

在集装箱码头和场站货物管理整个流程的各个环节，门禁和车辆管理，海关监管与通关，堆场、上船定位操作，内陆运输跟踪，接货确认等，都可以用 RFID/EPC 技术进行识别和跟踪。

思考与练习

1. EPC 的含义是什么？
2. EPC 在物流行业中有哪些应用？

课题 6　ETC 技术应用

一、ETC 的概念

ETC 的中文名称是“全自动电子收费”，又称不停车收费，是指车辆在通过收费站时，通过车载设备实现车辆识别、信息写入（入口）并自动从预先绑定的 IC 卡或银行账户上扣除相应资金（出口）的一种用于道路、桥梁和隧道的电子收费系统。

使用该系统，车主只要在车窗上安装射频卡并预存费用，通过收费站时便不用人工缴费，也无须停车，费用将从卡中自动扣除。虽然能实现不停车收费，但一般来说，车辆还是需要以较低速度通过。这种电子收费系统每车收费耗时不到两秒，其收费通道的通行能力是人工收费通道的 5～10 倍。

二、ETC 系统的构成

1. ETC 系统的系统组成

ETC 系统主要由 ETC 收费车道、收费站管理系统、ETC 管理中心、专业银行及传输网络组成。根据分工的不同，系统又可分为前台和后台两大部分。前台以车道控制子系统为核心，用于控制和管理各种外场设备及安装在车辆上的电子标签的通信，记录车辆的各种信息，并实时传送给收费站管理子系统；后台由收费站管理子系统、ETC 管理中心和专业银行组成。ETC 管理中心是 ETC 系统的最高管理层，既要进行收费信息与数据的处理和交换，又要行使必要的管理职能，它包括各公路的收费专营公司、结算中心和客户服务中心。后台根据收到的数据文件，在公路收费专营公司和用户之间进行交易、拆账和财务结算，配有多台功能强大的计算机，完成系统中各种数据、图像的采集和处理。

2. ETC 的硬件系统构成

ETC 硬件系统包括收费站数据采集、数据传输、监控管理三部分。收费站数据采集设备主要是远距离非接触采集车辆通过的时间、地点信息。收费站数据采集设备由若干个收费站组成局域网，每个收费站配置如下设备：远距离读写器、执行机构控制器，用于控制的摄像机、通行信号灯、报警器工控机、不间断电源等。ETC 硬件系统构成如图 3—6—1 所示。

3. 各个系统功能

（1）数据采集系统主要实现不停车快速读取通行车辆卡号，并上传至收费管理中心，判断通过车辆所持卡号的合法性，控制红绿灯动作。对持有效卡的车辆绿灯放行，持无效卡的

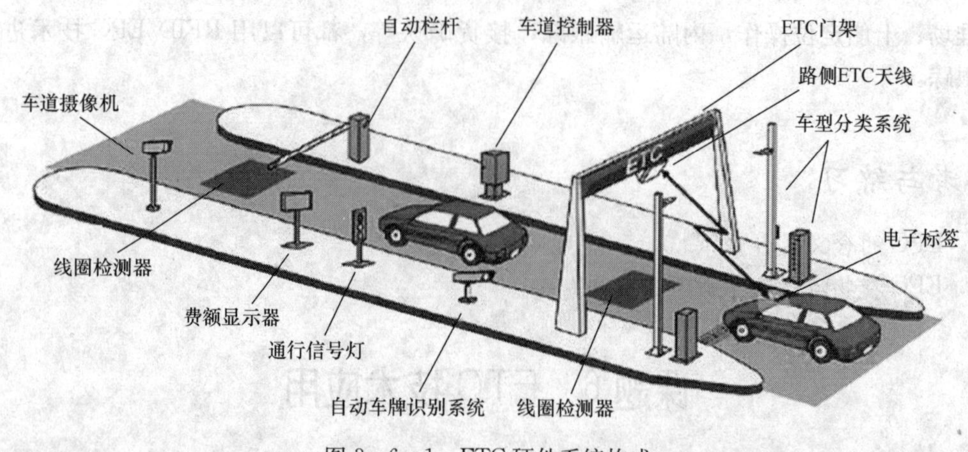

图 3—6—1　ETC 硬件系统构成

车辆红灯禁行；对无卡车辆向控制中心发出警报信号或抓拍车辆图像。

(2) 每一个收费站是系统中的基本管理单元，其将车辆通行的相关资料经专用电缆（通常采用单模光纤）通过计算机网络实时传输至控制中心。图像捕捉设备将自动捕捉、存储车辆的图像，以供核查。

(3) 数据传输主要是完成收费站与监控室或收费管理中心之间的网络连接，它由若干个收费站数据采集设备通过 IP 协议组成局域网。数据传输一般需要配置网络通信接口设备、数字交换机、光收发设备、网络终端设备等。

(4) 监控管理主要完成上传数据的处理，提供完整的通行记录报告和自动生成各类收费数据、客户对账单、交通流量的统计报表等，以供查询和打印，并实时监控车辆通行状态，将数据存机备查；当车辆非法进入或不按规定通道通行时，系统将会报警。监控管理一般需要配置网络服务器、管理计算机、不间断电源、系统软件等。监控管理实时采集、存储各监控点计算机的通行数据，并进行逻辑判断和处理；完成各种信息的存储、备份以便稽核人员核查。负责发放射频卡、建立用户档案、修改卡片档案库资料，设定用户查询密码等工作，保障发卡操作的合法性及安全性。设立卡片挂失、补卡、清卡、退卡、用户服务查询系统。

三、ETC 技术原理

1. 技术原理

ETC 系统是通过远距离、非接触采集射频卡的信息，实现车辆在快速移动状态下的自动识别，从而实现目标的自动化管理。该系统产品集计算机软硬件、无线通信、信息采集处理、数据传输、网络通信、自动控制和智能卡制作等技术综合应用为一体，属于先进的智能交通信息采集设备和高安全性的智能身份识别系统，是一种能有效对车辆进行自动识别和联网监管的重要技术手段。以目前的技术手段而言，只有有源电子标签才能完成稳定的高速识别。Bisa 远距离读写器读写距离最远可达到 100 m，读写可靠性达到 100%。

ETC 系统采用专用短程无线通信（简称 DSRC）技术来完成整个收费过程，保证车辆在整个收费过程中保持行驶状态而不用停车。为此，它需要在收费点安装路边设备，称为“路侧控制单元（简称 RSU)”；在行驶车辆上安装车载设备，称为“车载单元（简称

OBU)”；采用 DSRC 技术完成 RSU 与 OBU 之间的通信。

2. ETC 系统的关键技术

ETC 系统包括以下三大关键技术：

（1）车辆自动识别技术

主要由车载设备和路边设备组成，两者通过短程通信完成路边设备对车载设备信息的一次读写，即完成收（付）费交易的信息交换手续。目前，用于 ETC 的短程通信主要是微波和红外两种方式，微波方式的 ETC 已成为各国 DSRC 的主流。

（2）自动车型分类技术

在 ETC 车道安装车型传感器测定和判断车辆的车型，以便按照车型实施收费。也有简单的方式，即通过读取车载设备中车型的信息。

（3）违章车辆抓拍技术

主要由数码照相机、图像传输设备、车辆牌照自动识别系统等组成。对不安装车载设备 OBU 的车辆用数码相机实施抓拍措施，并传输到收费中心，通过车牌自动识别系统识别违章车辆的车主，实施通行费的补收手续。

四、ETC 的使用

用户可预先购买双界面 ETC 卡安放在后视镜指定位置，当车经过收费站点时，仪器可对 ETC 卡进行识别并自动扣费。用户也可选择收费方式，当选择停车收费时，则拔下 ETC 卡。ETC 系统开通之初，信用卡、车载单元和车辆采取绑定发行的方式（即“一卡一车”），前两者将同时记录其所对应车辆的相关信息。当车辆快进入收费站前，按照提示将车辆驶入 ETC 专用车道，保持车速在 20 m/s 以下；遇上无专用通道，将卡拔下交给收费员进行人工收费。

五、如何办理 ETC 卡

1. 电子标签申办手续

（1）用户须携带车辆行驶证原件和复印件，驾驶申办车辆到客服营业厅办理电子标签。

（2）填写《电子标签办理申请表》。单位用户提供单位证明材料或盖有单位公章的《储值卡办理申请表》、车辆行驶证原件和复印件；个人用户提供有效身份证件原件和复印件、车辆行驶证原件和复印件。申请人完整、真实地填写发卡资料信息，内容包含客户性质、客户名称、联系人、手机号码、联系电话等基本信息。

（3）提交车辆行驶证复印件及其他证明材料。身份证件、车辆行驶证件须校验原件并留存复印件。

（4）交费，领取发票。

（5）安装电子标签。经办人员受理客户申请后，审核其身份证件、车辆行驶证件的有效性和填写资料的完整性，对符合申请条件的申请人予以发卡。

目前部分信用卡发卡银行也有相应业务，只需按照银行要求办理储值卡，即可由银行安装电子标签。

2. 注意事项

（1）当用户的卡丢失后，为保证资金安全，请及时挂失。

（2）用户应妥善保管储值卡，注意防潮、防水、防强磁，避免损坏。

（3）用户在高速公路使用卡时，应确保通行入、出口使用同一张卡。

（4）用户应时常关注卡上的账户余额，余额低值时应尽快续费，以免发生余额不足的情况而影响通行。

（5）用户在通过收费车道出现余额不足时，须转入临近人工收费车道以现金方式全额支付当次通行费。

（6）安装卡和电子标签的车辆如在高速公路入口 ETC 专用车道驶入，则无法在高速公路出口人工收费车道驶出；如在高速公路入口人工收费车道驶入，则无法在高速公路出口 ETC 专用车道驶出。

（7）当用户车辆在 ETC 专用车道不能正常通行时，请停车配合现场工作人员处理。

思考与练习

1. ETC 的系统构成有哪些？

2. ETC 的功能有哪些？

模块四

物流数据交换技术应用

课题1　供应链EDI系统应用

一、供应链的概念与结构

1. 供应链的概念

供应链是围绕核心企业，通过对信息流、物流、资金流的控制，从采购原材料开始，制成中间产品以及最终产品，最后由销售网络把产品送到消费者手中，将供应商、制造商、分销商、零售商和最终用户连成一个整体的功能网链结构。

2001年，我国实施的《物流术语》国家标准（GB/T 18354—2001）定义：生产及流通过程中，涉及将产品更新换代或服务提供给最终客户的上游和下游企业所形成的网络结构。

供应链上游是指那些先于最终制造的部分，包括为最终制造提供产品和服务的供应商。例如，在服装制造的供应链中，最初的原料供应商是棉花种植者，其次是纺织厂纺纱与织布。

供应链下游涉及供应链最终产品部分，包括产成品提交给最终客户。例如，在服装制造的供应链中，配送网络和销售网络等。

理解供应链应注意以下几点：

（1）供应链的结构是一种网链结构。

（2）面向顾客需求。供应链的形成、存在、重构都是基于一定的市场需求而发生的。

（3）供应链是一种增值链。供应链的形成是相关企业基于分工基础上的合作，目的在于提高企业运营效率，获取更大的收益。

2. 供应链的结构模型

（1）链状模型

链状模型只是一个简单的静态模型，表明供应链的基本组成和轮廓概貌。产品从自然界到用户经历了供应商、制造商和分销商三级传递，并在传递过程中完成加工、产品装配等转移过程，被用户消费掉的最终产品仍旧回到自然界，完成物质环循。例如，在煤矿开采煤炭，供应居民作燃料，居民消费后废气和炉渣回归自然界。如图4—1—1所示。

（2）网状模型

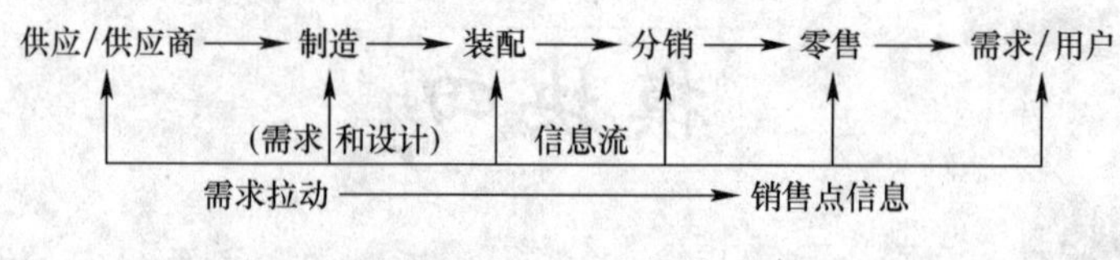

图 4—1—1 链状模型

在网状模型中，核心企业的供应商可能不止一家，而是有多家。同样，分销商可能也有多家。这样，就形成了一个网状模型。如图 4—1—2 所示。

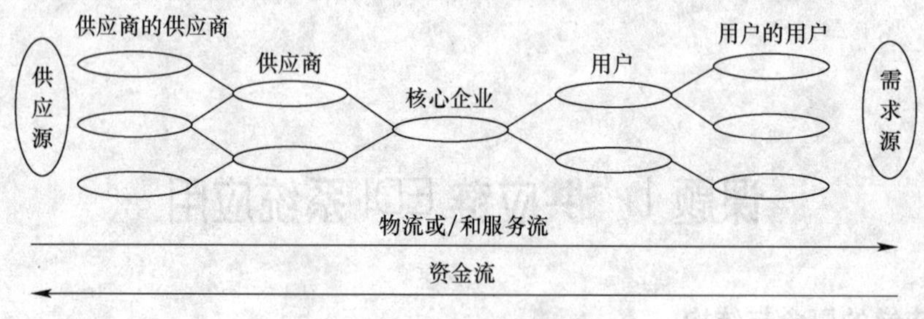

图 4—1—2 网状模型

二、EDI 定义与组成

1. EDI 的定义

EDI 即电子数据交换，兴起于 20 世纪 80 年代，它是现代计算机技术和远程通信技术相结合的产物。1994 年，国际标准化组织（ISO）明确了 EDI 的技术定义：根据商定的交易或电子数据的结构标准实施行业或行政交易，从计算机到计算机的电子数据传输。

应用 EDI 进行传递和交换的信息主要包括采购计划、到货通知、付款、财务报告等，还涉及行政、合同、安全、生产分销等方面。目前，人们正在开发适用于政府、教育、司法、保险、娱乐、保健和银行抵押业务等领域的 EDI 标准。由此可知，EDI 是一套报文通信工具。它利用计算机的数据处理和通信功能，将交易双方彼此往来的文档如订货单等转成标准格式，并通过通信网络传输给对方。

2. EDI 的作用

（1）缩短运作时间

由于交易双方的信息经由计算机通信网络传输，瞬间即达，可大大缩短业务运作时间。

（2）降低处理成本

信息处理是在计算机上自动完成的，无须人工干预，除节约时间外，也可大幅度降低业务处理过程中的差错率，从而降低资料出错的处理成本。

（3）节省库存费用

使用 EDI 后可大幅度缩短供需双方的业务处理时间，需方可减少库存，从而降低了库存成本。

（4）节省人力成本

由于使用 EDI 后不再需要人工填表、制单、装订、打包、邮寄等一系列过程，自然可节省人力。

（5）实现贸易无纸化

能大幅度节省纸张、印刷、储存及邮寄的费用，亦即降低了贸易文件成本。

（6）促进企业国际化

随着企业使用 EDI，业务不再受到地域的限制，而是面向全球，成长为国际化企业。

3. EDI 系统的组成

EDI 系统由 EDI 客户端系统和 EDI 传输系统组成。其中，客户端系统包括 EDI 应用系统和格式转换系统，传输系统包括计算机通信网络和 EDI 交换平台，如图 4—1—3 所示。

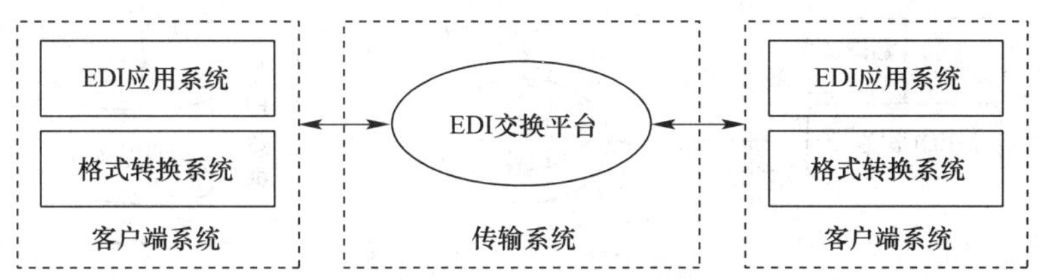

图 4—1—3　EDI 系统的结构组成

（1）EDI 应用系统

EDI 应用系统是用于满足用户应用需求，并能产生或处理与其他 EDI 应用系统相互传递的 EDI 单证的计算机信息系统。EDI 应用系统是用户根据其业务管理的需要所规划和建设的，它是 EDI 应用的基础，如果没有 EDI 应用系统，就无法应用 EDI，即使使用了也无法达到 EDI 系统预期的效果。

（2）格式转换系统

格式转换系统主要负责不同格式报文之间的格式转换，包括用于用户端报文与平面文件之间的格式转换的映射软件，以及用于平面文件与 EDI 标准报文之间的格式转换的翻译软件。

（3）EDI 交换平台

EDI 交换平台是单据传输的公共平台，所有的 EDI 应用系统都是通过 EDI 传输系统传递 EDI 单证的。

4. EDI 系统的工作原理

EDI 的实现过程是用户将相关数据从自己的计算机信息系统传送到有关交易方的计算机信息系统的过程，如图 4—1—4 所示。该过程因用户应用系统以及外部通信环境的差异而不同，一般可以分为以下几个步骤：

（1）发送方将要发送的数据从信息系统数据库中提出，转换成平面文件（Flat File）。

（2）将平面文件翻译为标准 EDI 报文，以邮件形式发送到接收方的信箱中。

（3）接收方收取 EDI 邮件并翻译为平面文件。

（4）将平面文件转换为相应数据信息，并传送到信息系统中进行处理。

5. EDI 的工作环境

（1）EDI 的硬件环境

EDI 所需的硬件设备包括计算机、传输介质、传输介质互联设备、计算机网络平台等。

1）计算机。PC、工作站、小型机、主机等，均可利用。

2）传输介质。接入方式和使用的传输网络不同，传输介质也不同，可以是双绞线、同

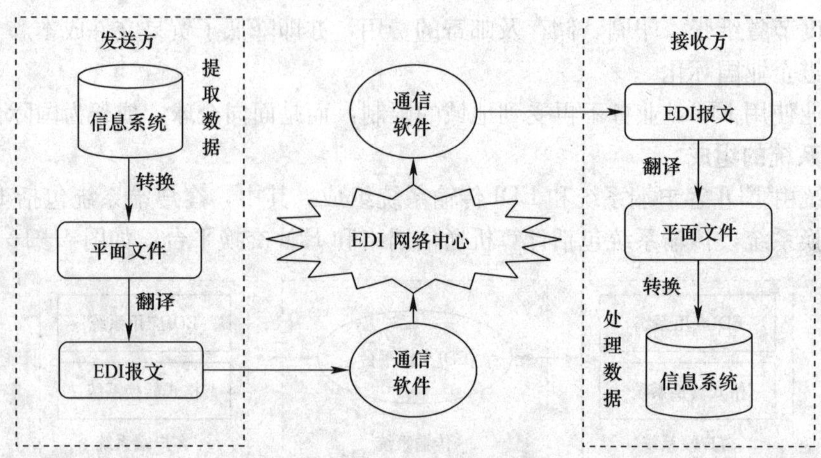

图 4—1—4　EDI 工作原理

轴电缆、光纤或微波。目前，可以使用电话线路，但如果对资料传输量有较高要求，可以租用专线。

3）传输介质互联设备。由于使用 EDI 进行电子数据交换需通过通信网络，因此，传输介质互联设备是必备的硬件设备，这些设备有中继器、集线器、交换机、路由器、调制解调器等。互联设备的功能与传输速度应根据实际需求确定。

4）计算机网络平台。从硬件方面讲，20 世纪 90 年代之前的大多数 EDI 都不通过互联网，而是通过租用电信部门的通信线路在专用网络上实现，这类专用网络称为增值网络（简称 VAN）。使用专用网络的目的主要是考虑到安全问题。但随着互联网安全性的日益提高，作为一个费用更低、覆盖面更广、服务更好的系统，Internet 已经表现出替代 VAN 成为 EDI 的硬件载体的趋势，因此，有人把通过互联网实现的 EDI 称为 Internet EDI 或 Web EDI。另外，如果用户想通过增值网络来实现 EDI 数据传输，则需要在 EDI 中心进行注册，即开设一个 EDI 邮箱。

（2）EDI 的软件环境

1）EDI 软件的特性。EDI 软件有一些特性是非常重要的，这些特性包括表驱动结构、编辑、开发辅助和审计选择。

①表驱动结构。在表驱动软件中，所有的报文、数据段、数据元素都被描述成表，而不是程序代码。用这种方法，无论什么时候标准发生了变化，需要改变的只是表，而不是程序代码。

②编辑。EDI 软件能够编辑和检查错误，具备检查信息与标准要求是否一致的能力。

③开发辅助。EDI 软件允许用户对选择项进行开发，提供大量的富有弹性的选择项，也允许用户预先设定选择项，并反映预选值直到用户更改为止。

④审计选择。EDI 软件能按时间、日期来报告发出和接收单据的情况，具备对送出或收到的信息配置功能性回执的能力，以及产生打印传递活动的总结报告的能力。

2）EDI 软件的基本功能。从软件方面看，EDI 所需要的软件主要是将用户数据库系统中的信息翻译成 EDI 的标准格式以供传输交换。由于不同行业的企业是根据自己的业务特点来规定数据库的信息格式，所以，当需要发送 EDI 文件时，系统必须从企业专有数据库中提取信息，把它翻译成 EDI 的标准格式后才能进行传输。因此，对一个要被传输的 EDI 报文来说，EDI 软件必须执行三项基本功能：格式转换功能、翻译功能和通信功能。

3）常用的 EDI 软件。常用的 EDI 软件主要有转换软件、翻译软件和通信软件。转换软件可以帮助用户将原有计算机系统的文件转换成翻译软件能够理解的平面文件，或是将从翻译软件接收来的平面文件转换成原计算机系统中的文件。翻译软件的主要功能是将平面文件翻译成 EDI 标准格式，或将接收到 EDI 标准格式翻译成平面文件。通信软件主要负责将 EDI 标准格式的文件外层加上通信信封，再送到 EDI 系统交换中心的邮箱，或由 EDI 系统交换中心将接收到的文件取回。

三、供应链 EDI 系统应用

1. 明确整条供应链信息交换的参与者及其相互之间传递的主要信息

供应链参与各方和相互之间的信息交换，如图 4—1—5 所示。

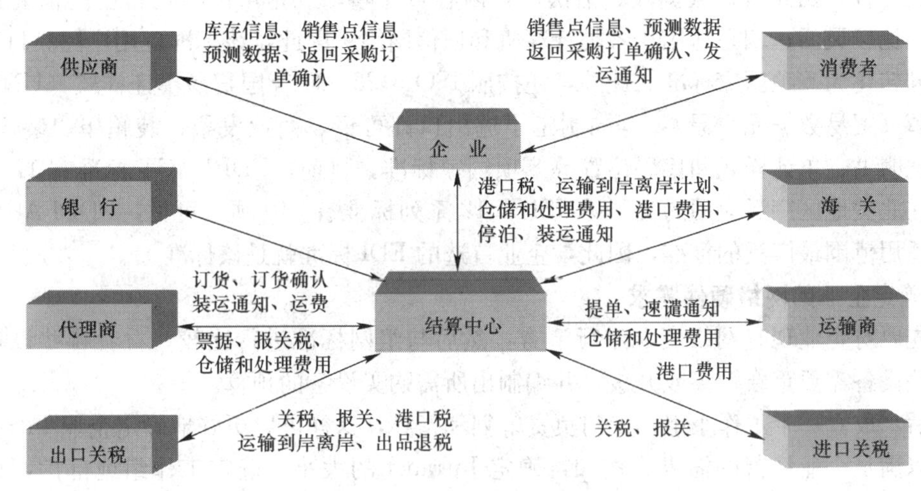

图 4—1—5 供应链信息交换

其中，结算中心是一个连接所有节点的增值网络。包含所有商务信息的 EDI 数据信息发送到结算中心后，结算中心根据不同节点的要求作出处理，处理完毕后，将有关文档输送回相关节点。

2. 确定整个 EDI 系统的网络连接形式

基于 EDI 的信息集成后，供应链节点企业之间与有关商务部门之间也实现了集成，形成一个集成化的供应链，如图 4—1—6 所示。其基本过程是先将企业各子公司和部门的信息系统组成局域网，在 LAN 的基础上组建企业级广域网，相当于 Intranet，再通过增值网（EDI 中心）或 Internet 网与其他相关的企业或单位连接。

3. 选择 EDI 标准

国际上在 20 世纪 60 年代起有关组织就开始研究 EDI 标准。1987 年，联合国欧洲经济委员会综合了经过 10 多年实践的美国 ANSI X. 12 系列标准和欧洲流行的贸易数据交换（TDI）标准，制定了用于行政、商业和运输的电子数据交换标准（EDI FACT）。该标准具有四大特点：一是包含了贸易中所需的各类信息代码，适用范围较广；二是包括了报文、数

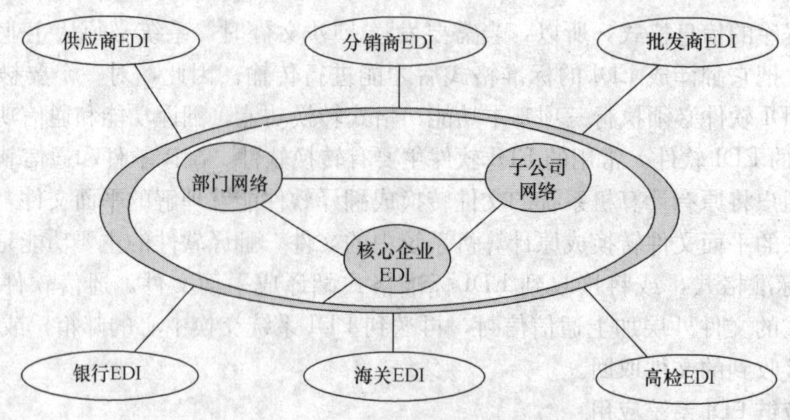

图 4—1—6 集成化的供应链

据元素、复合数据元素、数据段、语法等，内容较完整；三是可以根据自己的需要进行扩充，应用比较灵活；四是适用于各类计算机和通信网络。因此，该标准应用广泛。目前，我国已等同转化为 5 项国家标准。此外，还按照 ISO 6422《联合国贸易单证样式（UNLK)》、ISO 7372《贸易数据元目录》，等同制定了进出口许可证、商业发票、装箱单、装运声明、原产地证明书、单证样式和代码位置等 8 项国家标准。目前，EDI FACT 标准有 170 多项，至今仍在北美地区广泛应用的美国 ANSI X. 12 系列标准有 110 项。可见，EDI FACT 标准是目前适用范围最广泛的标准，因此，企业首选的 EDI 标准就是该标准。

4. 确定企业的网络硬件需求

首先要对企业现有网络资源进行清查，然后与组网标准进行比较，看看哪些设备还能用，哪些设备需要重新购买或升级，并编制出所需购买设备的预算。

然后，成立一个工作小组，专门负责筹划和指导，这样可以更好地确定企业 Intranet 的目标，以满足企业经营的需求。例如，确定 Intranet 的大小；确定工作组或部门，划分网络；确定需要的网络基础设施，如交换机、路由器等；确定网络安全方案；确定服务器的硬件配置，如是否采用现有服务器，是否加大硬盘容量，是否添加备份设备等；确定硬件设备供应商。在此基础上，落实采购和安装计划。

5. 确定 EDI 需要的软件

主要包括：确定服务器的软件使用，确定 Intranet 的开发工具，确定文件数据库及有关存取数据库的工具，确定转换软件、翻译软件和通信软件，确定供应商和客户接入 Intranet 的方案，确定防火墙和计算机病毒的防范措施等。最后提出整个 EDI 应用的实施方案。

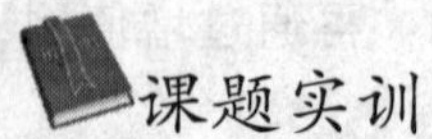

课题实训

EDI 应用操作

1. 打开浏览器，在地址栏输入 http://www. portinfo. net. cn，登录港航信息网首页。

2. 进入 EDI 专版，单击报文制作，了解本地报文和网络报文的制作过程。

3. 后退回到 EDI 专版，单击报文收发，了解报文的发送和报文收取过程。

4. 将在网页上制作好的报文传至港航 EDI 中心的用户 IN 目录中。可实现如下两种发送流程：本地报文制作→报文上载→格式校验→发送；网上报文制作→报文生成→发送。

5. 报文收取。利用网页对报文及回执进行收取或浏览，能够解决用户需多点收取报文及回执的问题。可实现如下两种收取流程：接收（保存在 EDI 中心服务器中）→网上浏览；接收（下载至本地目录）→本地浏览。

6. 后退回到 EDI 专版，单击报文查询，了解正常报文和出错报文的查询方法。

思考与练习

1. EDI 系统的功能和作用有哪些？
2. 企业应用 EDI 系统的流程是什么？

课题 2　常用物流单证及业务术语代码查询

一、EDI 标准概述

1. EDI 标准的构成要素

EDI 标准是国际上一种用于在电子函件中书写商务报文的规范和国际标准。其构成要素为：一是数据元。数据元可分为基本数据元和复合数据元；二是数据段。数据段是标准报文中的一个信息行，由逻辑相关的数据元素构成；三是标准报文。一个报文可分为首部、详细情况和摘要。报文以 UNH 数据段开始，以 UNT 数据段结束。

2. EDI 标准的内容

EDI 标准的内容主要包括 EDI 网络通信标准、EDI 处理标准、EDI 联系标准和 EDI 语义语法标准（又称 EDI 报文标准）等，其中，语义语法标准是 EDI 标准的核心。

（1）EDI 网络通信标准

EDI 网络通信标准主要是规定各类 EDI 用户系统的互连应该建立在何种通信网络协议之上。目前，国际上主要采用 MHX（X.400）作为 EDI 通信网络协议。

（2）EDI 处理标准

EDI 处理标准是研究不同地域、不同行业的各种 EDI 报文，提出“公共元素报文”的处理标准。

（3）EDI 联系标准

EDI 联系标准主要解决 EDI 用户所属的其他信息管理系统或数据库与 EDI 系统之间的接口问题。

（4）EDI 语义语法标准

EDI 语义语法标准主要规定各种报文类型格式、数据元素编码、字符集和语法规则以及报表生成应用程序设计语言等。

二、EDI FACT 标准构成

EDI FACT 是由联合国欧洲经济委员会（UN/ECE）制定颁布的《行政、商业和运输用电子数据交换规则》的英文缩写，是目前较为通用的 EDI 国际标准之一。EDI FACT 标准包括了一系列涉及电子数据交换的标准、指南和规则。联合国贸易数据交换指南（UNEDID）中将 EDI FACT 标准归纳为 EDI FACT 语法规则、报文设计指南、语法应用指南、EDI FACT 数据元素目录、EDI FACT 代码表、EDI FACT 复合数据元素目录、EDI FACT 段目录、EDI FACT 标准报文格式、贸易数据交换格式构成总揽以及适当的解释说明 10 个部分。

1. EDI FACT 语法规则（ISO 9735）

“EDI FACT 语法规则”于 1987 年 3 月制定完成，并于当年 9 月被 ISO 接受成为国际标准，标准代号为 9735，因此，该语法规则又称为 ISO 9735。它包括 10 个部分和 3 个附录，以简略形式表述“用户格式化的数据交换应用实施”的语法规则。其中，第一部分说明了标准的适用范围；第二部分罗列了其他的相关标准；第三部分是对标准中用到的术语进行解释说明；第四、第五部分列出了标准报文中用到的字符集及其级别划分；第六部分定义了标准报文结构；第七部分是单证转换为标准报文对数据元素的压缩问题；第八、第九部分说明了报文时段的重复与嵌套；第十部分是对数字型数据元素使用的相关规定。附录 A 是标准中专有名词术语的定义和解释；附录 B 是对报文服务段的描述；附录 C 是段的先后顺序的说明。

2. 报文设计指南

“报文设计指南”于 1989 年 12 月被 UN/ECE 接受并认可。它分为 8 个部分，其中，前三部分是对指南的说明介绍；第四部分是报文设计的总体规则及对报文类型的划分；第五至第七部分进行了数据元素分析、段结构设计以及报文结构设计；第八部分规定了报文格式的修改步骤以及获得最新国际报文格式的方法。

3. 语法应用指南

制定该指南的目的是帮助 EDI 用户使用 EDI FACT 语法规则，它包含 11 个部分。其中，前两个部分是对指南的总体介绍；第三至第七部分涉及了交换协议、专有名词、交换字符集的定义，对 EDI 标准三要素的要求以及对报文标准版本的规定等内容；第八部分具体介绍了 EDI FACT 的基本语法规则，规定了报文结构、功能段的结构和功能设置；第九部分介绍了段的构成并阐明了段压缩和嵌套的规则；第十、第十一部分介绍了其他相关标准与 EDI FACT 标准之间相互转换的必要程序，以及对该标准的支持与维护手段。

4. EDI FACT 数据元素目录（EDED）

EDED 是联合国贸易数据元素目录（UNTDED）的一个子集。收录了 640 个与设计 EDI FACT 报文相关的数据元素。这些数据元素通过相应的编号与 UNTDED 相联系。目录中对每一个数据元素的名称、定义、数据类型和长度都进行了具体的描述。

5. EDI FACT 代码表（EDCL）

代码表中收录了 103 个数据元素代码，这些数据元素选自 EDED，并通过相应的编号与数据元素目录联系起来。

6. EDI FACT 复合数据元素目录（EDCD）

EDCD 收录了在设计 EDI FACT 报文时涉及的 293 个复合数据元素。目录中对每个数据元素的用途进行了介绍，罗列出了组成复合数据元素的数据元素。复合数据元素也通过相应的编号与段目录相联系。

7. EDI FACT 段目录（EDSD）

段目录定义了 229 个 EDI FACT 报文中用到的段，并注明了组成段的数据元素与复合数据元素。每个段通过“段标识”与 EDI FACT 标准报文相联系。

8. EDI FACT 标准报文格式（EDMD）

EDI FACT 标准报文格式分为 0 级、1 级和 2 级三个级别。0 级是草案级，1 级是推荐草案级，2 级是推荐报文标准级。最初制定的标准报文是发票的报文格式，目前发票的报文格式属于 2 级报文。

9. 贸易数据交换格式构成总揽（UNCID）

该部分介绍了 EDI FACT 标准产生的背景、制定的目的以及对用户的要求等内容。

课题实训

查询相关平台文件的格式及有关标准代码

目前，有一批货物要从上海港运到天津港，需要在网上订舱。根据港口要求，在填制相关单证过程中，以下几项需要按照 EDI 标准代码来填写：“集装箱货运站”和“船方管卸不管装”的英文与代码，“40 英尺冷高箱”的对应类型和 95 码，集装箱轻度残损的中英文及代码，集装箱后门残损的方位中英文及代码，“集装箱丢失”代码，“无压干散货集装箱”的箱型群组代码及“气密式”的箱型代码和原代号等。

EDI 涉及的标准内容繁多，对于一般的中小企业来说，建立自己的 EDI 中心的成本难以承担。在对外的相关业务中，一些大公司建立了自己的 Internet EDI 系统，因此，中小企业的业务员可以访问其 EDI 网站，根据其要求查询相关标准代码来编制有关的平台文件。本课题就可以利用亿通网（上海电子口岸）提供的 EDI 服务来查询相关平台文件的格式及有关标准代码。

1. 打开浏览器，登录亿通网 http://www.easipass.com 首页，如图 4—2—1 所示。

2. 单击“亿通手册”导航按钮，进入手册首页，如图 4—2—2 所示。

3. 在手册首页中找到 EDI 专栏，单击进入如图 4—2—3 所示的 EDI 专栏。

4. 在 EDI 报文标准一栏中找到需要的平台文件——装箱单报文文件，并下载该平台文件。

5. 根据自己的业务需要，在“EDI 代码标准”一栏中点击相应的代码文件，查找所需的代码。本课题需要依次打开运输条款代码表、集装箱尺寸类型代码表、集装箱残损代码表、集装箱残损程度代码表、海关 HS 货物编码表、货物包装类型代码表，然后搜索业务所需的“集装箱货运站”和“船方管卸不管装”的英文与代码、“40 英尺冷高箱”的对应类型和 95 码、集装箱轻度残损的中英文及代码、集装箱后门残损的方位中英文及代码、“集装箱丢失”的代码、“无压干散货集装箱”的箱型群组代码、“气密式”的箱型代码和原代号、“鲜荔枝”及“喷气发动机，涡轮喷气发动机除外”的货物代码，然后将相应代码填入装箱单报文平台文件的相应位置即可。

图 4—2—1　亿通网首页

图 4—2—2　亿通手册首页

另外，本课题也可以在地址栏输入 http://www.portinfo.net.cn，登录港航信息网首页，并进入 EDI 专版，在 EDI 专版中找到“下载专区”，单击“报文代码下载”链接，进入到如图 4—2—4 所示的上海 EDI 中心代码库，下载所需的代码表。该代码表是 Excel 格式的，然后在 Excel 表格中查询更加方便。

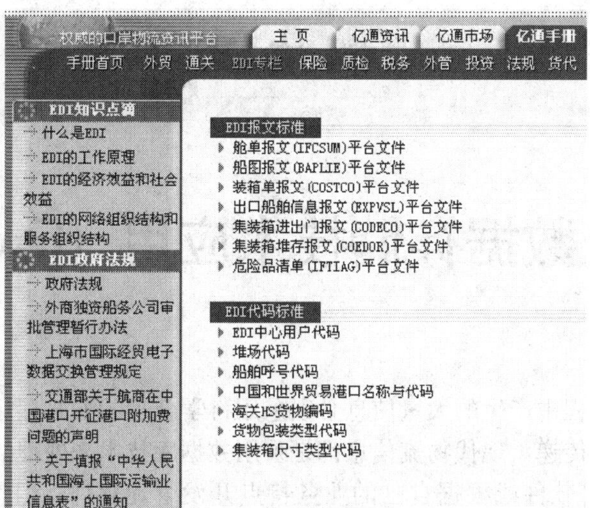

图 4—2—3　EDI 专栏

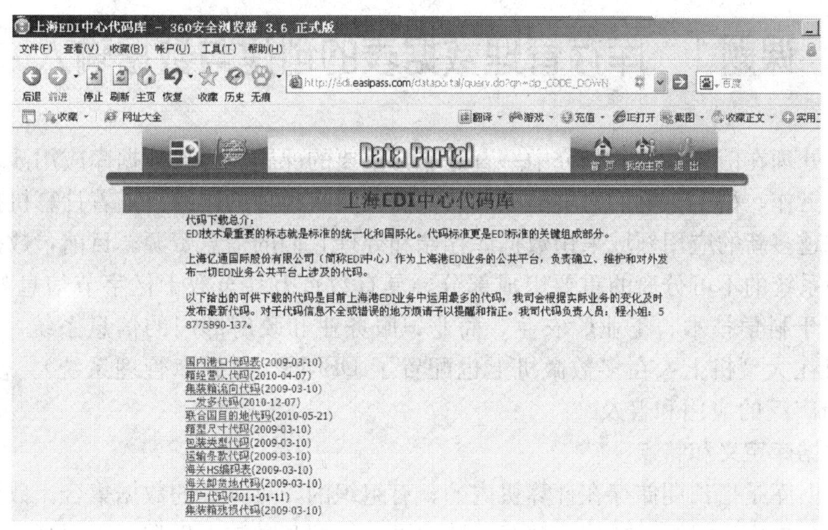

图 4—2—4　上海 EDI 中心代码库

思考与练习

1. 什么是 EDI 标准？
2. EDI 标准构成有哪些？

模块五

物流数据存储技术应用（Excel）

物流业务活动过程中产生的大量信息必须采用科学合理的方式存储起来，才能保证物流信息的整理、分析和传递。现代物流信息都是采用数据库技术来处理的，大型物流公司都是购买知名公司的 ERP 软件或根据自己的业务特点开发管理软件。但作为中小型物流公司，由于业务比较简单，使用 Excel 就能满足日常业务的管理需求。

课题1　库存管理数据表的创建与数据输入

数据库处理在信息系统的研究中一直是非常重要的课题。经典数据库应用涉及对诸如订单、顾客、工作、员工、电话之类的项或其他商人感兴趣项的跟踪。随着计算机技术的快速发展，越来越多新的应用领域采用数据库存储和处理它们的信息资源。目前，数据库已经成为现代信息系统的不可分离的重要组成部分。具有数百万甚至数十亿字节信息的数据库已经普遍存在于科学技术、工业、农业、商业、服务业和政府部门的信息系统。20 世纪 80 年代后不仅在大型机上，在多数微机上也配置了 DBMS（数据库管理系统），使数据库技术得到更加广泛的应用和普及。

一、数据库定义和特点

所谓数据库是指长期储存在计算机内的、有组织的、可共享的数据集合。数据库中的数据按一定的数据模型组织、描述和储存。数据库是依照某种数据模型组织起来并存放在二级存储器中的数据集合。这种数据集合具有如下特点：

1. 数据结构化

数据库中的数据并不是杂乱无章、毫不相干的，它们具有一定的组织结构，属于同一集合的数据具有相似的特征。数据结构化是数据库与文件系统的根本区别。在数据库系统中，数据不再针对某一应用，而是面向全组织，且有整体的结构化。不仅数据是结构化的，而且存取数据的方式也很灵活，可以存取数据库中的某个数据项、一组数据项、一个记录或一组记录。

2. 数据的共享性高，冗余度低，易扩充

在一个单位的各个部门之间，存在着大量的重复信息。使用数据库的目的就是要统一管理这些信息，降低冗余度，使各个部门共同享有相同的数据。

数据库系统从整体角度看待和描述数据，数据不再面向某个应用而是面向整个系统，因

此数据可以被多个用户、多个应用共享使用。数据共享可以大大减少数据冗余，节约存储空间。数据共享还能够避免数据之间的不相容性与不一致性。

所谓数据的不一致性是指同一数据不同拷贝的值不一样。采用人工管理或文件系统管理时，由于数据被重复存储，当不同的应用使用和修改不同的拷贝时就很容易造成数据的不一致，在数据库中数据共享，减少了由于数据冗余造成的不一致现象。

由于数据面向整个系统，是有结构的，不仅可以被多个应用共享使用，而且容易增加新的应用，这就使得数据库系统弹性大，易于扩充，能够满足各种用户的要求；另外，可以取整体数据的各种子集用于不同的应用系统，当应用需求改变或增加时，只要重新选取不同的子集或加上一部分数据便可以满足新的需求。

3. 数据独立性高

数据的独立性是指数据记录和数据管理软件之间的独立。数据及其结构应具有独立性，而不需改变应用程序。数据独立性是数据库领域中一个常用术语，包括数据的物理独立性和数据的逻辑独立性。

物理独立性是指用户的应用程序与存储在磁盘上的数据库中数据是相互独立的。也就是说，数据在磁盘上的数据库中怎样存储是由 DBMS 管理的，用户程序不需要了解，应用程序要处理的只是数据的逻辑结构，这样当数据的物理存储改变了，应用程序不用改变。逻辑独立性是指用户的应用程序与数据库的逻辑结构是相互独立的，也就是说，数据的逻辑结构改变了用户程序也可以不变。

数据与程序的独立，把数据的定义从程序中分离出去，加上数据的存取由 DBMS 负责，从而简化了应用程序的编制，大大减少了应用程序的维护和修改。

4. 数据由 DBMS 统一管理和控制

数据库的共享是并发的共享，即多个用户可以同时存取数据库中的数据甚至可以同时存取数据库中同一个数据。为此，DBMS 还必须提供以下几方面的数据控制功能：

（1）数据的安全性保护

数据的安全性是指保护数据以防止不合法的使用造成的数据的泄密和破坏。根据用户的职责，不同级别的用户对数据库具有不同的使用权限，使每个用户只能按规定对某些数据以某些方式进行使用和处理。

（2）数据的完整性检查

数据的完整性指数据的正确性、有效性和相容性。可能造成数据不完整的原因很多，数据库管理系统通过对数据性质进行检查而管理它们。完整性检查将数据控制在有效的范围内，或保证数据之间满足一定的关系。

（3）并发控制

当多个用户的并发进程同时存取、修改数据库时，可能会发生相互干扰而得到错误的结果或使得数据库的完整性遭到破坏，因此必须对多用户的并发操作加以控制和协调。

（4）数据库恢复

计算机系统的硬件故障、软件故障、操作员的失误以及故意的破坏也会影响数据库中数据的完整性，甚至造成数据库部分或全部数据的丢失。DBMS 必须具有将数据库从错误状态恢复到某一已知的正确状态（亦称为完整状态或一致状态）的功能。

二、数据库系统的组成

1. 硬件平台及数据库

由于数据库系统数据量都很大，加之DBMS丰富的功能使得自身的规模也很大，因此整个数据库系统对硬件资源提出了较高的要求，这些要求是：

（1）要有足够大的内存，以存放操作系统、DBMS的核心模块、数据缓冲区和应用程序。

（2）有足够大的磁盘等直接存取设备，用来存储数据库及其备份、日志等数据。

（3）要求系统有较高的通道能力，以支持内、外存储的数据快速交换，提高数据传送率。

2. 软件

数据库系统的软件主要包括：

（1）DBMS。DBMS是为数据库的建立、使用和维护配置的软件。

（2）支持DBMS运行的操作系统。

（3）具有与数据库接口的高级语言及其编译系统，便于开发应用程序。

（4）以DBMS为核心的应用开发工具。应用开发工具是系统为应用开发人员和最终用户提供的高效率、多功能的应用生成器、第四代语言等各种软件工具。它们为数据库系统的开发和应用提供了良好的环境。

（5）为特定应用环境开发的数据库应用系统。

3. 人员

开发、管理和使用数据库系统的人员主要是数据库管理员、系统分析员和数据库设计人员、应用程序员和最终用户。

三、库存管理数据表的创建与数据输入

一般的仓储业务都分为入库管理、在库管理和出库管理三个业务环节。商品入库时，必须依据入库单进行验收入库，入库后要登记库存物资明细账，出库时要依据出库单备货出库，商品出库后再依据出库单登记库存物资明细账。库存物资明细账可以根据仓库或物资名称来设定。

1. 创建入库表

入库表是汇总入库单的数据表，可以根据入库日期顺序登记。该表的每一行表示一种入库商品，入库商品的相关信息用列来表示。

（1）运行Excel，创建“办公用品库存管理.xls”

在计算机桌面的任务栏中单击“开始”，选择“程序”，找到“Microsoft office”，单击下面的“Microsoft excel”，打开一个空白工作簿，如图5—1—1所示。

在图5—1—1所示的页面中，单击保存按钮或“文件——保存”，弹出保存对话框，选择需要保存的位置，在文件名中输入“办公用品库存管理.xls”，然后单击“保存”按钮即可。

（2）工作表命名

右键单击“Sheet1”工作表标签，选择快捷菜单中的重命名命令，将工作表重命名为

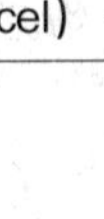

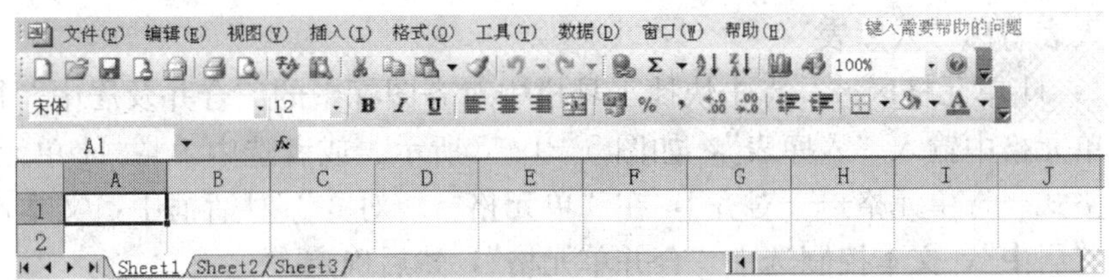

图 5—1—1　打开工作簿

“入库表”；或者直接双击“Sheet1”工作表标签后，直接输入“入库表”，如图 5—1—2 所示。

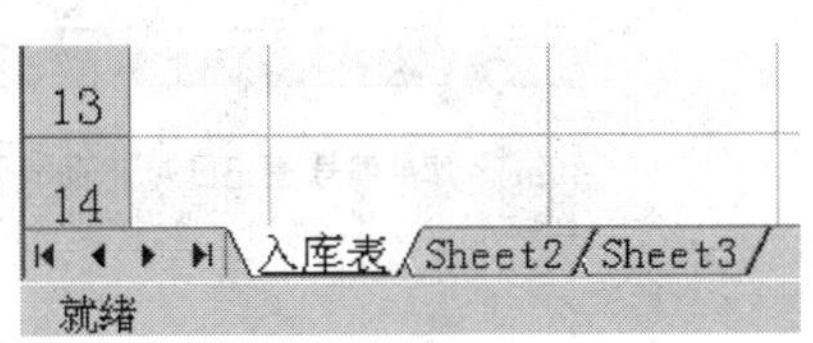

如图 5—1—2　工作表命名

（3）设置行高

按快捷键“Ctrl＋A”选择工作表中的所有单元格，然后选择菜单“格式——行——行高”，弹出行高对话框，如图 5—1—3 所示，将行高设为 22，然后点击“确定”按钮。

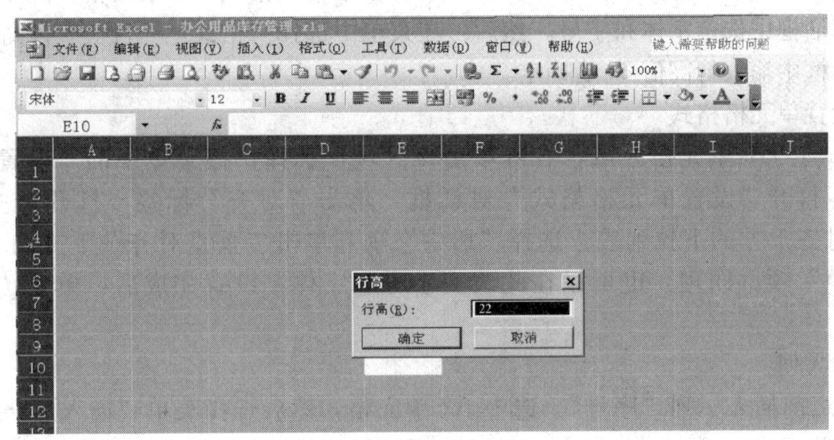

图 5—1—3　行高设置

（4）表头设置

在第二行依次输入“入库单编号”“登记日期”“产品编号”“产品名称”“单位”“数量”“单价”“总价”“供货商”“储位”，如图 5—1—4 所示。

	A	B	C	D	E	F	G	H	I	J
1										
2	入库单编号	登记日期	产品编号	产品名称	单位	数量	单价	总价	供货商	储位
3										

图 5—1—4　表头设置

（5）输入表名称“入库表”

选中 A1：J1 单元格区域，点击快捷工具栏中对齐图标中的“合并及居中”按钮，然后在合并后的单元格中输入“入库表”，如图 5—1—5 所示。或者选中 A1：J1 单元格区域后，使用菜单“格式——单元格——对齐”，在“单元格——对齐”对话框中，文本水平和垂直对齐都选择“居中”，文本控制选中“合并单元格”，然后确定。

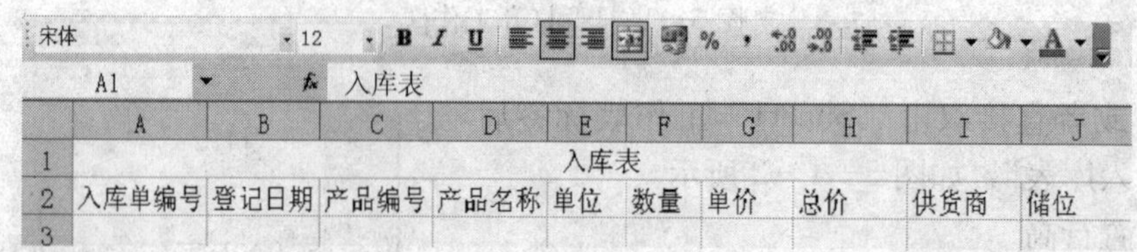

图 5—1—5　输入表名

（6）设置表名格式

将“入库表”字体设为黑体，字号 22，第一行的行高设为 35。选中 A1 单元格，然后在字体和字号选择框中直接选择黑体，22，或者用菜单“格式——单元格——字体”，在单元格字体对话框中选定字体和字号。然后，在菜单中选择“格式——行——行高”，在打开的行高对话框中输入行高值 35 后确定。

（7）设置单元格格式

选择 A2：J10 单元格区域，右键单击该区域，选择快捷菜单中的“设置单元格格式”命令，打开“设置单元格格式”对话框，单击“对齐”标签，打开对齐选项卡，单击水平对齐下方的下拉列表，选择“居中”项，单击“垂直对齐”下方的下拉列表，选择“居中”项。同理，也可以在此改变字号和字体，设置完成后，单击“确定”按钮即可。

（8）插入列

在 A2 之前插入一列“序号”。选中 A2 单元格，然后选择菜单“插入——列”，在新插入的 A2 单元格中输入“序号”，再选中 A1：B1 区域后，合并单元格，结果如图 5—1—6 所示。

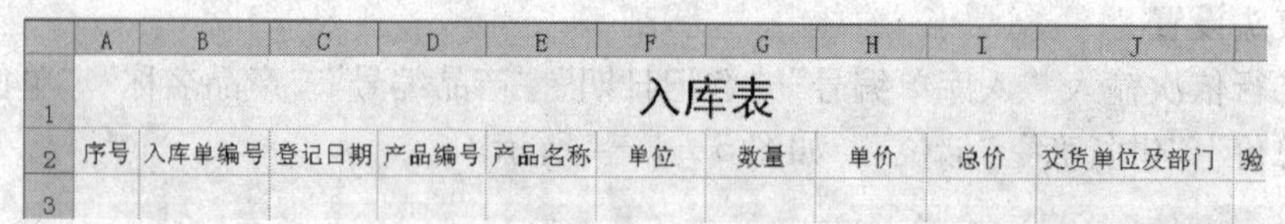

图 5—1—6　插入列

（9）设置各列数据格式，并输入库数据

入库单原始数据见表 5—1—1 和表 5—1—2。

表 5—1—1　　入库单

2011 年 1 月 31 日　　NO：2011001

交货单位及部门	晨光	发票号码或送货单号	1218	验收仓库	办公用品库	验收日期	2011.1.31
序号	产品名称	产品代码	摘要	数量	单位	单价	金额
1	笔记本	6921316905770	订单收货	80	本	2.20	176.00
2	日记本	6921316905751	订单收货	60	本	1.50	90.00
3	圆珠笔	6921316903221	订单收货	50	支	0.50	25.00
4	笔记本	6921316905763	订单收货	40	本	2.20	88.00
金额总计	（大写）仟　佰　拾　万　仟 叁 佰 柒 拾玖元零角零分						￥379.00

主管：　　会计：　　保管员：李勇　　送货员：李宏

表 5—1—2　　入库单

2011 年 1 月 31 日　　NO：2011002

交货单位及部门	白雪	发票号码或送货单号	1219	验收仓库	办公用品库	验收日期	2011.1.31
序号	产品名称	产品代码	摘要	数量	单位	单价	金额
1	签字笔	6947503736323	订单收货	65	支	0.60	39.00
2	笔记本	6947503735032	订单收货	50	本	2.20	110.00
3	中性笔	6947503736312	订单收货	80	支	0.80	64.00
4	日记本	6947503735124	订单收货	60	本	1.50	90.00
金额总计	（大写）仟　佰　拾　万　仟 叁 佰零拾叁元零角零分						￥303.00

主管：　　会计：　　保管员：李勇　　送货员：李宏

在 A3 单元格中输入“1”，在 A4 单元格中输入“2”，选择 A3：A4 单元格区域，将鼠标移动到 A4 单元格右下角，当鼠标指针变为“＋”形状时，拖动鼠标到 A10 单元格，自动生成序号。

选中 B 列，右键单击该区域，选择快捷菜单中的“设置单元格格式”命令，打开“设置单元格格式”对话框，单击“数字”标签，打开数字选项卡，选择“分类”列表框中的“文本”，单击“确定”按钮。

选中 C 列，右键单击该区域，选择快捷菜单中的“设置单元格格式”命令，打开“设置单元格格式”对话框，单击“数字”标签，打开数字选项卡，选择“分类”列表框中的“日期”，然后选择“类型”列表框中的“2001 年 3 月 14 日”项，单击“确定”按钮。

选中 D 列，右键单击该区域，选择快捷菜单中的“设置单元格格式”命令，打开“设置单元格格式”对话框，单击“数字”标签，打开数字选项卡，选择“分类”列表框中的“文本”，单击“确定”按钮。

选中 E 列，右键单击该区域，选择快捷菜单中的“设置单元格格式”命令，打开“设置单元格格式”对话框，单击“对齐”标签，打开对齐选项卡，单击水平对齐下方的下拉列表，选择“居中”项，单击“确定”按钮；同理，设置 F 列水平居中。

选中 H 列，右键单击该区域，选择快捷菜单中的“设置单元格格式”命令，打开“设置单元格格式”对话框，单击“数字”标签，打开数字选项卡，选择“分类”列表框中的“货币”，小数位数“2”，货币符号“¥”，负数“－1，234.10”，单击“确定”按钮；同理，设置 I 列。

每列格式设置完成后，根据以上两张入库单，将数据输入到入库表中，但“总价”列不用输入，“登记日期”和“验收仓库”两列只输入第一行数据。输入后的结果如图 5—1—7 所示。

	A	B	C	D	E	F	G	H	I	
1	入库表									
2	序号	入库单编号	登记日期	产品编号	产品名称	单位	数量	单价	总价	交货单
3	1	2011001	2011年1月31日	6921316905770	笔记本	本	80	¥2.20		晨光
4	2	2011001		6921316905751	日记本	本	60	¥1.50		晨光
5	3	2011001		6921316903221	圆珠笔	支	50	¥0.50		晨光
6	4	2011001		6921316905763	笔记本	本	40	¥2.20		晨光
7	5	2011002		6947503736323	签字笔	支	65	¥0.60		白雪
8	6	2011002		6947503735032	笔记本	本	50	¥2.20		白雪
9	7	2011002		6947503736312	中性笔	支	80	¥0.80		白雪
10	8	2011002		6947503735124	日记本	本	60	¥1.50		白雪

图 5—1—7　数据输入

（10）相同数据的批量输入

在 C4 中也输入登记日期“2011 年 1 月 31 日”，然后选中 C3：C4 单元格区域，将鼠标移动到 C4 单元格右下角，当鼠标指针变为“＋”形状时，拖动鼠标到 C10 单元格，自动填充相同日期。

选中 K3 单元格，将鼠标移动到 K3 单元格右下角，当鼠标指针变为“＋”形状时，拖动鼠标到 K10 单元格，自动填充相同库房，填充完成后的结果如图 5—1—8 所示。

（11）用公式自动计算并填充“总价”

选择 I3 单元格，在此单元格中输入公式“＝G3＊H3”，然后回车确定，然后再选中 I3 单元格，将鼠标移动到 I3 单元格右下角，当鼠标指针变为“＋”形状时，拖动鼠标到 I10 单元格，自动复制并运算公式，结果如图 5—1—9 所示。

	A	B	C	K
1				
2	序号	入库单编号	登记日期	验收仓库
3	1	2011001	2011年1月31日	办公用品库
4	2	2011001	2011年1月31日	办公用品库
5	3	2011001	2011年1月31日	办公用品库
6	4	2011001	2011年1月31日	办公用品库
7	5	2011002	2011年1月31日	办公用品库
8	6	2011002	2011年1月31日	办公用品库
9	7	2011002	2011年1月31日	办公用品库
10	8	2011002	2011年1月31日	办公用品库

图 5—1—8　自动填充

G	H	I
数量	单价	总价
80	¥2.20	¥176.00
60	¥1.50	¥90.00
50	¥0.50	¥25.00
40	¥2.20	¥88.00
65	¥0.60	¥39.00
50	¥2.20	¥110.00
80	¥0.80	¥64.00
60	¥1.50	¥90.00

图 5—1—9　复制公式

（12）边线设置

选择 A2：K10 单元格区域，右键单击该区域，选择快捷菜单中的“设置单元格格式”命令，打开“设置单元格格式”对话框，单击“边框”标签，打开边框选项卡，单击“外边框”按钮，设置外边框线条，单击“内部”按钮，设置内边框线条，单击“确定”按钮，保存设置，结果如图 5—1—10 所示。

入库表

序号	入库单编号	登记日期	产品编号	产品名称	单位	数量	单价	总价	交货单
1	2011001	2011年1月31日	6921316905770	笔记本	本	80	￥2.20	￥176.00	晨光
2	2011001	2011年1月31日	6921316905751	日记本	本	60	￥1.50	￥90.00	晨光
3	2011001	2011年1月31日	6921316903221	圆珠笔	支	50	￥0.50	￥25.00	晨光
4	2011001	2011年1月31日	6921316905763	笔记本	本	40	￥2.20	￥88.00	晨光
5	2011002	2011年1月31日	6947503736323	签字笔	支	65	￥0.60	￥39.00	白雪
6	2011002	2011年1月31日	6947503735032	笔记本	本	50	￥2.20	￥110.00	白雪
7	2011002	2011年1月31日	6947503736312	中性笔	支	80	￥0.80	￥64.00	白雪
8	2011002	2011年1月31日	6947503735124	日记本	本	60	￥1.50	￥90.00	白雪

图 5—1—10 边线设置

2. 创建出库表

（1）出库表命名

打开“办公用品库存管理 . xls”工作簿，右键单击“Sheet2”工作表标签，选择快捷菜单中的“重命名”命令，将工作表重命名为“出库表”，如图 5—1—11 所示。

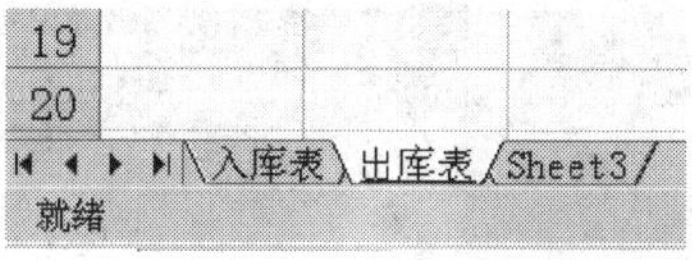

图 5—1—11 出库表命名

（2）行高设置

按快捷键“Ctrl＋A”选择工作表中的所有单元格，然后选择菜单“格式——行——行高”，弹出行高对话框，如图 5—1—12 所示，将行高设为 22，然后单击“确定”按钮。或者选定单元格区域后右键单击任意单元格，选择快捷菜单中的“行高”命令，打开行高对话框进行行高设置。

（3）表头设置

在第二行的每个单元格中依次输入列标题：序号、登记日期、出库单编号、产品编号、产品名称、单位、数量、单价、总价、提货单位、备注，输入后的结果如图 5—1—13 所示。

（4）设置各列字段属性

选中 B 列，右键单击该区域，选择快捷菜单中的“设置单元格格式”命令，打开“设置单元格格式”对话框，单击“数字”标签，打开数字选项卡，选择“分类”列表框中的“日期”，然后选择“类型”列表框中的“2001 年 3 月 14 日”项，单击“确定”按钮。

选中 C 列，右键单击该区域，选择快捷菜单中的“设置单元格格式”命令，打开“设置单元格格式”对话框，单击“数字”标签，打开数字选项卡，选择“分类”列表框中的“文本”，单击“确定”按钮，同理，设置 D 例。

选中 E 列，右键单击该区域，选择快捷菜单中的“设置单元格格式”命令，打开“设

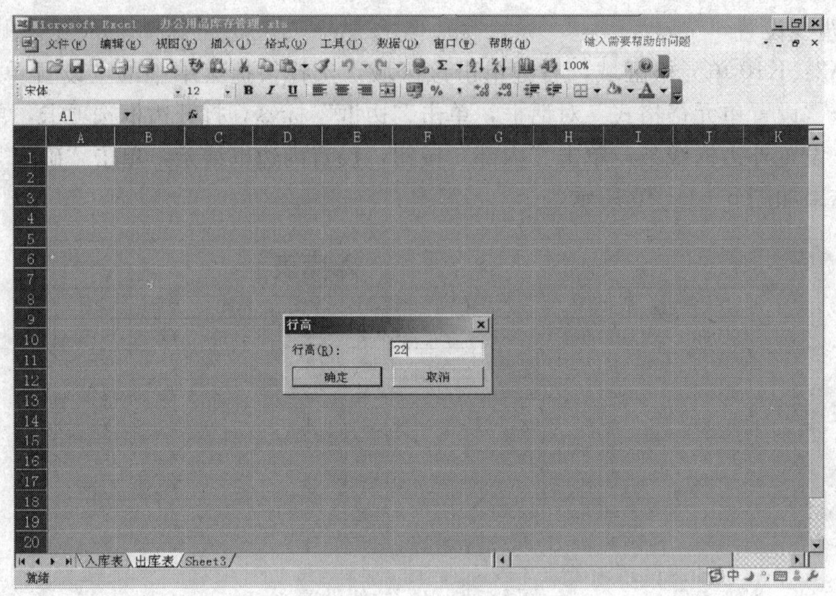

图 5—1—12　行高设置

	A	B	C	D	E	F	G	H	I	J	K
1											
2	序号	登记日期	出库单编号	产品编号	产品名称	单位	数量	单价	总价	提货单位	备注
3											

图 5—1—13　表头设置

置单元格格式”对话框，单击“对齐”标签，打开对齐选项卡，单击水平对齐下方的下拉列表，选择“居中”项，单击“确定”按钮；同理，设置 F 列水平居中。

选中 H 列，右键单击该区域，选择快捷菜单中的“设置单元格格式”命令，打开“设置单元格格式”对话框，单击“数字”标签，打开数字选项卡，选择“分类”列表框中的“货币”，小数位数“2”，货币符号“￥”，负数“−1，234.10”，单击“确定”按钮；同理，设置 I 列。

选中 A2：K2 单元格区域，右键单击该区域，选择快捷菜单中的“设置单元格格式”命令，打开“设置单元格格式”对话框，单击“对齐”标签，打开对齐选项卡，单击水平对齐下方的下拉列表，选择“居中”项，单击“确定”按钮。以上设置完成后的结果如图 5—1—14所示。

	A	B	C	D	E	F	G	H	I	J	K
1											
2	序号	登记日期	出库单编号	产品编号	产品名称	单位	数量	单价	总价	提货单位	备注
3											

图 5—1—14　设置单元格格式

（5）输入并设置表名

选择 A1：K1 单元格区域，点击快捷工具栏中对齐图标中的“合并及居中”按钮，然后在合并后的单元格中输入“出库表”。或者选中 A1：K1 单元格区域后，使用菜单“格式——单元格——对齐”，在“单元格——对齐”对话框中，文本水平和垂直对齐都选择“居中”，文本控制选中“合并单元格”，然后确定。单元格合并后，在 A1 单元格输入“出库表”，并设置字号为“黑体”，字号为“22”，该单元格行高为“35”，设置完成后的结果如图 5—1—15 所示。

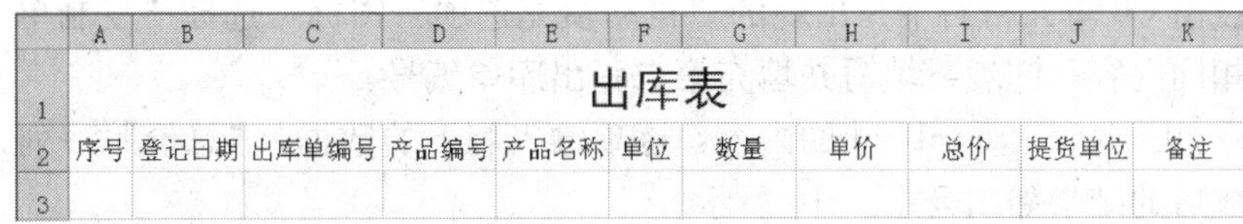

	A	B	C	D	E	F	G	H	I	J	K
1	出库表										
2	序号	登记日期	出库单编号	产品编号	产品名称	单位	数量	单价	总价	提货单位	备注
3											

图 5—1—15　输入并设置表名

（6）输入数据

原始数据输入后的结果为表 5—1—3 和表 5—1—4 所示的出库单。

表 5—1—3　　**出库单**

2011 年 1 月 31 日　　NO：20115001

提货单位	齐鲁公司		提货单号	1511	出库仓库	办公用品库
产品编号	产品名称	单位	数量	单价	总价	备注
6921316905770	笔记本	本	60	4.00	240.00	
6921316903221	圆珠笔	支	45	1.50	67.50	
6947503735124	日记本	本	55	3.00	165.00	
6947503735032	笔记本	本	30	4.00	120.00	
金额总计	（大写）　拾　万　仟伍佰玖拾贰元伍角零分					￥592.50

提货人：孟海　　库管员：李勇

表 5—1—4　　**出库单**

2011 年 1 月 31 日　　NO：20115002

提货单位	精英公司		提货单号	1512	出库仓库	办公用品库
产品编号	产品名称	单位	数量	单价	总价	备注
6947503735124	日记本	本	50	3.00	150.00	
6947503736323	签字笔	支	45	1.50	67.50	
6947503735032	笔记本	本	40	4.00	160.00	
6947503736312	中性笔	支	65	1.50	97.50	
金额总计	（大写）　拾　万　仟肆佰柒拾伍元零角零分					￥475.00

提货人：张海　　库管员：李勇

在 A3 单元格中输入“1”，在 A4 单元格中输入“2”，选择 A3：A4 单元格区域，将鼠标移动到 A4 单元格右下角，当鼠标指针变为“十”形状时，拖动鼠标到 A10 单元格，自动生成序号。

在B3和B4中也输入登记日期“2011年1月31日”，然后选中B3：B4单元格区域，将鼠标移动到B4单元格右下角，当鼠标指针变为“+”形状时，拖动鼠标到B10单元格，自动填充相同日期。

在C3单元格输入“20115001”，然后将鼠标移到C3单元格右下角，当鼠标指针变为“+”形状时，拖动鼠标到C6单元格，自动填充相同日期编号，如果编号是按序号升序填充的，只要点击C6单元格右下角出现的“自动填充选项”图标，选择“复制单元格”选项就可以填充相同内容；同理，填写并填充第二张出库单编号。

依据表5—1—3和表5—1—4的内容，逐项输入剩下的数据，“总价”一列采用公式输入，输入完成后的结果如图5—1—16所示。

	A	B	C	D	E	F	G	H	I	J
1	出库表									
2	序号	登记日期	出库单编号	产品编号	产品名称	单位	数量	单价	总价	提货单位
3	1	2011年1月31日	20115001	6921316905770	笔记本	本	60	4	¥240.00	齐鲁公司
4	2	2011年1月31日	20115001	6921316903221	圆珠笔	支	45	1.5	¥67.50	齐鲁公司
5	3	2011年1月31日	20115001	6947503735124	日记本	本	55	3	¥165.00	齐鲁公司
6	4	2011年1月31日	20115001	6947503735032	笔记本	本	30	4	¥120.00	齐鲁公司
7	5	2011年1月31日	20115002	6947503735124	日记本	本	50	3	¥150.00	精英公司
8	6	2011年1月31日	20115002	6947503736323	签字笔	支	45	1.5	¥67.50	精英公司
9	7	2011年1月31日	20115002	6947503735032	笔记本	本	40	4	¥160.00	精英公司
10	8	2011年1月31日	20115002	6947503736312	中性笔	支	65	1.5	¥97.50	精英公司

图5—1—16　数据输入

（7）设置边框

选择A2：K10单元格区域，右键单击该区域，选择快捷菜单中的“设置单元格格式”命令，打开“设置单元格格式”对话框，单击“边框”标签，打开边框选项卡，单击“外边框”按钮，设置外边框线条，单击“内部”按钮，设置内边框线条，单击“确定”按钮，保存设置，结果如图5—1—17所示。

出库表

序号	登记日期	出库单编号	产品编号	产品名称	单位	数量	单价	总价	提货单位
1	2011年1月31日	20115001	6921316905770	笔记本	本	60	4	¥240.00	齐鲁公司
2	2011年1月31日	20115001	6921316903221	圆珠笔	支	45	1.5	¥67.50	齐鲁公司
3	2011年1月31日	20115001	6947503735124	日记本	本	55	3	¥165.00	齐鲁公司
4	2011年1月31日	20115001	6947503735032	笔记本	本	30	4	¥120.00	齐鲁公司
5	2011年1月31日	20115002	6947503735124	日记本	本	50	3	¥150.00	精英公司
6	2011年1月31日	20115002	6947503736323	签字笔	支	45	1.5	¥67.50	精英公司
7	2011年1月31日	20115002	6947503735032	笔记本	本	40	4	¥160.00	精英公司
8	2011年1月31日	20115002	6947503736312	中性笔	支	65	1.5	¥97.50	精英公司

图5—1—17　设置边框

3. 创建库存表

（1）库存表命名

打开“办公用品库存管理.xls”工作簿，右键单击“Sheet3”工作表标签，选择快捷菜单中的“重命名”命令，将工作表重命名为“库存表”。

（2）行高设置

设置所有单元格区域的行高为“22”。按快捷键“Ctrl＋A”选择工作表中的所有单元格，然后选择菜单“格式——行——行高”，弹出行高对话框，将行高设为“22”，然后点击“确定”按钮。或者选定单元格区域后，右键单击任意单元格，选择快捷菜单中的“行高”命令，打开行高对话框进行行高设置。

（3）设置表头

从 A2 到 D2 依次输入“序号”“产品编号”“产品名称”“期初库存”；在 F2、H2 和 J2 单元格中，分别输入“入库”“出库”“结存”；从 D3 到 K3，每两个单元格，依次输入“数量”“总价”。输入后，如图 5—1—18 所示。

	A	B	C	D	E	F	G	H	I	J	K
1											
2	序号	产品编号	产品名称	期初库存		入库		出库		结存	
3				数量	总价	数量	总价	数量	总价	数量	总价

图 5—1—18　设置表头

（4）合并单元格，并居中对齐

A2：A3、B2：B3、C2：C3、D2：E2、F2：G2、H2：I2、J2：K2 合并单元格并居中对齐，结果如图 5—1—19 所示。

	A	B	C	D	E	F	G	H	I	J	K
1											
2	序号	产品编号	产品名称	期初库存		入库		出库		结存	
3				数量	总价	数量	总价	数量	总价	数量	总价
4											

图 5—1—19　合并单元格并居中对齐

（5）输入并设置表名“库存表”

选择 A1：K1 单元格区域，点击快捷工具栏中对齐图标后的“合并及居中”按钮，然后在合并后的单元格中输入“库存表”。或者选中 A1：K1 单元格区域后，使用菜单“格式——单元格——对齐”，在“单元格——对齐”对话框中，文本水平和垂直对齐都选择“居中”，文本控制选中“合并单元格”，然后确定，单元格合并后，在 A1 单元格输入“库存表”，并设置字号为“黑体”，字号为“22”，该单元格行高为“35”，设置完成后的结果如图 5—1—20 所示。

	A	B	C	D	E	F	G	H	I	J	K
1	库存表										
2	序号	产品编号	产品名称	期初库存		入库		出库		结存	
3				数量	总价	数量	总价	数量	总价	数量	总价
4											

图 5—1—20　输入并设置表名

4. 库存表数据的输入

（1）输入期初库存数据

打开“办公用品库存管理 . xls”工作簿，单击“库存表”标签，打开“库存表”工作表，在表格中输入期初库存数据，数据输入如图 5—1—21 所示。

	A	B	C	D	E
1					库存
2	序号	产品编号	产品名称	期初库存	
3				数量	总价
4	1	6921316905770	笔记本	100	￥220.00
5	2	6921316905751	日记本	100	￥150.00
6	3	6921316903221	圆珠笔	90	￥45.00
7	4	6921316905763	笔记本	80	￥176.00
8	5	6947503736323	签字笔	210	￥126.00
9	6	6947503735032	笔记本	50	￥110.00
10	7	6947503736312	中性笔	110	￥88.00
11	8	6947503735124	日记本	160	￥240.00
12	9	总计			

图 5—1—21　输入期初库存数据

（2）计算入库数量

在 F4 单元格中输入函数“＝SUMIF（入库表！$D$3:$D$10，B4，入库表！$G$3:$G$10）”，然后回车，F4 单元格中显示结果“80”，如图 5—1—22 所示。该函数的功能是将入库表中的入库产品编号与 B4 中编号相同的入库数量求和。每次有新的入库时，只需更改函数中的入库表产品编号列的最后一行的数值即可。

F4　=SUMIF(入库表!$D$3:$D$10,B4,入库表!$G$3:$G$10)

	A	B	C	D	E	F	G	H
1					库存表			
2	序号	产品编号	产品名称	期初库存		入库		出
3				数量	总价	数量	总价	数量
4	1	6921316905770	笔记本	100	￥220.00	80		

图 5—1—22　计算入库数量

Excel 中 Sumif 函数的用法是根据指定条件对若干单元格、区域或引用求和。Sumif 函数语法是：Range，Criteria，Sum _ Range。Sumif 函数的第一个参数 Range 为条件区域，用于条件判断的单元格区域；第二个参数 Criteria 是求和条件，由数字、逻辑表达式等组成的判定条件；第三个参数 Sum _ Range 为实际求和区域，需要求和的单元格、区域或引用。当省略第三个参数时，则条件区域就是实际求和区域。Criteria 参数中使用通配符，包括问号（?）和星号（*）。问号匹配任意单个字符；星号匹配任意一串字符。如果要查找实际的问号或星号，需在该字符前键入波形符（~）。

（3）计算入库总价

在 G4 单元格中输入函数“＝SUMIF（入库表！$D$3:$D$10，B4，入库表！$I$3:$I$10）”，将入库表中的入库产品编号与 B4 中编号相同的入库总价求和，结果如图 5—1—23 所示。

（4）计算出库数量

在 H4 单元格中输入函数“＝SUMIF（出库表！$D$3:$D$10，B4，出库表！$G$3:$G$10）”，将出库表中的出库产品编号与 B4 中编号相同的出库数量求和，结果如图 5—1—24所示。

G4　=SUMIF(入库表!$D$3:$D$10,B4,入库表!$I$3:$I$10)

	A	B	C	D	E	F	G
1	库存表						
2	序号	产品编号	产品名称	期初库存		入库	
3				数量	总价	数量	总价
4	1	6921316905770	笔记本	100	￥220.00	80	176

图 5—1—23　计算入库总价

H4　=SUMIF(出库表!$D$3:$D$10,B4,出库表!$G$3:$G$10)

	A	B	C	D	E	F	G	H	I
1	库存表								
2	序号	产品编号	产品名称	期初库存		入库		出库	
3				数量	总价	数量	总价	数量	总价
4	1	6921316905770	笔记本	100	￥220.00	80	￥176.00	60	

图 5—1—24　计算出库数量

（5）计算出库总价

在 I4 单元格中输入函数“＝SUMIF（出库表！$D$3：$D$10，B4，出库表！$I$3：$I$10)”，将出库表中的出库产品编号与 B4 中编号相同的出库总价求和，结果如图 5—1—25 所示。

I4　=SUMIF(出库表!$D$3:$D$10,B4,出库表!$I$3:$I$10)

	A	B	C	D	E	F	G	H	I
1	库存表								
2	序号	产品编号	产品名称	期初库存		入库		出库	
3				数量	总价	数量	总价	数量	总价
4	1	6921316905770	笔记本	100	￥220.00	80	￥176.00	60	￥240.00

图 5—1—25　计算出库总价

（6）计算结存数量

在 J4 单元格中输入“＝D4＋F4－H4”，结果如图 5—1—26 所示。

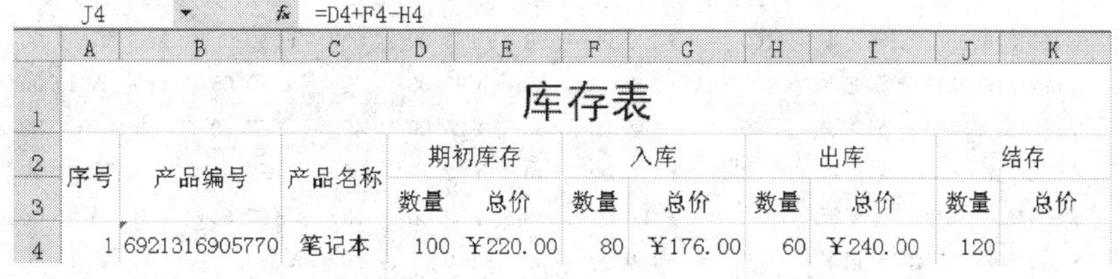

J4　=D4+F4-H4

	A	B	C	D	E	F	G	H	I	J	K
1	库存表										
2	序号	产品编号	产品名称	期初库存		入库		出库		结存	
3				数量	总价	数量	总价	数量	总价	数量	总价
4	1	6921316905770	笔记本	100	￥220.00	80	￥176.00	60	￥240.00	120	

图 5—1—26　计算结存数量

（7）计算结存总价

在 K4 单元格中输入“＝E4＋G4－I4”，结果如图 5—1—27 所示。

K4 =E4+G4-I4

	A	B	C	D	E	F	G	H	I	J	K
1	库存表										
2	序号	产品编号	产品名称	期初库存		入库		出库		结存	
3				数量	总价	数量	总价	数量	总价	数量	总价
4	1	6921316905770	笔记本	100	￥220.00	80	￥176.00	60	￥240.00	120	￥156.00

图 5—1—27　计算结存总价

（8）复制公式

选择 F4：K4 单元格区域，将鼠标移动到 K4 单元格的右下角，当鼠标指针变为“十”形状时，拖动鼠标到 K11 单元格，复制公式以自动计算其他产品的入库、出库和结存数量与总价，结果如图 5—1—28 所示。

	序号	产品编号	产品名称	期初库存		入库		出库		结存	
2				数量	总价	数量	总价	数量	总价	数量	总价
4	1	6921316905770	笔记本	100	￥220.00	80	￥176.00	60	￥240.00	120	￥156.00
5	2	6921316905751	日记本	100	￥150.00	60	￥90.00	0	￥0.00	160	￥240.00
6	3	6921316903221	圆珠笔	90	￥45.00	50	￥25.00	45	￥67.50	95	￥2.50
7	4	6921316905763	笔记本	80	￥176.00	40	￥88.00	0	￥0.00	120	￥264.00
8	5	6947503736323	签字笔	210	￥126.00	65	￥39.00	45	￥67.50	230	￥97.50
9	6	6947503735032	笔记本	50	￥110.00	50	￥110.00	70	￥280.00	30	￥-60.00
10	7	6947503736312	中性笔	110	￥88.00	80	￥64.00	65	￥97.50	125	￥54.50
11	8	6947503735124	日记本	160	￥240.00	60	￥90.00	105	￥315.00	115	￥15.00

图 5—1—28　复制公式

（9）计算期初库存总计

由于本表中的数量单位不同，不能将数量直接加总，因此，只求总价的总计数。在 E12 单元格中输入函数“＝SUM（E4：E11）”，然后按回车键确认。同理，求出 G12、I12 和 K12 单元格对应的入库、出库和结存总价金额，结果如图 5—1—29 所示。

G12 =SUM(G4:G11)

A	B	C	D	E	F	G	H	I	J	K
库存表										
序号	产品编号	产品名称	期初库存		入库		出库		结存	
			数量	总价	数量	总价	数量	总价	数量	总价
1	6921316905770	笔记本	100	￥220.00	80	￥176.00	60	￥240.00	120	￥156.00
2	6921316905751	日记本	100	￥150.00	60	￥90.00	0	￥0.00	160	￥240.00
3	6921316903221	圆珠笔	90	￥45.00	50	￥25.00	45	￥67.50	95	￥2.50
4	6921316905763	笔记本	80	￥176.00	40	￥88.00	0	￥0.00	120	￥264.00
5	6947503736323	签字笔	210	￥126.00	65	￥39.00	45	￥67.50	230	￥97.50
6	6947503735032	笔记本	50	￥110.00	50	￥110.00	70	￥280.00	30	￥-60.00
7	6947503736312	中性笔	110	￥88.00	80	￥64.00	65	￥97.50	125	￥54.50
8	6947503735124	日记本	160	￥240.00	60	￥90.00	105	￥315.00	115	￥15.00
9	总计			￥1,155.00		￥682.00		￥1,067.50		￥769.50

图 5—1—29　计算期初库存总计

（10）边框修饰

选择 A2：K12 单元格区域，右键单击该区域，选择快捷菜单中的“设置单元格格式”命令，打开“设置单元格格式”对话框，单击“边框”标签，打开边框选项卡，单击“外边框”按钮，设置外边框线条，单击“内部”按钮，设置内边框线条，单击“确定”按钮，保存设置，结果如图 5—1—30 所示。

库存表

序号	产品编号	产品名称	期初库存		入库		出库		结存	
			数量	总价	数量	总价	数量	总价	数量	总价
1	6921316905770	笔记本	100	￥220.00	80	￥176.00	60	￥240.00	120	￥156.00
2	6921316905751	日记本	100	￥150.00	60	￥90.00	0	￥0.00	160	￥240.00
3	6921316903221	圆珠笔	90	￥45.00	50	￥25.00	45	￥67.50	95	￥2.50
4	6921316905763	笔记本	80	￥176.00	40	￥88.00	0	￥0.00	120	￥264.00
5	6947503736323	签字笔	210	￥126.00	65	￥39.00	45	￥67.50	230	￥97.50
6	6947503735032	笔记本	50	￥110.00	50	￥110.00	70	￥280.00	30	￥-60.00
7	6947503736312	中性笔	110	￥88.00	80	￥64.00	65	￥97.50	125	￥54.50
8	6947503735124	日记本	160	￥240.00	60	￥90.00	105	￥315.00	115	￥15.00
9	总计			￥1,155.00		￥682.00		￥1,067.50		￥769.50

图 5—1—30　边框修饰

思考与练习

1. 创建某物流公司的出库表、入库表和库存表，并输入数据。
2. 数据库具有哪些特点？
3. 利用 Excel 创建基本入库和出库数据表时，应该注意哪些问题？

课题 2　基于 Excel 工作簿的入库数据分析

一、入库的种类

1. 从生产部门来的入库

在生产部门和销售部门分开的情况下，生产部门生成的出库信息通过指定票据的单号成为销售部门或物流方的接收入库，能够减轻营业一方的数据输入负担。

2. 从其他仓库的入库

从其他仓库的入库，存在同一个管辖部门仓库的入库和不同管辖部门仓库的入库，由于在会计处理方面不同，需要进行区分。后者，表示部门之间的内部交易信息传送给会计部门；前者只是传送接收到的数据。灵活应用出库仓库方的出库信息，在入库仓库能够减轻输入的负担。

3. 从供应商的入库

向会计系统所传送的信息包括接收累计信息和交易信息。为了累计交易，要严格地核实供应商部门，对支付业务提供正确的信息。如果供应商的订货业务已经使用了计算机系统，可以将供应商的出库数据通过系统进行传送，根据向供应商的订货数据或供应商的出库数据进行入库处理，可以使入库处理更加合理。

4. 退货的入库

有关退货的入库，可以在入库处理中处理，也可以在出库处理中处理。最好要考虑如何能做到合理处理退货，而不会带来会计上的问题。由于退货使业务操作复杂化，必须特别注意。例如，客户的退货是否全部在仓库接收处理，如何决定退货的金额等，大多需要经营部门和仓库部门相互协商决定。最好事先由经营部门与客户联络，开出退货交易单据，在退货入库时使用。

二、入库作业流程（见图 5—2—1）

入库作业流程主要包括入库准备、接货、验收、货物入库、办理入库手续等步骤。

1. 入库准备

入库管理员应根据合同、计划和入库单，进行库、区、储位的安排与准备，当货物到达时，以便货物能顺利验收，并及时入库，具体工作包括：了解入库货物的品种、规格、数量、包装、单件体积、到货时间、存储期限、货物特性和对保管的要求，便于安排货场；制订入库计划；安排仓位；备足苫垫用品；准备装卸搬运工具和仓库单证明细账等。

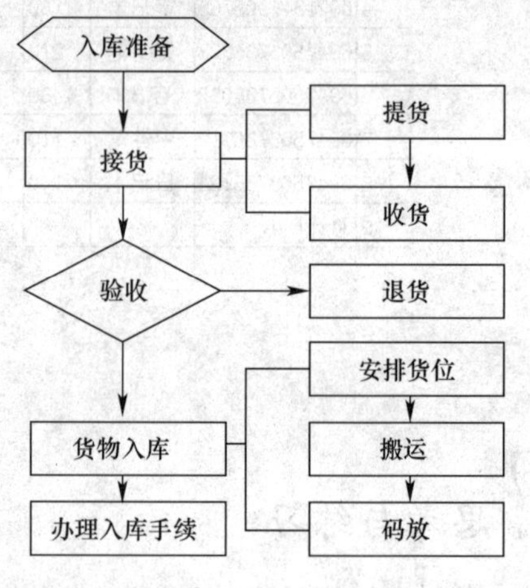

图 5—2—1　仓库入库流程

2. 接货

货物接运人员与托运者或者承运者办清入库交接手续，及时将货物安全接运回库。货物到场后，仓库收货人员首先检查货物入库凭证，将入库凭证开列的收货单位、货物名称、规格、数量、货号等内容与送交的货物进行核对。如果在验收时无异常情况，收货人员在送货回单上签字表示货物收讫，并办理交接手续。如果发现有短缺、货损、单货不符等情况，及时处理，需要在送货单上详细注明，并由送货人员签字。

3. 验收

办完交接手续后，就可以对入库的货物进行全面验收，验收是仓库作业的起点，是分清仓库与客户责任的界限，为日后的保管养护打下基础。只有验收后的货物才能入库保管，手续不全的货物不得验收入库。验收的内容具体包括以下几个方面：

（1）资料核对

供货单位提供的质量证明书、合格证、发货明细表等均需与入库实物相符。货物质量以货物采用的统一标准进行验收。发现问题请相关部门检验鉴定，并按规定办理索赔。具体资料包括：货物的入库通知单，仓储合同等；供货单位提供的质量证明书、合格证、装箱单、磅码单、发货明细表；运输部门提供的运单。若入库前在运输中发生残损情况，必须有记录。

（2）检验货物

检验货物是仓储业务中的一个重要环节，包括数量检验、质量检验。数量检验是确保货物入库数量准确不可缺少的措施。一般情况下，按件（台）供货的应点件（台）验收；按重量供货的应过磅验收；对以面积或以体积为计量单位的货物，先检尺后求积来做数量验收。质量检验包括外观检验、尺寸检验和理化检验三种形式。仓库一般只做外观检验和尺寸检验，理化检验由仓库检验技术人员取样，进行检验。

4. 货物入库

货物验收后，库管员对收到的货物向送货人进行确认，表示货物已接收，办理交接手续，明确双方的责任。然后安排货位、搬运、堆码等相关工作。

5. 办理入库手续

验收合格的货物，应及时办理入库手续，并建立各种资料，给货主签回验收单等入库信息。包括建卡（货物明细卡）、登账（实物保管明细账）、入库信息处理建档，将入库作业全过程的有关资料进行整理、核对，输入计算机，建立资料档案，以便货物管理和保持客户联系，为将来的纠纷提供依据。同时，也为货物的保管、出库业务创造良好的条件。

三、入库数据分析

1. 入库数据范例

在日常入库业务过程中，除了要根据入库单登记入库账以外，还要随时查看入库的相关信息，同时要对大量的进货数据进行分析，提取有用的数据。现在就有以下几个业务需要处理：

（1）2011年2月1日有一批货物入库，入库单如表5—2—1所示，请根据入库单登记入库账。

表5—2—1　**入库单**

2011年2月1日　　NO：2011003

交货单位及部门	白雪	发票号码或送货单号	1220	验收仓库	办公用品库	验收日期	2011.2.1
序号	产品名称	产品代码	摘要	数量	单位	单价	金额
1	签字笔	6947503736323	订单收货	50	支	0.60	30.00
2	笔记本	6947503735032	订单收货	50	本	2.20	110.00
3	中性笔	6947503736312	订单收货	40	支	0.80	32.00
4	日记本	6947503735124	订单收货	60	本	1.50	90.00
金额总计	（大写）仟 佰 拾 万 仟贰佰陆拾贰元零角零分						￥262.00

主管：　　会计：　　保管员：李勇　　送货员：李宏

（2）查询“入库单编号”为“2011002”的所有入库产品，查询产品名称为“笔记本”和“签字笔”的所有产品的入库情况。

（3）筛选登记日期为“2011年1月31日”，交货单位及部门为“晨光”，并且总价大于150元的入库数据。

（4）筛选登记日期为“2011 年 1 月 31 日”，或者交货单位及部门为“晨光”，或者总价大于 150 元的入库数据。

2. **数据分析处理**

在入库数据库建立完成后，就要根据日常出入库业务登记出入库数据表，并随时查询入库相关数据。因此，本课题的入库数据登记和上一课题中的原始数据输入完全相同，后面的数据筛选分单一条件和多条件筛选两种情况，可以分别使用 Excel 数据筛选中的自动筛选和高级筛选两种不同功能来实现。

（1）入库业务处理

打开“办公用品库存管理 . xls”工作簿中的入库表，然后根据入库单的内容在表格下方，逐项输入其内容，输入方法参见上一个课题的初始数据输入。

（2）入库产品筛选

1）打开“办公用品库存管理 . xls”工作簿，在入库表后面插入一个新的工作表，并将工作表标签重命名为“入库分析筛选”。操作方法可以用菜单“插入——工作表”，也可以直接选中入库表标签，然后单击鼠标右键——插入——工作表，再选中新添加的工作表标签，双击直接更改名称。

2）复制“入库表”中的所有数据到“入库分析筛选”工作表中。操作方法：单击“入库表”标签，打开入库表，右键单击表格左上角行标与列标交叉处的“全选”按钮，选中入库表所有单元格，然后在“全选”按钮处单击鼠标右键，在弹出的快捷菜单中选择“复制”命令，再单击“入库分析筛选”标签，打开“入库分析筛选”工作表。同理，单击“全选”按钮选中所有单元格，并右键单击“全选”按钮弹出快捷菜单，选择“粘贴”命令，将入库表完全粘贴到“入库分析筛选”工作表中。

3）为“入库分析筛选”工作表添加筛选按钮。单击表格中的任意一个单元格，单击菜单中的“数据——筛选——自动筛选”，自动为各字段添加筛选按钮。结果如图 5—2—2 所示。

	A	B	C	D	E	F	G	H	I	
1	入库表									
2	序号	入库单编号	登记日期	产品编号	产品名称	单位	数量	单价	总价	交货单
3	1	2011001	2011年1月31日	6921316905770	笔记本	本	80	￥2.20	￥176.00	晨光
4	2	2011001	2011年1月31日	6921316905751	日记本	本	60	￥1.50	￥90.00	晨光

图 5—2—2　添加筛选按钮

4）根据需要进行查询。查询入库单编号为“2011002”的所有入库产品，只需在“入库分析筛选”工作表中，用鼠标单击“入库单编号”后面的下拉按钮，在弹出的下拉菜单中选择“2011002”后，自动显示入库单编号为“2011002”的所有入库产品；要显示产品名称为“笔记本”和“签字笔”的所有入库产品，只需点击产品名称后面的下拉按钮，在弹出的下拉菜单中选择“自定义”，弹出“自定义自动筛选方式”对话框，如图 5—2—3 所示，输入条件后单击“确定”按钮，就能得到所需结果。

（3）筛选登记日期为“2011 年 1 月 31 日”，交货单位及部门为“晨光”，并且总价大于 150 元的入库数据。

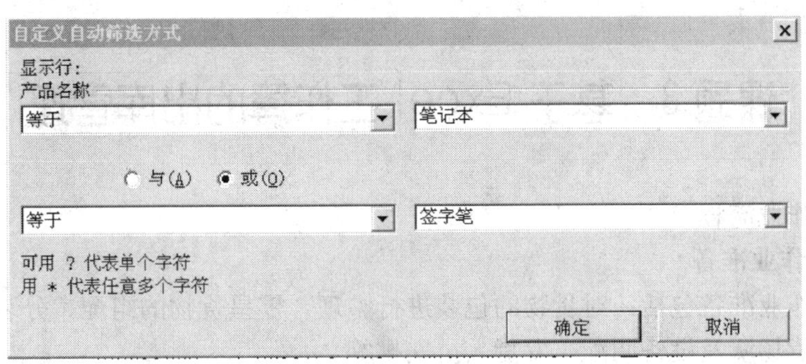

图 5—2—3　筛选条件输入

1）新建一个工作表，并将标签改为“多条件入库筛选”，然后将入库表中的所有数据复制到该新建工作表中。操作方法同上。

2）在 A12：C13 单元格区域中输入条件数据，如图 5—2—4 所示。

	C	D	E	F
4	2011年1月31日	6921316905751	日记本	本
5	2011年1月31日	6921316903221	圆珠笔	支
6	2011年1月31日	6921316905763	笔记本	本
7	2011年1月31日	6947503736323	签字笔	支
8	2011年1月31日	6947503735032	笔记本	本
9	2011年1月31日	6947503736312	中性笔	支
10	2011年1月31日	6947503735124	日记本	本
11				
12	登记日期	交货单位及部门	总价	
13	2011年1月31日	晨光	>150	
14				

图 5—2—4　输入条件数据

3）单击菜单“数据——筛选——高级筛选”打开“高级筛选”对话框。如图 5—2—5 所示，选中“将筛选结果复制到其他位置”选项按钮，在列表区域输入框中输入数据区域“A2：K10”，在条件区域输入框中输入条件数据所在区域“A12：C13”，在复制到输入框中输入“A16”，然后确定即可。

（4）筛选登记日期为“2011 年 1 月 31 日”，或者交货单位及部门为“晨光”，或者总价大于 150 元的入库数据。查询方法同上，但区别在于输入条件数据时，三个条件的取值要分别位于不同的行中。如图 5—2—6 所示。

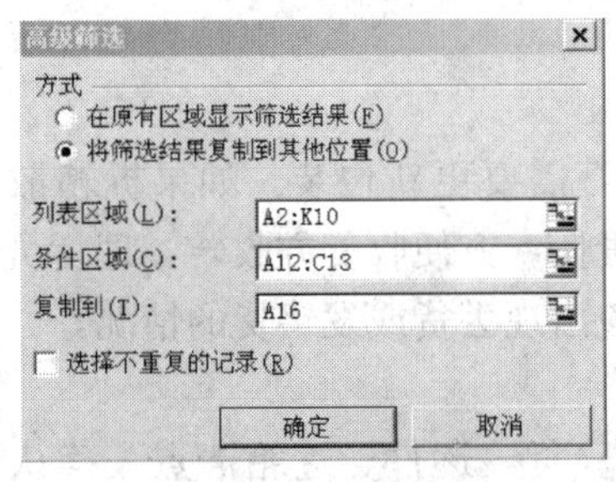

图 5—2—5　高级筛选

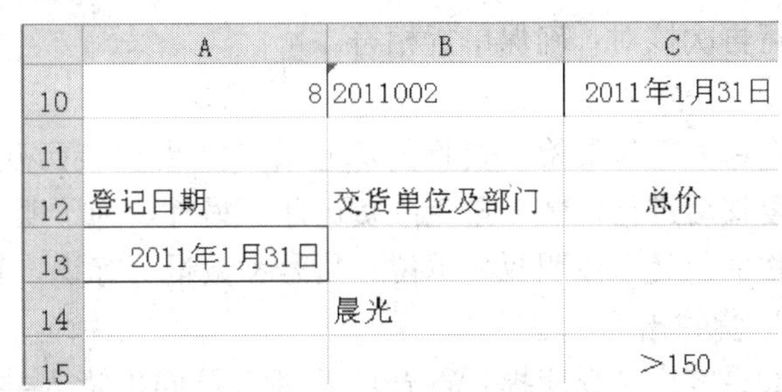

	A	B	C
10	8	2011002	2011年1月31日
11			
12	登记日期	交货单位及部门	总价
13	2011年1月31日		
14		晨光	
15			>150

图 5—2—6　筛选条件输入

思考与练习

1. 入库作业流程是什么？

2. 利用 Excel 进行入库数据筛选时，应该如何操作？

课题 3　基于 Excel 工作簿的出库管理

一、出库作业流程

1. 出库前作业准备

出库前的作业准备包括：对货物的包装进行整理，零星货物的组配、分装，准备包装材料、工具，备货场所及设备调配，发货人员安排等。

2. 核对出库凭证

仓库接到出库凭证后，审核订货单的印章是否齐全，有无涂改。在凭证上货物品名、规格、数量与仓库的账进行核对无误后，签发发货单，信息处理部门制作发货通知单给仓库，仓库部门收到发货通知单后对其准确性进行复核无误后就可以做货物的出库准备工作。如发现货物名称不符、规格不对的，数量有涂改、手续不全的，均不能发货。

3. 签发出库单

如果客户持提货单去仓库提货，仓库部门审核提货单的真实性、准确性。审核后，收回提货单，备记账用，同时签发出库单。

4. 备货

根据出库单，按其所列的项目内容，与编号的货位进行核对，按批次备货。首先，按照出库单所列的储位，找到货位，按先进先出的原则将货物分拣出来，要“以单对卡，以卡对货”，进行单、卡、货三核对，仔细清点出库的数量，防止差错。理货员将备好的货物按照地区代号搬运到备货区。每拣完一单货，还要在出库凭证上做标记，要销卡，表示货物的减少。

5. 出库货物二次复核

复核人员按照出库凭证所列的项目，对在备货区待出库的货物品名、货号、规格、数量等进行再次核对，确保单货相符。

6. 理货

仓库的理货员检查货物的原包装，如果包装已残损，需要更新包装。如果拆箱散货出库，复核后进行包装，避免散货出库。另外，为了明确责任，方便收货方收转，理货员必须在货物的包装上注明收货单位、货号和数量等标识，避免出现丢货或发错货的情况。

7. 货物出库

如果客户到仓库提货，仓库管理人员同提货人共同验货，逐件、逐箱清点，确认无误后，将货物交给提货人。如果是送货，在装车时，理货员亲自在现场监督装车全过程，并与随车人员一起清点货物装车数量，避免错装、漏装，并与送货人办理交接手续。

8. 登账

出库的货物按订单发出后，保管员及时将货物从仓库保管账上核销，以便仓库做到账、卡、物一致。将提货单、送货单、订单等资料整理留存备查。

二、出库数据统计与查询

出库数据统计与查询是出库业务管理的基本职能，本课题的操作都是基于出库表，因此，只需要在出库表中分别使用 Excel 中的分类汇总、自动筛选、创建数据透视表和数据透视图功能就能够实现。

本课题出库数据统计与查询的内容主要是：本月各提货单位的出库总金额及其明细，本月笔记本及其总价大于 150 元的出库明细，创建一个能随时查询各提货单位的出库产品及其总价与明细的工作表，用图形表示各提货单位的出库产品及其总价与明细情况。

1. 统计出库数据

（1）打开“办公用品库存管理．xls”工作簿，在出库表后面插入一个新的工作表，并将工作表标签重命名为“出库分析”。操作方法可以用菜单“插入——工作表”，也可以直接选中入库表标签，然后单击鼠标右键——插入——工作表，再选中新添加的工作表标签，双击直接更改名称。

（2）复制“出库表”中的所有数据到“出库分析”工作表中。操作方法：单击“出库表”标签，打开出库表，右键单击表格左上角行标与列标交叉处的“全选”按钮，选中出库表所有单元格，然后在“全选”按钮处单击鼠标右键，在弹出的快捷菜单中选择“复制”命令，再单击“出库分析”标签，打开“出库分析”工作表。同理，单击“全选”按钮选中所有单元格，右键单击“全选”按钮弹出快捷菜单，选择“粘贴”命令，将出库表完全粘贴到“出库分析”工作表中。

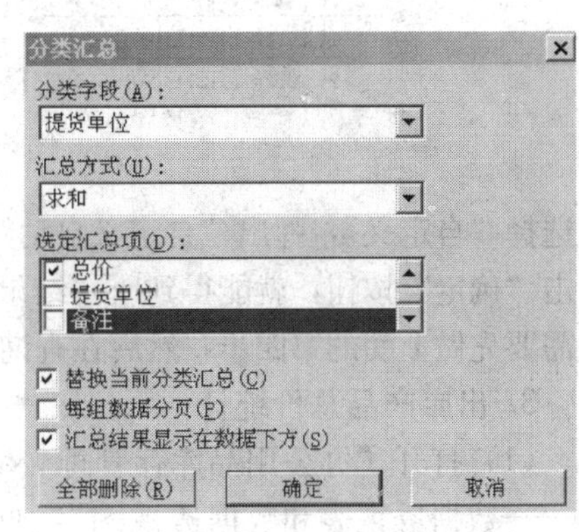

图 5—3—1　分类汇总

（3）单击表格中“提货单位”列的任意单元格，单击菜单中的“数据——分类汇总”，弹出如图 5—3—1 所示的“分类汇总”对话框。在分类字段下面选择需要分类的依据“提货单位”（常用的还有按照登记日期每日汇总，此时只需选择登记日期即可），汇总方式选择“求和”，选定汇总项“总价”，然后单击“确定”按钮，即可得到汇总统计结果，如图 5—3—2所示。注：单击图 5—3—2 中左侧的“－”按钮，可以使汇总明细按钮只显示汇总信息。同时，按钮图标变为“＋”，单击它可以展开明细信息。

2. 出库筛选

（1）打开“办公用品库存管理．xls”工作簿，在出库表后面插入一个新的工作表，并将工作表标签重命名为“出库筛选”。操作方法可以用菜单“插入——工作表”，也可以直接选中入库表标签，然后单击鼠标右键——插入——工作表，再选中新添加的工作表标签，双击直接更改名称。

（2）复制“出库表”中的所有数据到“出库筛选”工作表中。

（3）为“出库筛选”工作表添加筛选按钮。单击表格中的任意一个单元格，单击菜单中的“数据——筛选——自动筛选”，自动为各字段添加筛选按钮。结果如图 5—3—3 所示。（4）查询笔记本的出库情况。单击产品名称后面的下拉按钮，在弹出的下拉菜单中选择“笔记本”，就能得到所需结果。

（5）筛选总价大于 150 元的出库数据。单击“总价”后面的下拉按钮，在弹出的下拉菜单

	C	D	E	F	G	H	I	J	K
1			出库表						
2	出库单编号	产品编号	产品名称	单位	数量	单价	总价	提货单位	备注
3	20115001	6921316905770	笔记本	本	60	4	¥240.00	齐鲁公司	
4	20115001	6921316903221	圆珠笔	支	45	1.5	¥67.50	齐鲁公司	
5	20115001	6947503735124	日记本	本	55	3	¥165.00	齐鲁公司	
6	20115001	6947503735032	笔记本	本	30	4	¥120.00	齐鲁公司	
7							¥592.50	齐鲁公司 汇总	
8	20115002	6947503735124	日记本	本	50	3	¥150.00	精英公司	
9	20115002	6947503736323	签字笔	支	45	1.5	¥67.50	精英公司	
10	20115002	6947503735032	笔记本	本	40	4	¥160.00	精英公司	
11	20115002	6947503736312	中性笔	支	65	1.5	¥97.50	精英公司	
12							¥475.00	精英公司 汇总	
13							¥1,067.50	总计	
14									

入库表/多条件入库筛选/入库分析筛选/出库表/出库分析/库存表/

图 5—3—2　汇总统计结果

	A	B	C	D	E	F	G	H	I	J
1					出库表					
2	序号	登记日期	出库单编号	产品编号	产品名称	单位	数量	单价	总价	提货单位
3	1	2011年1月31日	20115001	6921316905770	笔记本	本	60	4	¥240.00	齐鲁公司
4	2	2011年1月31日	20115001	6921316903221	圆珠笔	支	45	1.5	¥67.50	齐鲁公司

图 5—3—3　添加筛选按钮

中选择“自定义”，弹出“自定义自动筛选”对话框，输入条件选择“大于”和“150.00”后，单击“确定”按钮，就能得到所需结果。如果需要查询总价大于 150 元的笔记本的出库情况，只需要先做上面的第四步，然后在查询结果中再重复第五步就能得到复合条件的查询结果。

3. 出库产品总价统计

（1）打开“办公用品库存管理.xls”工作簿，单击“出库表”标签，然后单击菜单“数据——数据透视表和数据透视图”，打开“数据透视表和数据透视图向导”对话框，如图 5—3—4所示。

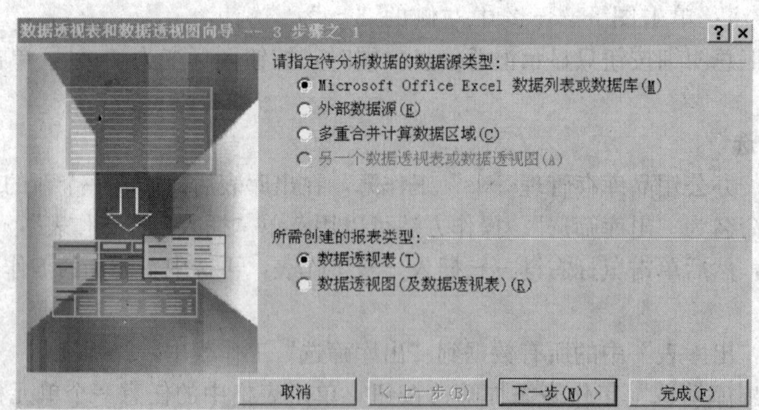

图 5—3—4　数据透视表向导

（2）新建工作表。选择如图 5—3—4 中选项后，单击“下一步”按钮，进入第二步，选择数据源区域，选择“A2：K10”，然后，进入第三步。如图 5—3—5 所示。

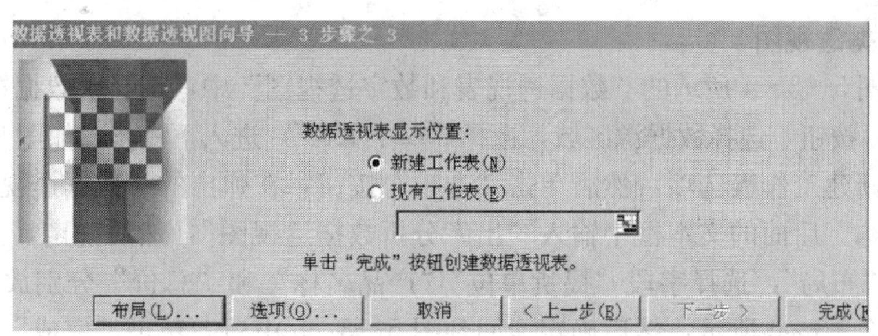

图 5—3—5　新建工作表

（3）选定新建工作表选项。单击“选项”按钮，弹出“数据透视表选项”对话框，在“名称”后面的文本框中输入“出库分析数据透视表”，然后确定，回到图 5—3—5 中，再单击布局，选择字段“提货单位”“产品名称”和“总价”分别放到列、行和数据区域，如图 5—3—6 所示，然后确定。回到图 5—3—5 中后，单击“完成”按钮，得到结果如图 5—3—7 所示。在图 5—3—3 所示的表格中，单击“提货单位”和“产品名称”后面的下拉按钮，就可以进行相关查询显示，也可以选中“数据透视表字段列表”窗口中的字段“提货单位”，选中下面的“页面区域”，然后单击“添加到”按钮，即可得到如图 5—3—8 的透视表。

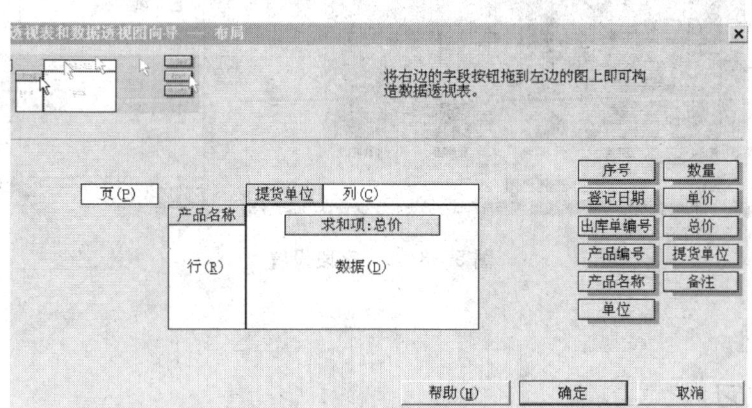

图 5—3—6　布局

	A	B	C	D
1	请将页字段拖至此处			
2				
3	求和项:总价	提货单位		
4	产品名称	精英公司	齐鲁公司	总计
5	笔记本	160	360	520
6	签字笔	67.5		67.5
7	日记本	150	165	315
8	圆珠笔		67.5	67.5
9	中性笔	97.5		97.5
10	总计	475	592.5	1067.5

数据透视表字段列表
将项目拖至数据透视表
产品名称
单位
数量
单价
总价
提货单位
备注
添加到　页面区域

图 5—3—7　字段选取

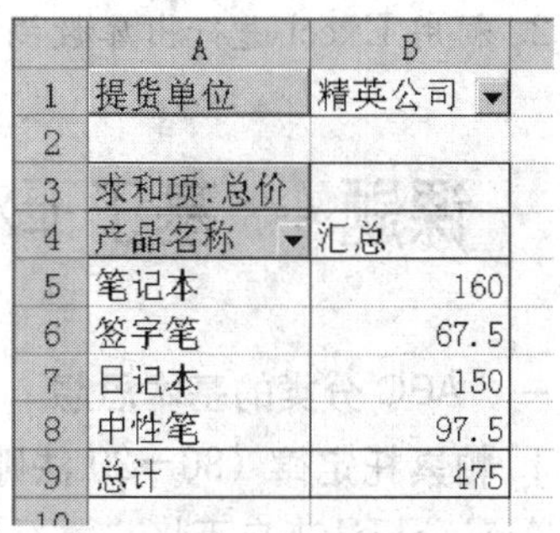

	A	B
1	提货单位	精英公司
2		
3	求和项:总价	
4	产品名称	汇总
5	笔记本	160
6	签字笔	67.5
7	日记本	150
8	中性笔	97.5
9	总计	475

图 5—3—8　透视表

4. **创建数据透视图**

（1）在如图 5—3—4 所示的“数据透视表和数字透视图”中，选择“数据透视图”选项。单击“下一步”按钮，选择数据源区域，选择“A2：K10”，进入下一步，如图 5—3—5 所示。

（2）选定新建工作表选项，然后单击“选项”按钮，在弹出的“数据透视表选项”对话框中，在“名称”后面的文本框中输入“出库分析数据透视图”，然后确定，回到图 5—3—5 中。再单击“布局”，选择字段“提货单位”“产品名称”和“总价”分别放到列、行和数据区域，如图 5—3—6 所示，然后确定。回到图 5—3—5 中后，单击“完成”按钮，得到结果如图 5—3—9 所示。在图 5—3—9 所示的表格中，单击“提货单位”和“产品名称”后面的下拉按钮，就可以进行相关查询显示，也可以选中“数据透视表字段列表”窗口中的字段“提货单位或者产品名称”，分别添加到不同区域，进行不同的比较。

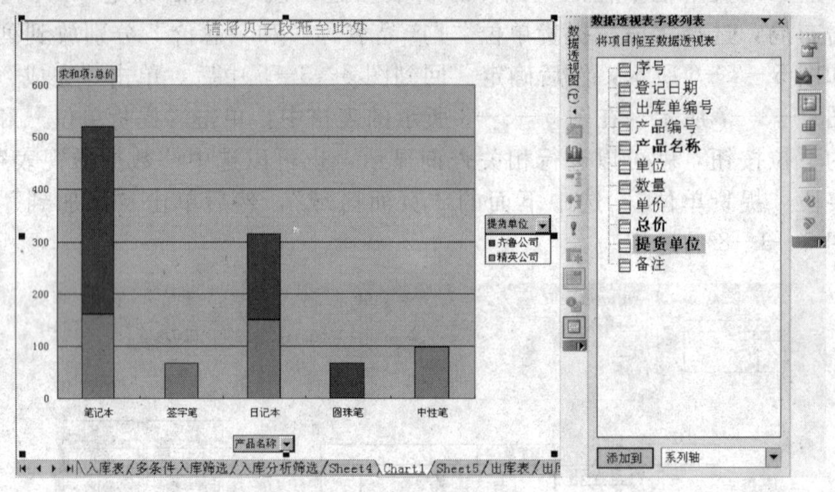

图 5—3—9　字段设置

思考与练习

1. 简述出库作业流程。
2. 利用 Excel 进行出库数据统计时，应该注意哪些问题？

课题 4　基于 Excel 工作簿的库存物资 ABC 分类

一、ABC 分类的基本思想

1. 帕累托定律（80－20 法则）

ABC 分析法来自于将“微不足道的多数”和“重要的少数”分开的帕累托定律。1879 年一个叫 Velfredo Pareto 的意大利男子在研究社会财富分配时，收集了许多国家的收入统计资料，得出收入与人口关系的规律：占人口比重不大（20%）的少数人的收入占收入的大部分

（80%），而大多数人（80%）的收入只占收入的很小部分（20%），所以分布不平等。由此他提出，很多情况都由少数几个关键的因素所主宰。他的占总数相对很少的一部分却在总的影响力或价值上占很大一部分比重的原理，被称之为“80－20法则”。这个法则在很多情况下都很适用。例如，在营销研究中发现，一个公司20%的消费者却占其销售额的80%，或者一所大学也会发现，其课程中的20%能占据学生学时的80%，或者一项研究也能发现，一个城市人口的20%能占到其犯罪的80%。尽管实际的百分比会依范例的不同而略有不同，但80－20法则的一些变化通常也是适用的。后来管理学者戴克将该法则用于库存管理。

2. ABC货物的分类方法

仓库中所保管的货物一般品种繁多，有些货物的价值较高，对于生产经营活动的影响较大，因此对保管的要求较高；而另外一些品种的货物价值较低，保管要求不是很高。如果我们对每一种货物采用相同的保管方法，可能投入的人力物力很多，而效果却是事倍功半。所以，在库存管理中采用ABC管理法，就是要区别对待不同的货物，在管理中做到突出重点，以有效地节约人力、物力和财力。

ABC分类方法是将所有的库存货物根据其在一定时限内价值的重要性和保管的特殊性的不同，按大小顺序排列，根据各个品种的累计金额和累计数量统计，并计算出相对于总金额和总数量的比率。货物种类累计百分比为5%～15%，而其价值占总价值的70%左右的物品确定为A类货物；货物种类累计百分比为20%～30%，而价值占总价值的20%～30%的物品为B类；其余为C类，C类情况正好与A类相反，其累计货物种类百分比为70%左右，而价值占总价值的5%～15%。确定完分类后，针对不同的货物采用不同的管理措施。简而言之，ABC管理法就是将库存货物根据消耗的品种和金额按一定的标准进行分类，对不同类别的货物采用不同的管理方法。

二、ABC分类法的一般步骤

1. 收集数据

根据分析要求、分析内容，收集分析对象的有关数据。例如，要对库存商品占用资金的情况进行分析，则可以收集各类库存商品的进库单位、数量、在库平均时间等，以便了解哪几类商品占用的资金较多，以便分类重点管理。

2. 处理数据

将收集来的数据资料进行汇总、整理，计算出所需的数据。一般以平均库存乘以单价，求出各类商品的平均资金占用额。

3. 绘制ABC分类管理表

ABC分类管理表由9栏构成，见表5—4—1。制表的步骤如下：

表5—4—1　　ABC分类

物品名称	品目数累计	品目累计百分数（%）	物品单价	平均库存	物品平均资金占用额	平均资金占用额累计	平均资金占用累计百分数（%）	分类结果
① ⋮	② ⋮	③ ⋮	④	⑤	⑥=④×⑤	⑦	⑧	⑨

(1) 将平均资金占用额的数据，从大到小进行排队。

(2) 将平均资金占用额按高到低的顺序填入表5—4—1中的第6栏。

(3) 以第6栏为准，依次在第1栏填入相对应的商品名称，在第4栏填入商品的单价，第5栏填入平均库存，第2栏填入1、2、3、4、5……编号，为品目累计数。

(4) 计算品目累计百分数，并填入第3栏。

(5) 计算平均资金占用额累计，填入第7栏。

(6) 计算平均资金占用额累计百分数，填入第8栏。

4. 分类

根据ABC分类表中第3栏品目累计百分数（%）和第8栏平均资金占用额累计百分数（%），进行A、B、C三类商品的分类：A类，品目累计百分数为5%～15%，平均资金占用额累计百分数为60%～80%；B类，品目累计百分数为20%～30%，平均资金占用额累计百分数为20%～30%；C类，品目累计百分数为60%～80%，平均资金占用额累计百分数为5%～15%。

三、利用Excel进行ABC分类

已知某仓库的库存商品共有26种，每种商品的单价及平均库存情况见表5—4—2，现要对库存商品进行ABC分类，并分别提出管理措施。

表5—4—2　　库存商品一览表

物品名称	物品单价（百元/件）	平均库存（件）	物品平均资金占用额（百元）
××	48.0	380	18 240.0
××	25.0	258	6 450.0
××	5.0	592	2 960.0
××	4.5	520	2 340.0
××	3.0	350	1 050.0
××	4.6	200	920.0
××	1.5	580	870.0
××	1.4	560	784.0
××	1.1	660	726.0
××	0.8	840	672.0
××	2.1	250	525.0
××	2.5	156	390.0
××	0.6	552	331.2
××	0.3	920	276.0
××	0.1	2 620	262.0
××	0.4	530	212.0
××	1.0	200	200.0
××	0.3	550	165.0
××	0.7	215	150.5
××	0.6	180	108.0
××	0.8	120	96.0
××	0.5	150	75.0

续表

物品名称	物品单价（百元/件）	平均库存（件）	物品平均资金占用额（百元）
××	0.9	80	72.0
××	0.3	210	63.0
××	0.2	150	30.0
××	0.1	200	20.0

1. **库存物资的 ABC 分类**

（1）创建 Excel 库存物资 ABC 分类表，基本格式如图 5—4—1 所示。

	A	B	C	D	E	F	G	H	I	J
1										
2	库存物资ABC分类表									
3	物品名称	品目数累计	品目累计百分数	物品单价(	平均库存(	物品平均资金	平均资金占用额累计		平均资金占分类结果	

图 5—4—1　创建分类表

（2）输入原始数据“物品名称、物品单价和平均库存数量”。

（3）F4 单元格中输入“＝D4＊E4”，然后自动复制公式填充 F5：F29 区域。

（4）选择字段“平均资金占用额”字段从大到小排序。

（5）在 B4 中输入 1，B5 中输入 2，然后自动填充 B6：B29。

（6）C4 中输入“＝（B4/26）＊100”，然后自动复制公式，填充 C5：C29 区域。

（7）在 G4 中输入“＝F4”，在 G5 中输入“＝G4＋F5”，然后自动复制公式填充 G6：G29 区域。

（8）在 H4 中输入“＝G4/37987.7＊100”，然后自动复制公式填充 H5：H29 区域。

以上各步骤计算完成后的结果如图 5—4—2 所示。

	B	C	D	E	F	G	H	I
2	库存物资ABC分类表							
3	品目数	品目累计	物品单价	平均库存	物品平均资	平均资金占	平均资金占用累计百	分类结果
4	1	3.85	48	380	18240	18240	48.02	
5	2	7.69	25	258	6450	24690	64.99	
6	3	11.54	5	592	2960	27650	72.79	
7	4	15.38	4.5	520	2340	29990	78.95	
8	5	19.23	3	350	1050	31040	81.71	
9	6	23.08	4.6	200	920	31960	84.13	
10	7	26.92	1.5	580	870	32830	86.42	
11	8	30.77	1.4	560	784	33614	88.49	
12	9	34.62	1.1	660	726	34340	90.40	
13	10	38.46	0.8	840	672	35012	92.17	
14	11	42.31	2.1	250	525	35537	93.55	
15	12	46.15	2.5	156	390	35927	94.58	
16	13	50.00	0.6	552	331.2	36258.2	95.45	
17	14	53.85	0.3	920	276	36534.2	96.17	
18	15	57.69	0.1	2620	262	36796.2	96.86	
19	16	61.54	0.4	530	212	37008.2	97.42	
20	17	65.38	1	200	200	37208.2	97.95	

图 5—4—2　计算结果

（9）根据库存商品 ABC 分类表中品目累计百分数和平均资金占用累计百分数，参考 A 类、B 类、C 类商品的分类原则，以及商品在生产、销售中的重要性，对 26 种库存商品进行分类，分类结果见表 5—4—3 中第 9 栏所示。

表 5—4—3　　库存商品 ABC 分类表

物品名称	品目数累计	品目累计百分数（%）	物品单价（百元/件）	平均库存（件）	物品平均资金占用额（百元）	平均资金占用额累计	平均资金占用累计百分数（%）	分类结果
①	②	③	④	⑤	⑥＝④×⑤	⑦	⑧	⑨
××	1	3.85	48.0	380	18240.0	18 240.0	48.02	A
××	2	7.69	25.0	258	6450.0	24 690.0	64.99	A
××	3	11.54	5.0	592	2960.0	27 650.0	72.79	A
××	4	15.38	4.5	520	2 340.0	29 990.0	78.95	A
××	5	19.23	3.0	350	1 050.0	31 040.0	81.71	B
××	6	23.08	4.6	200	920.0	31 960.0	84.13	B
××	7	26.92	1.5	580	870.0	32 830.0	86.42	B
××	8	30.77	1.4	560	784.0	33 614.0	88.49	B
××	9	34.62	1.1	660	726.0	34 340.0	90.40	B
××	10	38.46	0.8	840	672.0	35 012.0	92.17	B
××	11	42.31	2.1	250	525.0	35 537.0	93.55	B
××	12	46.15	2.5	156	390.0	35 927.0	94.58	C
××	13	50.00	0.6	552	331.2	36 258.2	95.45	C
××	14	53.85	0.3	920	276.0	36 534.2	96.17	C
××	15	57.69	0.1	2620	262.0	36 796.2	96.86	C
××	16	61.54	0.4	530	212.0	37 008.2	97.42	C
××	17	65.38	1.0	200	200.0	37 208.2	97.95	C
××	18	69.23	0.3	550	165.0	37 373.2	98.38	C
××	19	93.08	0.7	215	150.5	37 523.2	98.78	C
××	20	76.92	0.6	180	108.0	37 823.7	99.06	C
××	21	80.77	0.8	120	96.0	37 727.7	99.32	C
××	22	84.62	0.5	150	75.0	37 802.7	99.52	C
××	23	88.46	0.9	80	72.0	37 874.7	99.70	C
××	24	92.31	0.3	210	63.0	37 937.7	99.87	C
××	25	96.15	0.2	150	30.0	37 967.7	99.95	C
××	26	100.00	0.1	200	20.0	37 987.7	100.00	C

2. 提出 ABC 分类管理的措施

用上述方法分出 ABC 类货物之后，应在仓储管理中采用不同的管理方法。

（1）对A类货物的管理

由于A类货物进出仓库比较频繁，如果供给脱节将对生产经营活动造成重大影响。但是，如果A类货物存储过多，仓储费用就会增加很多，因此，对A类货物的管理要注意以下几点：

1）根据历史资料和市场供求的变化规律，认真预测未来货物的需求变化，并依此组织入库货源。

2）多方了解货物供应市场的变化，尽可能地缩短采购时间。

3）控制货物的消耗规律，尽量减少出库量的波动，使仓库的安全储备量降低。

4）合理增加采购次数，降低采购批量。

5）加强货物安全、完整的管理，保证账实相符。

6）提高货物的机动性，尽可能地把货物放在易于搬运的地方。

7）货物包装尽可能标准化，以提高仓库利用率。

（2）对B类、C类货物的管理

B类、C类货物相对来说进出库不是很频繁，一般对货物的组织和发送的影响较小。但是，由于这些货物要占用较大的仓库资源，使仓储费用增加，因此，在管理上应该简化管理。

1）将那些很少使用的货物可以规定最少出库的数量，以减少处理次数。

2）依据具体情况储备必要的数量。

3）对于数量大、价值低的货物，可以不作为日常管理的范围，减少这类货物的盘点次数和管理工作。

思考与练习

1. 什么是ABC分类法？
2. 利用Excel对所给数据进行ABC分类操作时，应该注意哪些问题？

模块六

物流动态跟踪技术应用

课题1 GPS 技术应用

一、GPS 的含义

GPS 即全球定位系统，是利用空间人造卫星（通信卫星）、地面控制部分及信号接收机对地球上任何地方的用户实现全天候、连续、实时的三维导航定位、测速和授时的系统。

随着社会发展和科学技术的进步，GPS 已经成为当今世界上最实用，也是应用最广泛的全球精密导航、指挥和调度系统。GPS 技术已广泛用于航天、航海、测量和勘测等诸多领域，应用形式多种多样。

目前，全球有两个公开的 GPS 系统可以利用，NAVSTAR 系统（GPS）由美国研制，属美国国防部管理和操作，而 GLONASS 系统则为俄罗斯所拥有。NVSTAR 提供了 P 码（精码）和 C/A 码（粗码）两种定位服务，P 码为军方服务，定位精度可达到 3 m，C/A 码对社会开放，定位精度可达到 14 m。

二、GPS 的特点

1. 定位精度高

应用实践已经证明，GPS 的相对定位精度在 50 km 以内可达 10～6 m*，100～500 km 可达 10～7 m，1 000 km 可达 10～9 m。在 300～1 500 m 工程精密定位中，1 h 以上观测的平面位置误差小于 1 mm，与 ME-5000 电磁波测距仪测定的边长比较，其边长校差最大为 0.5 mm，校差中误差为 0.3 mm。

2. 观测时间短

随着 GPS 系统的不断完善，软件的不断更新，目前，20 km 以内相对静态定位，仅需 15～20 min；快速静态相对定位测量时，当每个流动站与基准站相距在 15 km 以内时，流动站观测时间只需 1～2 min，然后可随时定位，每站观测时间只需几秒钟。

3. 测站间无须通视

GPS 测量不要求测站之间互相通视，只需测站上空开阔即可，因此，可节省大量的造标费用。由于无须点间通视，点位位置可根据需要，可稀可密，使选点工作甚为灵活，也可

* 10～6 m 是指定位精度由低到高。

省去经典大地网中的传算点、过渡点的测量工作。

4. 可提供三维坐标

经典大地测量将平面与高程采用不同方法分别施测。GPS 可同时精确测定测站点的三维坐标。目前 GPS 水准可满足四等水准测量的精度。

5. 操作简便

随着 GPS 接收机不断改进，自动化程度越来越高，接收机的体积越来越小，质量越来越轻，极大地减轻测量工作者的工作紧张程度和劳动强度，使野外工作变得轻松愉快。

6. 全天候作业

目前，GPS 观测可在一天 24 h 内的任何时间进行，不受阴天黑夜、起雾刮风、下雨下雪等气候的影响。

7. 功能多、应用广

GPS 系统不仅可用于测量、导航，还可用于测速、测时。测速的精度可达 0.1 m/s，测时的精度可达几十毫微秒。其应用领域不断扩大。最初设计 GPS 系统主要用于导航、收集情报等军事目的。但是，后来的应用开发表明，GPS 系统不仅能够达到上述目的，而且用 GPS 卫星发来的导航定位信号能够进行厘米级甚至毫米级精度的静态相对定位，米级至亚米级精度的动态定位，亚米级至厘米级精度的速度测量，以及毫微秒级精度的时间测量。因此，GPS 系统展现了极其广阔的应用前景。

三、GPS 的功能

GPS 是军民两用的系统，具有导航定位、测速和按时三大基本功能，其应用范围极其广泛。在军事上，GPS 已成为自动化指挥系统、先进武器系统及新的战役、战术理论的一项关键性基本保障技术，它广泛应用于陆海空及战略导弹等军事领域；在民用上，GPS 用于车辆和船舶导航、大地测量、飞机着陆、开采的精确定位等。

1. 陆地应用

主要包括车辆导航、应急反应、大气物理观测、地球物理资源勘探、工程测量、变形监测、地壳运动监测、市政规划控制等。

2. 海洋应用

包括远洋船最佳航程航线测定、船只实时调度与导航、海洋救援、海洋探宝、水文地质测量，以及海洋平台定位、海平面升降监测等。

3. 航空航天应用

包括飞机导航、航空遥感姿态控制、低轨卫星定轨、导弹制导、航空救援和载人航天器防护探测等。

三、GPS 组成

GPS 是美国第二代卫星导航系统，是在子午仪卫星导航系统的基础上发展起来的，它采纳了子午仪系统的成功经验。GPS 利用无线电传输特性来定位，和过去地面无线导航系统所不同的是，它由卫星来发射定时信号、卫星位置和载体状况信息，具有发射信号覆盖全球和定位精度高的优点。GPS 系统包括三大部分：空间部分（GPS 卫星）、地面控制部分（地面监控系统）、用户部分（GPS 信号接收机），如图 6—1—1 所示。

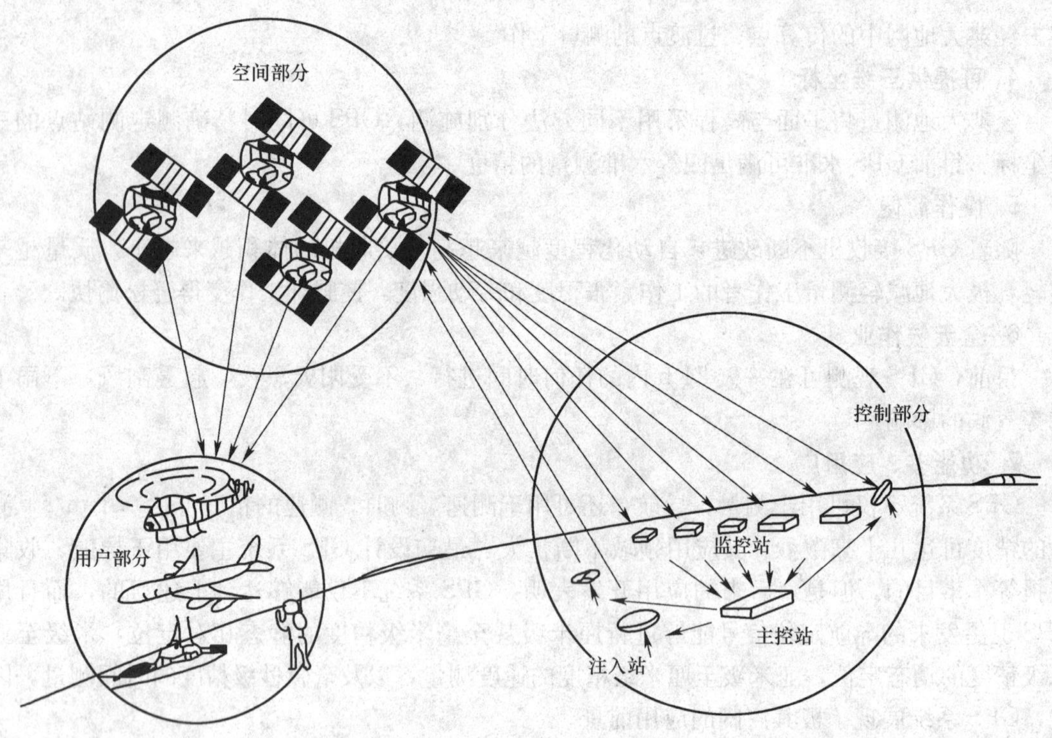

图 6—1—1　GPS 组成

1. 空间部分

GPS 的空间部分由 24 颗卫星组成，这些 GPS 卫星共同组成了 GPS 卫星星座，其中，21 颗为可用于导航的卫星，3 颗为活动备用卫星，记作（21+3）GPS 星座，如图 6—1—2 所示。它们位于距地表 20 200 km 的上空，均匀分布在 6 个轨道面上（每个轨道面 4 颗），轨道倾角为 55°，各个轨道平面之间相距 60°，每个轨道平面内各颗卫星之间的升交角距相差 90°，一轨道平面上的卫星比西边相邻轨道平面上的相应卫星超前 30°。

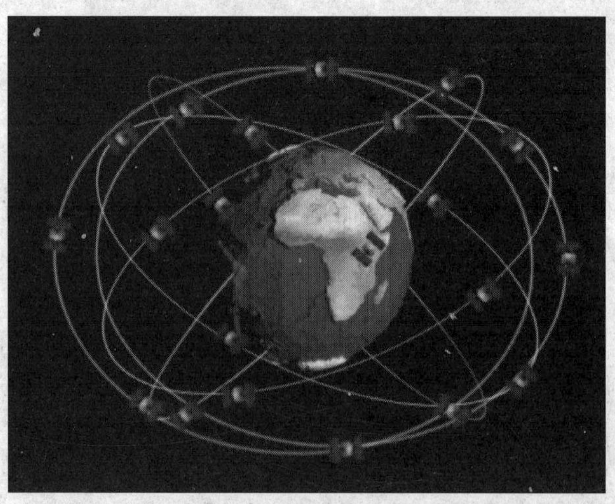

图 6—1—2　GPS 卫星

在两万多千米高空的GPS卫星，当地球相对恒星来说自转一周时，它们绕地球运行两周，即绕地球一周的时间为12恒星时（运行周期为11小时58分）。这样，对于地面观测者来说，每天将提前4 min见到同一颗GPS卫星。位于地平线以上的卫星颗数随着时间和地点的不同而不同，最少可见到4颗GPS卫星，如图6—1—3所示，最多可见到11颗。在用GPS信号导航定位时，为了计算测站的三维坐标，必须观测4颗GPS卫星，称为定位星座。这4颗卫星在观测过程中的几何位置分布对定位精度有一定的影响。对于某地某时甚至不能测得精确的点位坐标，这种时间段称为“间隙段”。但这种“间隙段”是很短暂的，并不影响全球绝大多数地方的全天候、高精度、连续实时的导航定位测量。

图6—1—3　GPS卫星定位

GPS卫星的核心部件是高精度的时钟、导航电文存储器、双频发射和接收机以及微处理机。而GPS定位成功的关键在于高度稳定的频率标准，这种高度稳定的频率标准由高精确的时钟提供。因为10^{-9} s误差将会导致近30 cm的站星距离误差。为此，每颗GPS工作卫星一般安设两台铷原子钟和两台铯原子钟，并计划未来采用更稳定的氢原子钟（频率稳定度优于10^{-14} s）。GPS卫星虽然发送集中不同频率的信号，但是，它们均源于一个基准信号（其频率为10.23 GHz），所以，只需启用一台原子钟，其余作为备用。卫星钟由地面站检验，其钟差、钟速连同其他信息由地面站注入信息后，再转发给用户设备。

2. 地面控制部分

对于导航定位来说，一颗GPS卫星是一个动态已知点。星的位置是依据卫星发射的星历——描述卫星运动及其轨道的参数算得的。每颗GPS卫星所播发的星历，由地面监控系统提供。卫星上的各种设备是否正常工作，以及卫星是否一直沿着预定轨道运行，都要由地面设备进行监测和控制。地面监控系统的另一重要作用是保持各颗卫星处于同一时间标准——GPS时间系统。这就需要地面站监测各颗卫星的时间，求出钟差。然后由地面注入站发给卫星，卫星再由导航电文发给用户设备。

GPS工作卫星的地面控制部分包括1个主控站、3个注入站和5个监测站。主控站位于美国科罗拉多（Colorado）斯平士（Springs）的联合国空间执行中心（CSOC），3个注入站分别位于大西洋的阿松森群岛（Ascencion）、印度洋的迭戈哥·伽西亚（Diego Garcia）、太平洋的卡瓦加兰（Kwajalein），5 个监控站设在主控站和 3 个注入站以及夏威夷岛，如图 6—1—4 所示。

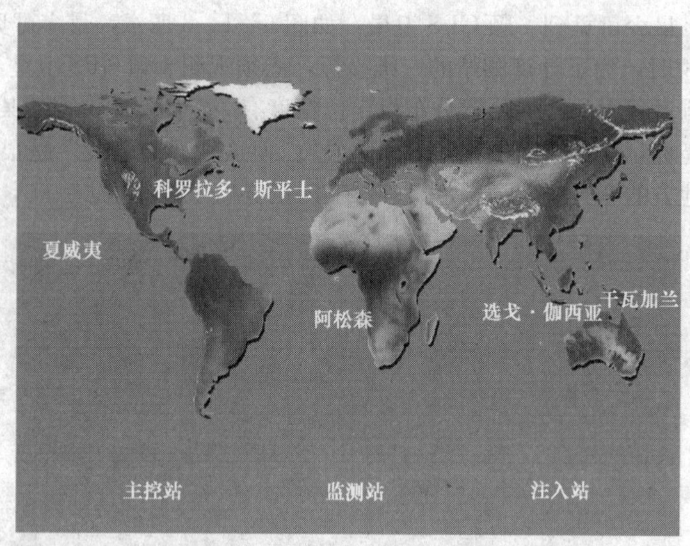

图 6—1—4　GPS 地面监控站的分布

3. 用户部分

用户部分由 GPS 信号接收机、数据处理软件及相应的用户设备（如计算机、气象仪器等）所组成。用于接收 GPS 卫星发射的信号，信号经处理而获得用户位置、速度等信息，再通过数据处理完成导航和定位。GPS 接收机硬件一般由主机、天线和电源组成，接收机软件主要是指机内监控程序和导航与定位数据的后处理软件包。

GPS 信号接收机能够捕获到按一定卫星高度截止角所选择的待测卫星的信号，并跟踪这些卫星的运行，对所接收到的 GPS 信号进行变换、放大和处理，以便测量出 GPS 信号从卫星到接收机天线的传播时间，解译出 GPS 卫星所发送的导航电文，实时地计算出测站的三维位置、速度，甚至三维速度和时间。

静态定位中，GPS 接收机在捕获和跟踪 GPS 卫星的过程中固定不变，接收机高精度地测量 GPS 信号的传播时间，利用 GPS 卫星在轨道的已知位置，解算出接收机天线所在位置的三维坐标。而动态定位则是用 GPS 接收机测定一个运动物体的运行轨迹。GPS 信号接收机所位于的运动物体称为载体（如航行中的船舰、空中的飞机、行驶中的车辆等）。载体上的 GPS 接收机天线在跟踪 GPS 卫星的过程中相对地球而运动，接收机用 GPS 信号实时地测得运动载体的状态参数（瞬间三维位置和三维速度）。

GPS 接收机一般用蓄电池做电源。同时，采用机内机外两种直流电源。设置机内电池的目的在于更换外电池时不中断连续观测。在用机外电池的过程中，机内电池自动充电。关机后，机内电池为 RAM 存储器供电，以防止数据丢失。近几年，国内引进了许多类型的 GPS 测地型接收机，各种类型的 GPS 测地型接收机用于精密相对定位时，其双频接收机精度可达 5 mm，单频接收机在一定距离内精度可达 10 mm。用于差分定位时其精度可达亚米级至厘米级。目前，各种类型的GPS接收机体积越来越小，质量越来越轻，便于野外观测。GPS和GLONASS兼容的全球导航定位系统接收机已经问世。

根据GPS接收机使用目的的不同，世界上已有近百种不同的GPS接收机，既有价格低廉的手持GPS接收机，也有几十万元的接收机。这些产品可以按不同用途、不同原理和功能进行分类。

（1）按接收机的用途分类

1）导航型接收机。此类型接收机主要用于运动载体的导航，它可以实时给出载体的位置和速度。这类接收机一般采用C/A码伪距测量，单点实时定位精度较低，一般为±25 m，有SA（选择可用性，美国采取的限制定位精度的政策）影响时为±100 m。这类接收机价格便宜，应用广泛。根据应用领域的不同可分为以下几种：手持型——用于个人旅游使用；车载型——用于车辆导航定位；航海型——用于船舶导航定位；航空型——用于飞机导航定位。由于飞机运行速度快，因此，在航空上用的接收机要求能适应高速运动；星载型——用于卫星的导航定位。由于卫星的速度高达7 km/s以上，因此，对接收机的要求更高。

2）测地型接收机。测地型接收机主要用于精密大地测量、精密工程测量、地壳形变测量等领域。这类仪器结构复杂、价格较贵、定位精度高，可分为以下两种：单频接收机——只能接收L1载波信号，不能有效消除电离层延迟影响，只适用于短基线（<15 km）的精密定位；双频接收机——可以同时接收L1、L2载波信号，可以消除电离层对电磁波信号的延迟的影响，因此，双频接收机可用于长达几千千米的精密定位。

3）授时型接收机。这类接收机主要利用GPS卫星提供的高精度时间标准进行授时，常用于天文台及无线电通信中的时间同步。

4）姿态型接收机。这类接收机可以提供载体的航偏角、仰俯角和滚动角。主要用于船只、飞机及卫星的姿态测量。

（2）按接收机通道数分类

GPS接收机从捕获卫星信号到跟踪、处理和测量卫星信号的无线电器件称为信号通道。根据接收机所具有的通道种类，可分为以下三种：

1）多通道接收机。同时有多个通道工作，每个通道跟踪一颗卫星。目前，GPS接收机多为此种。

2）序贯通道接收机。通常只有两个信号通道，采用分时依序对各卫星进行跟踪测量，此种接收机通道少，价格便宜，但不能同步跟踪卫星，测量误差大。

3）多路多用通道接收机。此类接收机可以保证对卫星信号连续跟踪，这种接收机也逐步被多通道接收机代替。

（3）按接收机工作原理分类

1）码相关型接收机。主要利用码相关技术得到伪距观测值。

2）平方型接收机。平方型接收机是利用载波信号的平方技术去掉调制信号，恢复完整的载波信号，通过相位计测定接收机内产生的载波信号与接收到的载波信号之间的相位差，测定伪距观测值。

3）混合型接收机。是综合上述两种接收机的优点，既可以得到码相位伪距，也可以得到载波相位观测值。

4）干涉型接收机。这种接收机是将 GPS 卫星作为射电源，采用干涉测量方法，测定两个测站间距离。

五、GPS 技术在物流领域中的应用

1. GPS 在运输行业中的应用

（1）车辆分布

通过 GPS 可以了解所有车辆在各区域分布的具体位置、行驶状况。通过对该功能的使用，可以查到在某个地域内哪些车辆可供使用，也可以了解公司所有在途运输车货的分布情况以及可供使用的车辆依据。

（2）历史轨迹

通过对历史轨迹的查询，可以看出车辆在行驶过程中的状态、路线，从而规定行驶线路、中途随意停车。根据该车的行驶轨迹，公司与客户都可对货物在途中运输过程有相应的了解，并可将此作为考评依据。

（3）当前位置

通过实时位置的查询可以看出车辆当前的准确位置、运行的方向和运行速度。这个功能只有在发生意外或特殊情况发生时才会用到。如，有报警信息发生需进行救援、急于查看车辆的具体位置进行实时调度等。

（4）连续监控

可根据实际情况对车辆进行监控时间段和位置点发生的条件设置。如，在车辆出发前先预计设置行驶的时间，对车辆进行监控的条件及时间设置。这样可达到对车辆进行全程监控的目的。

（5）区域看车

可根据车辆预计行驶的范围或路线，在电子地图上定一个或多个报警区域，当车辆驶出和驶入该区域时，终端就会向系统发出报警信息，报警信息会以手机中文短信的方式发送到指定的手机上。

2. GPS 在第三方物流中的应用

GPS 在物流中普及应用后，通过互联网实现信息共享，实现三方应用，车辆使用方、运输公司、接货方对物流中的车货位置及运行情况等都能了如指掌，做到透明准确，促使三方协调好商务关系，从而获得最佳的物流流程方案，取得最大的经济效益。

（1）车辆使用方

运输公司将自己的车辆信息指定开放给合作客户，让客户自己能实时查看车与货的相关信息，能较为直观地在网上看到车辆分布和运行情况，找到适合自己使用的车辆，从而省去不必要的交涉环节，加快车辆的使用频率，缩短运输配货的时间，减少相应的工作量。在货物发出之后，发货方可随时通过互联网或手机查询车辆在运输中的运行情况和所到达的位置，实时掌握货物在途的信息，确保货物运输时效。

（2）运输公司

运输公司通过互联网实现对车辆的动态监控式管理和货物的及时合理配载，以便加强对车辆的管理，减少资源浪费和费用开销。同时，将有关车辆的信息开放给客户后，既方便了

客户的使用，又减少了不必要的环节，提高了公司的知名度与可信度，拓展了公司业务面，提高了公司的经济效益与社会效益。

（3）接货方

接货方只需要通过发货方所提供的相关资料的使用权限，就可通过互联网实时查看到货物信息，掌握货物在途的情况和大概的运输时间，以此来提前安排货物的接收、停放以及销售等环节，使货物的销售链可提前完成。

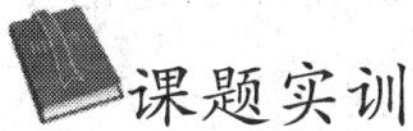

课题实训

1. 利用搜索引擎查询车载 GPS 终端设备的信息，包括价格和功能等。
2. 利用学校的 GPS 系统终端，完成一次导航设置训练。

思考与练习

1. GPS 具有哪些功能和特点？
2. 调查 GPS 在物流领域中的应用案例，并撰写调查报告。
3. 给小型物流企业编制 GPS 系统的需求分析、系统预算方案。

课题 2 GIS 技术应用

一、GIS 的概念

GIS 即地理信息系统，是以地理空间数据库为基础，在计算机的硬件系统支持下，对整个或部分地球表层空间中的有关地理分布数据进行采集、储存、管理、运算、分析、显示和描述，并采用地理模型分析方法，实时提供多种空间和动态的地理数据，为地理研究和地理决策服务而建立起来的计算机技术系统。

GIS 是 20 世纪 60 年代开始发展起来的地理学研究新成果，到 20 世纪 80 年代开始走向成熟，在技术上和应用上已经达到了一个新阶段，不但在资源和环境管理与规划中成功应用，而且是设施管理和工程建设的重要工具，同时进入到军事战略分析、商业策划和文化教育乃至人们的日常生活领域之中。

随着信息技术的发展和 GIS 理论、集成技术的进步，GIS 应用已渗透到人类生活的许多方面。只要研究对象或多或少与三维空间有关，就可以利用地理信息系统解决相关问题，如位置分析、查询分析、趋势分析、模式研究、模拟分析等。

GIS 按研究范围可分为全球性的、区域性的和局部性的，按研究内容的不同可分为综合性的与专题性的。同级的各种专业应用系统集中起来，可以构成相应地域同级的区域综合系统。在规划、建立应用系统时，应统一规划这两种系统的发展，以减少重复浪费，提高数据共享程度和实用性。

二、GIS 组成

GIS 由五个主要元素构成：硬件、软件、数据、人员和方法。

1. 硬件

硬件是操作 GIS 的计算机。从中央计算机服务器到桌面计算机，从单机到网络环境。

2. 软件

GIS 软件提供所需的存储、分析和显示地理信息的功能和工具。主要的软件部件有输入和处理地理信息的工具，数据库管理系统（DBMS），支持地理查询、分析和视觉化的工具等。

3. 数据

一个 GIS 系统中最重要的部件就是数据。地理数据和相关的表格数据可以自己采集或者从商业数据提供者处购买。GIS 将空间数据和其他数据源的数据集成在一起，也可以使用数据库管理系统来管理空间数据。

4. 人员

如果没有人来管理 GIS 系统，将没有什么价值。GIS 技术的用户范围包括设计和维护系统的技术专家，以及使用该系统的工作人员。

5. 方法

成功的 GIS 系统具有好的设计计划和自己的规律，而且对每一个公司来说，具体的操作实践又是独特的。

三、GIS 功能

1. 空间查询和分析功能

空间信息的查询和分析是 GIS 的基本功能。GIS 不仅提供静态的查询和检索，还可以进行动态的分析，如空间信息测量与分析、地形分析、网络分析、叠置分析等。

2. 可视化分析

GIS 通过对跨地域的资源数据进行处理、分析，揭示其中隐含的模式，发现其内在的规律和发展趋势，而这些在统计资料和图表里并不能很直观地表示出来的。GIS 把空间和信息结合起来，实现了数据的可视化。对于许多类型的地理信息操作，最好的结果是以地图或图形形式显示出来，GIS 把数据显示集成在三维动画、图像或多媒体形式中输出，使用户能在短时间内对资源数据有一个直观的、全面的了解。

3. 制图功能

制图功能是 GIS 最重要的功能。GIS 的综合制图功能包括专题制图，在地图上显示出地理要素，并反映赋予数值范围，同时，可以放大和缩小以表明不同的细节层次。GIS 不仅可以为用户输出全要素图，而且可以根据用户需要分层输出各种专题地图，以显示不同要素和活动位置，或有关属性内容。

4. 辅助决策功能

GIS 技术已用于辅助决策完成一些课题。地理数据都可以用地图的形式简洁而清晰地显示出来，或出现在相关报告中，使决策者快速获得分析数据，高效地评估并作出决策。

四、GIS 在物流领域中的应用

GIS 技术把地理位置和相关属性有机结合起来，根据实际需要，准确真实、图文并茂地把结果输出给用户，以满足各部门对空间信息的要求。借助其独有的空间分析功能和可视化表达，还可进行各种辅助决策。GIS 技术的特点使之成为与传统方法迥然不同的解决问题的先进手段，是人们不断挑战并超越生存空间，满足对各种信息需求最强有力的武器。

近年来，GIS 技术的发展突飞猛进，它的应用范围也不断扩大，在电力供应、物流管理、物业管理、房地产管理、广告宣传、金融保险、商业服务等各个领域都得到了非常广泛的应用。它既服务于社会经济建设，又服务于人民生活及军队建设，是社会赖以运转和发展的条件。随着计算机技术的发展，信息高速公路的建成，一个以 GIS 技术为平台，以信息高速公路为纽带的“数字地球”必将为人类信息交流与共享提供一种全新的方式。

而现代物流是一个多环节的、十分复杂的系统，如何应用好 GIS 技术来合理地组织物流活动，使各个环节相互协调，适时、适量地调度系统内的基本资源，实现物流的“精确化”，成为一个非常关键的问题。GIS 技术在精确物流中的应用主要有以下几个方面：

1. 空间查询和分析

通过空间数据进行快速搜索和复杂查询是 GIS 的看家本领，GIS 能提供从最简单的点击式查询到辩证思维的空间分析方法，GIS 最引人入胜的作用是通过各种假设分析来模拟区域内的空间规律和发展趋势。而且，GIS 的操作结果可通过高品质的和高信息含量的可视化地图、影像、多媒体等方式加以直观表达，这是 GIS 无与伦比的优势。正是 GIS 技术的空间查询和分析能力，在物流活动中，可以迅速、准确地掌握供需双方的地理分布，确定货物调运的数量和运输方式，决定运送货物的数量、种类、到货方式等，从而降低经营成本，提高收益。

2. 辅助决策

在精确物流环境中，为优化企业经营者的利益，最大限度地体现消费者权益，必须将商品的需求、商品流通和商品生产有机地联系在一起，在库存数量、存货地点、订货计划、运输配送等方面实现最佳选择，而且能够在准确的时间、准确的地点、以恰当的价格和便捷的方式将商品送到消费者手中。因此，针对物流配送的各项分析和决策就显得分外重要。

这些分析和决策主要包括：

（1）位置决策。指在建立电子地图体系时的设施定位。

（2）生产决策。主要是关系库存的方式、数量和管理方法。

（3）运输决策。包括运输方式、批量、路径以及运输设备的尺度等。

（4）数据集成、空间分析、可视化表达，GIS 堪称最佳决策支持系统。GIS 以快速有效的信息获取、加工处理手段，使用户足不出户便可运筹帷幄。

3. 商业服务

在物流过程中，掌握精确的顾客资料是成功的关键，分析 GIS 中的顾客和商务数据，能够帮助用户发现最好的顾客和潜在市场，并针对特定顾客设计独特的广告和促销活动，并选择办公设施的最佳位置。

利用GIS还可准确掌握潜在顾客的地理分布，降低经营成本，提高收益。了解顾客市场的顾客数据库是企业最宝贵的财富之一。充分利用顾客数据库的关键是地理定位，GIS可以根据顾客的地址给顾客信息赋予地理位置值，并使这些信息与顾客收入、心理因素、购买行为等有关数据联系起来，从而分析出潜在顾客。

4. 实时跟踪物资的流通

现代化的物流是一个成品从原材料直至终端客户手中的大物流体系，具体可分为三个部分，即原材料流通至生产厂、生产厂内原材料转变为成品、成品从生产厂至消费者手中。无论哪一种流动，对附有条码等信息载体的流动物品，都可以利用GIS技术的全球定位功能，对其实现实时的跟踪与控制。

此外，在提高仓库等物流设施的利用率方面，也可以应用GIS技术。据统计，目前我国物资设施的空置率高达60%，仓库利用率不足60%，名不副实、重复建设、资源浪费的现象十分严重。应用GIS技术进行空间数据分析，可以辅助决策物流设施的分布，从而减少资源浪费。

可以看出，物流活动具有资源庞杂、流动空间广、过程复杂的特点，而GIS技术具有强大的空间获取、管理、分析、决策功能。将地理信息技术应用于精确物流，对于解决物资的高效、合理流动，达到物资配给效益最大化目标，具有广阔的应用前景和很强的时代特征。

五、GIS与GPS的结合

GIS与GPS的结合，可以直接用GPS方法采集数据来对GIS作实时数据更新，这是最为实用、简便、低廉的集成方法。也可以利用GIS中的电子地图和GPS接收机的实时差分定位技术，组成“GPS+GIS”的各种电子导航系统，用于交通、公安侦破、车船自动驾驶等。GIS与GPS的集成模式有如下几种：

1. GPS单机定位加栅格式电子地图模式

该集成系统可以实时地显示移动物体（如车、船、飞机等）所在位置，从而进行辅助导航。优点是价格便宜，不需要实时通信。缺点是精度不高，自动化程度也不高。

2. GPS单机定位加矢量电子地图模式

该集成系统可根据目标位置（工作时输入）和车船现在位置（由GPS测定）自动计算和显示最佳路径，引导驾驶员最快地到达目的地。并可用多媒体方式向驾驶员提示。但矢量地图（交通图）数据库建设需要较大成本的投入。GPS的测定误差可设法加以补偿和改正。

3. GPS差分定位+矢量/栅格电子地图

该集成系统通过固定站与移动车船之间两台GPS的伪距差分技术，可使定位精度达到1～3 m。此时需要通信联系，可以是单向的，也可以是双向的，即GIS系统可以放在固定站上，构成车、船现状监视系统，也可以放在车、船上构成自动导航系统。双方均有GIS和通信系统的，则可构成交通指挥、导航、监测网络。

六、GIS与GPS及GSM的结合

全球移动通信系统（Global System For Mobile Communications，GSM，俗称“全球通”）提供多种电信服务，包括语音、电文、图像、传真、计算机文件、消息等。GPS+GSM+GIS系统是将全球定位系统与移动通信网相结合，通过建立和应用GSM短信息中心为GPS系统建立通信链路和数据信息传输系统的技术系统。即依赖覆盖全国的移动通信网，使调度中心能及时与移动的车辆建立联系；同时，依赖定位系统，使调度中心能随时监控车辆或货物的位置，保证整个运输活动的正常运转。GPS+GSM+GIS 具有以下特征：

（1）GPS、GSM、GIS 和计算机网络通信技术，构成通信与定位相结合的指挥调度、监控报警的强大管理网。

（2）全国、全球性 GSM 网的建立，企业无需花费太多建立通信网络便可在 GSM 网覆盖区内实现对移动目标进行实时精密定位监控。

（3）在 GSM/GPRS 短信息服务的许可下，可容纳极大数量（容量）的移动用户、监控目标。

（4）速度快，不掉线，费用低。

（5）设备体积小，操作简单，安全性好，不易破坏。

利用 GSM 移动电话网作为通信媒介，利用 GPS 定位技术及计算机技术等手段，运用矢量化地理信息电子地图软件平台，实现对车辆的位置监视、报警求助、信息服务、防盗报警、部分遥控操作及车辆工作状态监测等功能。

在物流作业中，根据传送数据的优先程度，可以选用不同的方式：传送普通监控数据和调度信息时，采用 GSM 的短信息通道；传送报警数据时，则无条件地采用语音通道。

1. 短信息实现方法

短信息实现方法如图 6—2—1 所示。

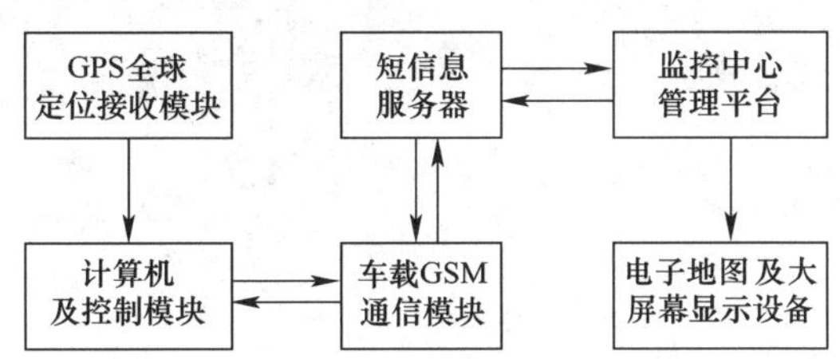

图 6—2—1　GPS+GSM+GIS 短信息实现方法

2. 语音通道实现方法

语音通道实现方法如图 6—2—2 所示。

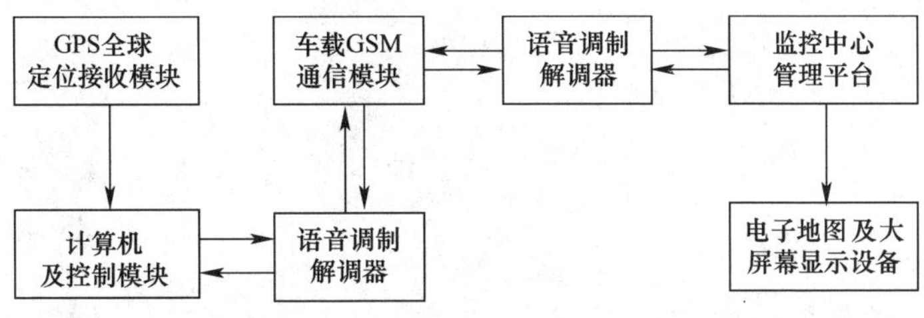

图 6—2—2　GPS+GSM+GIS 语音通道实现方法

思考与练习

1. 什么是GIS技术?
2. GIS在物流领域有哪些应用?

模块七

物流电子商务

课题1 认识物流电子商务

商务交易活动过程的资金划拨和信息传递都能在计算机网络（简称互联网或网）上进行，商品所有权的转移可以通过相关的法律规定和技术保障在网上实现，信息商品的物流也可以在网上进行，这就是通常所说的电子商务。物流企业为了拓展自己的业务，提高自身的服务效率，也必须开展电子商务。

一、电子商务的概念与功能

1. 电子商务的概念

电子商务是指人们利用电子手段进行商业、贸易等商务活动，是传统商务活动的电子化。电子手段包括电子技术、电子工具、电子设备及系统。具体来说，包括电话、电报、电视、传真、E-mail、电子数据交换、电子计算机、通信网络、信用卡、电子货币和Internet等。在以上电子手段中，应用最广泛和潜力最大的是Internet。

电子商务有狭义和广义之分。狭义的电子商务是指人们利用电子手段进行的以商品交换为中心的各种商务活动，包括公司、厂家、商业企业、工业企业与消费者个人双方或多方通过计算机网络，主要是Internet进行的商务活动。广义的电子商务是指各行各业（包括政府机构和企业、事业单位）中各种业务的电子化，又称为电子业务，包括电子商务、电子政务、电子军务、电子医务、电子教务、电子公务、电子事务、电子家务等。

2. 电子商务的基本功能

电子商务可提供网上交易和管理的全过程服务，因此，它具有交易活动管理、市场调研、广告宣传与信息发布、咨询洽谈、网上订购、网上支付、网上金融服务、服务传递、在线服务支持等各项功能。

二、物流电子商务

1. 物流电子商务的含义

物流电子商务又称网上物流，是基于互联网技术，旨在创造性地推动物流行业发展的新商业模式，是以互联网的形式提供物流行业相关信息。在网上能提供的物流信息包括货源信息，物流基础设施、设备和产品信息，空运信息，陆运信息，海运信息，物流行业资讯，物流知识，法律法规等，供物流企业或客户查找，同时也可通过物流网发布信息，以供物流企业合作。

2. 物流电子商务的意义

通过互联网，物流公司能够被更大范围内的货主客户主动找到，能够在全国乃至世界范围内拓展业务；贸易公司和工厂能够更加快捷地找到性价比最合适的物流公司；网上物流致力把世界范围内最大数量的有物流需求的货主企业和提供物流服务的物流公司都吸引到一起，提供中立、诚信、自由的网上物流交易市场，帮助物流供需双方高效达成交易。目前，已经有越来越多的客户通过网上物流交易市场找到了客户，找到了合作伙伴，找到了海外代理。

三、电子商务的类型

1. B2C 电子商务

B2C 电子商务是指企业通过 Internet 为消费者提供产品或服务的一种新型消费方式。消费者在网上购买商品或服务，并在网上支付，这种方式节省了消费者和企业双方的时间和空间，并为生产型企业直接面向消费者提供了机会。

（1）B2C 模式的基本业务流程

1）消费者通过 Internet 上的广告、产品目录、搜索引擎检索等方式得到对自己有用的信息，进入有关的网站并查询自己所需要的产品或服务。

2）顾客通过网站提供的订货单填入需要购买的商品或服务的内容，包括购买什么，购买多少，送货方式、付款方式等信息。

3）顾客选择付款方式，如信用卡等。

4）商家或企业的电子商务服务器自动检查支付方服务器，确认汇款额是否被认可。

5）商家或企业的电子商务服务器确认顾客付款后，通知销售部门或物流公司送货上门。

6）顾客所在的开户银行将支付款项转到顾客的信用卡公司，信用卡公司负责发给消费者收费清单。

当然，为保证交易过程的安全性，还需要一个认证机构对网上交易的双方进行认证，以确认他们的真实身份。

（2）B2C 的常见商业模式

1）网上商店。消费者通过网上商店购买商品是电子商务的典型应用之一。在网上商店，消费者可以浏览、选购自己喜欢的商品，安全地完成网上支付，享受安全便捷的购物方式。企业则可以通过网络将商品销售出去。这种方式不但可以减少店面的开销、销售人员的开销，更重要的是能够实现零库存销售。

网上商店和传统的商店在部门结构和功能上没有多少区别，不同点在于实现这些功能和结构的方法手段以及商务运作方式发生了巨大变化。一般构成网上商店的四大支柱的是商品目录、购物车、付款台和后台管理系统。商品目录的作用在于使顾客通过最简单的方式找到所需要的商品，并可以通过文字说明、图像显示、客户评论等充分了解产品的各种信息。购物车则是用来衔接商店和个人的，客户可将其所需要的商品放入购物车，也可以将购物车中的商品取出，直到最后付款。付款台是顾客网上购物的最后环节，消费者需要在付款台选择付款方式，输入自己的账号/卡号和密码，即可完成付款。以上操作都可在网上完成，但是，网上商店的成功运作还需要一个用来处理顾客订单、安排发货、监控库存、处理客户投诉、进行销售预测与分析等的后台管理系统。

网上商店的建立形式目前有两种：一种是在网上设立独立的虚拟店铺；另一种是参与并成为网上在线购物中心的一部分，如在线书店、在线商店等。实际上，多数企业网上销售并不只采用一种电子商务模式。

2）网上订阅模式。网上订阅模式是指企业通过网页向消费者提供网上直接订阅、浏览信息的电子商务模式。网上订阅模式主要被商业在线机构用来销售报刊杂志、有线电视节目等。网上订阅模式主要包括：一是在线服务。在线服务是指在线经营商通过每月向消费者收取固定的费用而提供各种形式的在线信息服务。例如，美国在线（AOL）和微软网络（Microsoft Network）等在线服务商都使用这种形式，让订阅者每月支付固定的订阅费用，以享受其所提供的各种信息服务；二是在线出版。在线出版是指出版商通过 Internet 向消费者提供除传统出版物之外的电子出版物。在线出版一般都不提供因特网的接入业务，仅在网上发布电子刊物，消费者可以通过订阅来下载刊物的信息。但是，以订阅方式向一般消费者销售电子刊物被证明存在一定的困难。因为，一般消费者基本上可以从其他途径获取相同或类似的信息。因此，此项在线出版模式主要适用于专业性很强或靠广告支持的刊物；三是在线娱乐。在线娱乐是无形产品和服务在线销售中令人瞩目的一个领域。例如，一些网站向消费者提供在线游戏，并收取一定的订阅费。目前看来，这一领域也比较成功；四是付费浏览模式。付费浏览模式是企业通过网页向消费者提供计次收费性网上信息浏览和信息下载的电子商务模式。付费浏览模式让消费者根据自己的需要，在网址上有选择性地购买想要的东西。例如，在数据库里查询的内容也可付费获取。付费浏览模式是目前电子商务中发展最快的模式之一，但要解决小额支付方式所带来的许多小金额的账款跟踪问题和知识产权保护问题；五是广告支持模式。广告支持模式是指在线服务商免费向消费者或用户提供信息在线服务，而营业活动全部靠广告收入来支持。例如，像新浪、搜狐等网站就是依靠广告收入来维持经营活动的。企业愿意在门户网站设置广告，特别是通过付费方式在网上设置旗帜广告，有兴趣的上网人员通过击点“旗帜”就可直接到达企业的网站。由于广告支持模式要求上网企业的商务活动靠广告收入来维持，该企业网页能否吸引大量的广告就成为成功的关键。能否吸引网上广告又主要靠网站的知名度，而知名度又要看该网站被访问的次数；六是网上赠与模式。网上赠与模式是指企业借助于因特网全球广泛性的优势，向互联网上的用户赠送软件产品，扩大知名度和市场份额。通过让消费者使用该产品，从而让消费者下载一个新版本的软件或购买另外一个相关的软件。由于所赠送的都是无形的计算机软件产品，是用户通过因特网自行下载的，因此，企业所投入的成本很低。

（3）物流 B2C 电子商务应用

物流网目前在全国已经兴起，好的物流网很多，用户可以根据所在地区查找物流网，也可在综合型的物流网上查找相关信息。目前，物流网以地区物流网为主，主要提供该地区的物流信息。尤其是以大量个体消费者开展业务的物流企业为自己开办这样的网站。这些网站常见的是快递公司，其客户具有很大的不确定性，分布广泛，需要借助网络来宣传自己，同时也能在网上开展在线业务。

2. B2B 电子商务

B2B 电子商务即企业对企业模式，也称为商家对商家或商业机构对商业机构模式，是企业与企业之间进行的电子商务活动。例如，工商企业利用计算机网络向它的供应商进行采购，或利用计算机网络向批发商销售产品等。B2B 已成为一种新兴的商业运作模式，它将买方、卖方以及服务于它们的中间商（如金融机构）集合到一起，通过电子交易平台实现信息交换和交易行为。

（1）B2B 模式的基本流程

1）买卖双方将各自的供应和需求信息通过网络告诉给网络商品交易中心，网络商品交易中心通过信息发布向参与者提供大量的、详细准确的交易数据和市场信息。

2）买卖双方根据网络商品交易中心提供的信息，选择自己的贸易伙伴。网络商品交易中心从中撮合，促使买卖双方签订合同。

3）买方在网络商品交易中心指定的银行办理转账付款手续，指定银行通知网络商品交易中心买方货款到账。

4）网络商品交易中心通知卖方将货物送到设在各地的配送部门，买方验证货物后提货。

5）网络商品交易中心通知银行买方收到货物，银行将买方的货款转交给卖方。

6）卖方将回执送交银行，银行将回执交给买方。

（2）物流 B2B 电子商务应用

这类网站主要是由一些客户群体比较稳定或者只有少数固定合作客户的物流公司自建的，如中海物流、中储物流等；或者是由专门的网络公司来提供这样的第三方物流平台，供物流公司和客户之间使用，如锦程物流网等。

目前，在物流行业中也有信息技术公司开发出了适合个体物流从业者寻找散货货源的类似于 C2C 模式的产品，如网达物流科技有限公司开发的网达网与网达通产品，只要货车装上网达通设备，由于该设备具有手机通话、车辆定位与导航等功能，货车可以与网达网有效互动，货运司机可以在全国各地随时随地承接物流业务。

课题实训

分别浏览中海集团物流有限公司（http://www.csl.cn/）、中国远洋物流有限公司（http://www.cosco-logistics.com）、中铁物流集团（http://www.ztky.com）、中国物资储运总公司（http://www.cmst.com.cn/）、UPS 中国（http://www.ups.com/cn）、淘宝物流网（http://e56.taobao.com/）和锦程物流网（http://www.jctrans.com/）等网站，对比分析每家物流公司网站所具有的电子商务功能，并填写表 7—1—1。

表 7—1—1　　物流商务网站对比分析表

序号	公司名称	网址	主营业务	网站主要功能	在线业务

思考与练习

1. 什么是电子商务？

2. B2C 和 B2B 电子商务交易模式的流程分别是什么？

3. 物流企业开展电子商务有哪几种形式？

课题 2　网上支付

一、电子支付与电子货币

1. 电子支付

电子支付是指以金融电子化网络为基础，以商用电子化机具和各类交易卡为媒介，以计算机技术和通信技术为手段，以电子数据形式存储在银行的计算机系统中，并通过计算机网络系统以电子信息传递形式实现的资金流通和货币支付。

电子支付方式已经建立了三种不同类型的支付系统，即预支付系统、即时支付系统和后支付系统。

（1）预支付系统

预支付就是指先付款，然后才能购买到产品或服务。预支付系统是通过将电子货币保存到硬盘或一张智能卡上的方式来工作的。这些包含该电子货币的文件称为虚拟钱包。预支付是银行和在线商店首选的解决方案，由于要求客户预先支付，所以不再需要为这些钱支付利息，可以在购买产品的瞬间将钱传送给在线商店以防止欺骗。

（2）后支付系统

后支付系统允许用户购买一件商品之后再付款。信用卡是广泛应用于现实生活和电子商务中的后支付系统。但是，信用卡存在的信用风险与社会的信用环境有很大关系，因此，商家可能会因受欺骗而增加损失。

（3）即时支付系统

即时支付系统是在交易发生的同时，钱也被从银行账户中转给卖方。即时支付系统实现起来比较复杂，因为该系统为了立即支付，必须直接访问银行的内部数据库。即时支付系统需要执行比其他系统更严格的安全措施，因而它是最强大的系统。基于 Internet 的即时支付系统是“在线支付”的基本模式。商家可以从即时支付模式获得利益，因为货款与订单是同时到达的，这可以减少发生欺骗行为的可能。

2. 电子货币

电子货币是采用电子技术和通信手段，以电子数据形式存储，并通过计算机网络系统以电子信息方式实现流通和支付功能的货币。也就是说，电子货币是一种以电子脉冲代替纸张进行资金传输和储存的信用货币。

电子货币是在传统货币基础上发展起来的，与传统货币一样都是固定充当一般等价物的特殊商品，这种特殊商品体现在一定的社会生产关系上。同时，二者具有价值尺度、流通手段、支付手段、储藏手段和世界货币五种职能。它们对商品价值都有反映作用，对商品交换都有媒介作用，对商品流通都有调节作用。电子货币与传统货币相比，由于二者的产生背景不同，也表现出其自身固有的特点：有电子储存的货币价值，代表向发行者的索偿权，具有一定的储值上限，可在发行者业务系统之外广泛用于支付，在支付过程中无卷入银行账户或发行方系统的必要。

电子货币的种类包括电子现金、银行卡和电子支票等。还可以从不同角度来分类：

从与付款人的关系来看，电子货币可分为身份可识别电子货币和匿名电子货币两类。身份可识别电子货币含有银行提款人身份的信息。这一功能确保银行追踪货币易手的能力。匿名电子货币（电子现金）在提取之后可立即用于支付或转让。电子现金的易手与实物现金的易手一样，无法追踪。

从携带方式上，电子货币可分为卡类和网络类。卡类电子货币以实物作载体，又称“硬件类”，是计算机芯片与付款卡的结合，故称“芯片卡”或“智能卡”。它的支付须经过读卡器方能实现。从目前的技术看，这种读卡器可分为接触型和非接触型。网络类电子货币是基于网络技术的象征货币。因为支付过程无需卡之类的媒介，而是通过存入个人电脑的特定软件、通过公开网络来实现的，故又称“软件类”电子货币。

二、信用卡

信用卡使用已久，目前的支付系统都是建立在金融专用网基础上的。通过金融专用网的终端，持卡人可以获得身份验证、消费结算、消费信贷、转账结算、通存通兑、自动取款、代发工资、代理收费等服务。

信用卡网上支付方式的业务流程如下：

1. 客户访问商家主页，浏览商品，验证商家 CA 证书，申请空白订货单。

2. 客户挑选商品，填写订单，同时插入信用卡，输入身份识别码，由浏览器扩展部分进行验证，如果符合就打开信用卡，读取卡中数据，并由用户形成支付指令，与订单同时发往商家。

3. 商家后端服务器中的支付处理模块在收到订单信息和支付信息后，初步确认客户的交易意图，在对客户身份认证完成后，将两种信息发往信用卡信息中心进行确认并申请授权。

4. 经支付网关检查过的合法支付指令被传送到信用卡信息中心进行联机实时处理，经过卡的真实性、持卡人身份合法性以及信用额度的确认后，信用卡信息中心决定是否授权，并将结果传回商家后端服务器。

5. 接到信用卡授权后，商家便可继续交易，向客户发送货物，并向客户索取交易完成的标志（在此，客户用信用卡实现了“先消费，后付款”的功能，其中银行提供的信用是交易顺利进行的保障）。

6. 信用卡信息中心将信用卡授权产生的转账结算数据传往收单行进行账务处理。时间可在当日、次日或约定的一定时间间隔内。

7. 收单行将转账数据及相关信息传往发卡行进行认证（在信用卡信息中心的认证基础之上的再认证，充分保证支付系统的安全性）。

8. 转账业务经发卡行认证传回收单行。同时，发卡行将客户的消费金额记入其消费信贷账户中；收单行则把商家的货款收入记入其存款账户中。至此，转账过程结束。

9. 转账结果再分别由发卡行和收单行传往信用卡信息中心，以便更新数据库，从而方便商家和客户的查询。

课题训练

1. 网上银行的开通与登录

（1）持个人身份证和银行卡到最近的招商银行的储蓄所申请开通网上银行，并申领数字证书。到银行后，可以咨询大厅服务人员，告知你要开通网银，并申领数字证书USB key。

（2）进入招商银行网站主页 http：//www.cmbchina.com/，在网页的右侧找到“网上个人银行”专栏，单击“个人银行大众版”，进入“个人银行大众版”登录界面，输入一卡通账号、取款密码、校验码，进入“个人银行大众版”网页；如果是首次登录，网站会要求先下载一网通网盾，按提示立即下载即可，如图 7—2—1 所示。

图 7—2—1　选择开户地

（3）浏览访问并熟悉“个人银行大众版”功能，如图 7—2—2 所示。

（4）利用“个人银行大众版”的查询功能，查询一卡通账户的余额及交易记录，如图 7—2—3 所示。

2. 网上转账

（1）软件的下载

在招商银行网站上可以找到“个人银行专业版”，单击进入下载页面，如图 7—2—4 所示。

（2）安装

下载完毕后，找到保存路径下的电子钱包软件的自解压软件包，双击运行，自动进入安

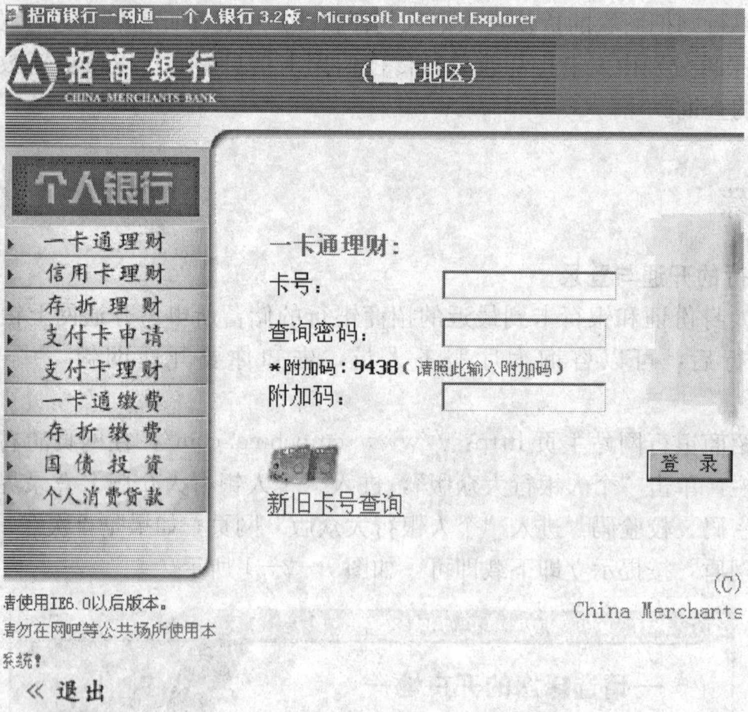

图 7—2—2 个人银行登录

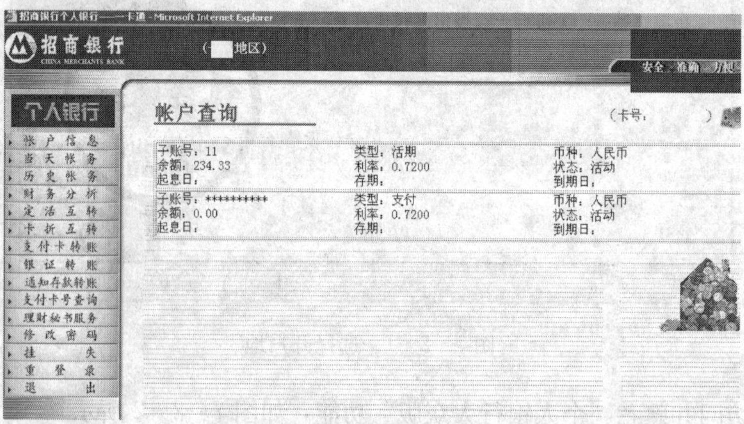

图 7—2—3 账户查询

装程序，然后按画面提示即可完成安装过程，安装完毕后，桌面上会出现相应的图标。

（3）转账

双击电子钱包软件图标，输入用户名、密码，即可启动电子钱包，如图 7—2—5 所示。或登录招商银行网站，直接登录“个人银行专业版”，输入用户名和密码，单击“下一步”按钮，选“证书启用”，插入数字证书备份盘，输入数字证书所在路径和文件名，确定，即可完成用户身份认证，进入“个人银行专业版”。若数字证书是在本机上申请，则无须进行身份认证，只需输入用户名和密码即可登录专业版。

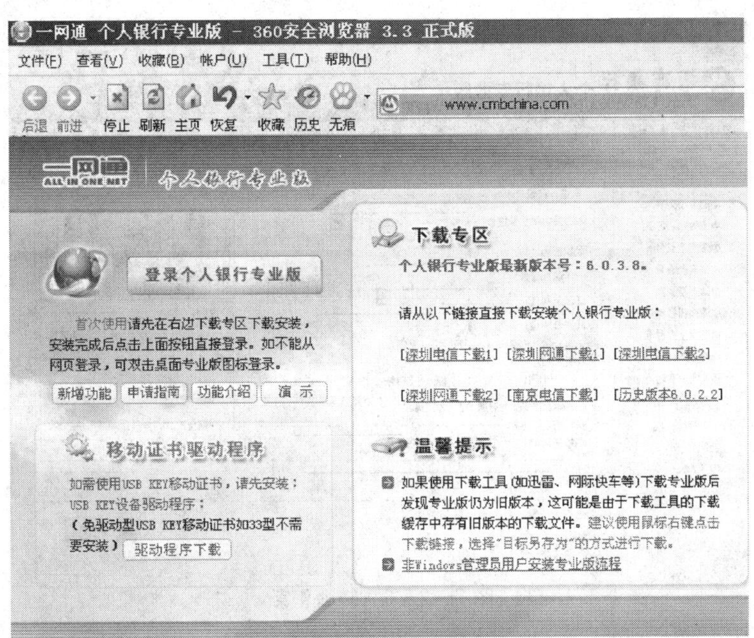

图 7—2—4 软件下载

图 7—2—5 启动电子钱包

在使用转账汇款功能之前，需要开通网上转账功能。单击“功能申请”，按要求逐项填写，然后单击“确定”按钮，按提示操作，申请成功后就可以转账。

在图 7—2—6 的页面中单击“转账汇款”菜单，根据实际转账业务需要，进行转账业务操作。该转账汇款功能，可以向同城或异地招商银行或其他银行的公司账户或个人账户转入资金，资金调拨方便快捷（其中，转入本行的资金能够实时到账）。如果需要经常向多个公

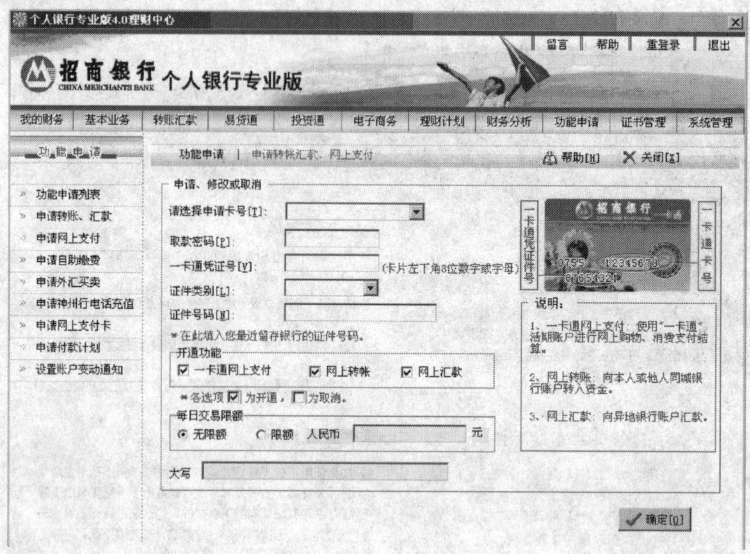

图 7—2—6　转账汇款

司和个人转账汇款，还可以使用“批量转账汇款”功能，同时向多个收款人转账汇款，如图 7—2—7 所示。

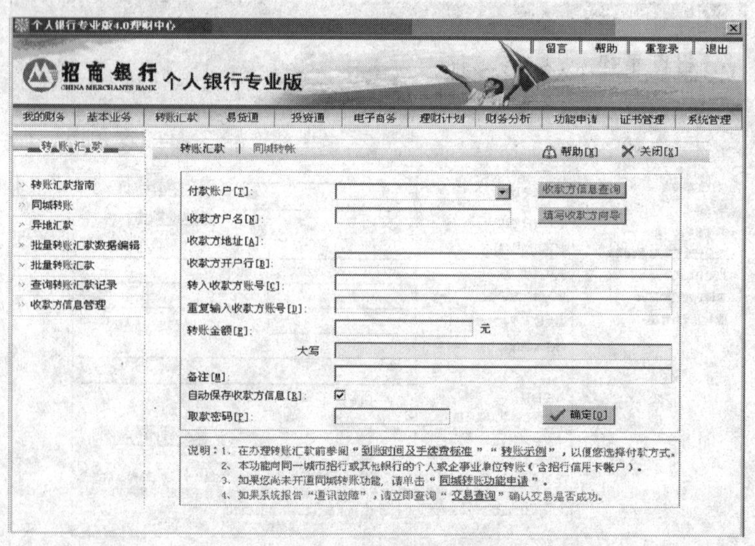

图 7—2—7　批量转账汇款

思考与练习

1. 在百度中搜索所在地的地方银行的网址，登录其网站，了解其网银业务种类及开通流程。

2. 将自己持有的一张银行卡开通网银，并登录自己的个人网银，了解各种支付业务的流程。

课题3　模拟电子商务交易

本课题采用的是畅想电子商务模拟软件 CX－Ec Soft V6.0。界面如图 7—3—1 所示：

图 7—3—1　登录界面

一、模拟训练角色分配

1. 创建班级与实验安排

（1）创建班级

登录软件后，教师先以管理员身份登录系统进行相关设置（创建班级、实验安排）后，学生才能开始操作，如图 7—3—2 所示。

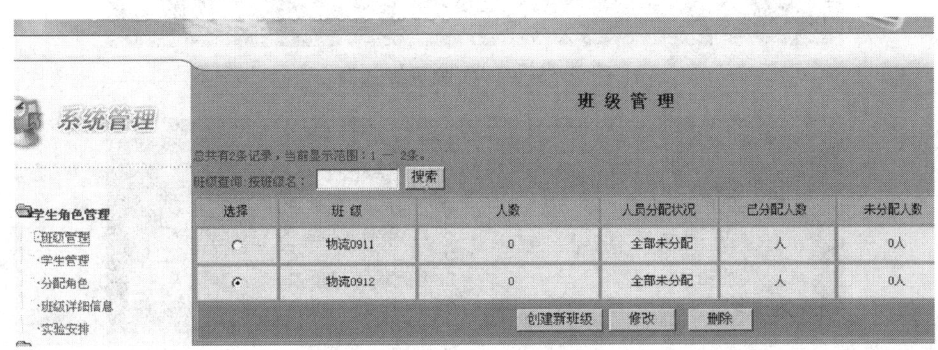

图 7—3—2　创建新班级

（2）实验安排

单击学生角色管理下面的实验安排菜单，弹出如图 7—3—3 所示的实验选择窗口，选择

B to C 模式实验一：练习模式 1，然后单击“确定”按钮，打开班级选择窗口，如图 7—3—4 所示，选择上课班级后，单击“确定”按钮，弹出如图 7—3—5 所示的窗口，证明实验安排成功。

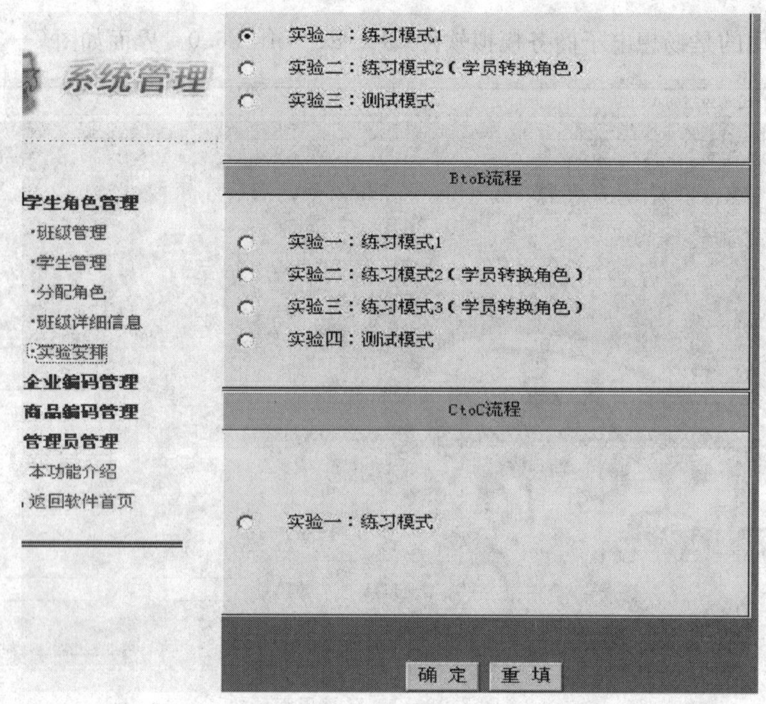

图 7—3—3　实验选择

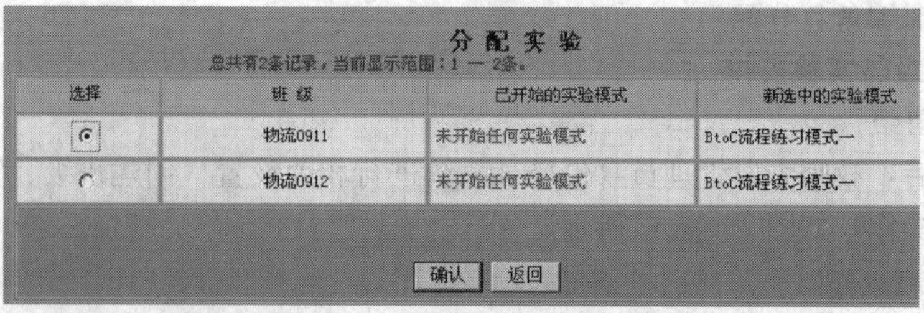

分 配 实 验

总共有2条记录，当前显示范围：1 — 2条。

选择	班 级	已开始的实验模式	新选中的实验模式
⊙	物流0911	未开始任何实验模式	BtoC流程练习模式一
○	物流0912	未开始任何实验模式	BtoC流程练习模式一

确认　返回

图 7—3—4　实验班级选择

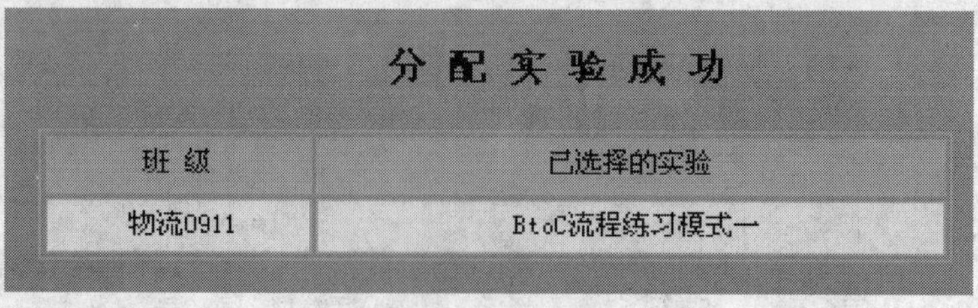

分 配 实 验 成 功

班 级	已选择的实验
物流0911	BtoC流程练习模式一

图 7—3—5　实验分配成功

2. 登录账号注册

学生运行软件，首先打开如图 7—3—6 所示的界面，在学生登录窗口下面单击“注册”

按钮，打开用户信息注册页面，以小雨的身份注册，并记下登录账号与密码。

用户信息注册	
学生学号：	物流091101 **
真实姓名：	小雨 **
班级：	物流0911 **
性别：	男 女
出生日期：	1985-05-20
国籍：	China
城市：	上海 **
证件类型：	身份证
证件号码：	210110198501202127 **
Email地址：	xy0520@163.com **
通信地址：	上海 **
邮政编码：	111111 **
密码：	* **
确认密码：	* **
提示问题：	1 **
问题答案：	1 **
	注册账号　重新填写

图 7—3—6　注册信息输入

填写完所有信息后，仔细核对一遍，保证无误后单击下面的“注册账号”按钮，弹出如图 7—3—7 所示界面，自己记录下注册的详细信息，以备后面使用。重复上面注册步骤，再以自己的真实身份注册，记下登录账号与密码。

用户信息注册	
学生编号：	S000001　请牢记您的登录账号
学生学号：	物流091101
真实姓名：	小雨
班级：	物流0911
性别：	女
出生日期：	1985-05-20
国籍：	China
城市：	上海
证件类型：	身份证
证件号码：	210110198501202127
Email地址：	xy0520@163.com
通信地址：	上海
邮政编码：	111111
密码：	1
提示问题：	1
问题答案：	1
	返回

图 7—3—7　注册成功后的信息

3. 等候教师分配角色

教师以管理员身份登录系统管理界面，在学生管理下拉菜单中单击“角色分配”，进入角色分配页面如图 7—3—8 所示，然后选择班级和实验模式，单击“手工分配角色”按钮，再次弹出角色分配页面，选择小组再单击“手工分配角色”按钮，弹出小组角色分配窗口，在窗口中将小雨分配为个人消费者，李毅分配为商场管理员，如图 7—3—9 所示，然后单击“关闭”按钮，角色分配成功。

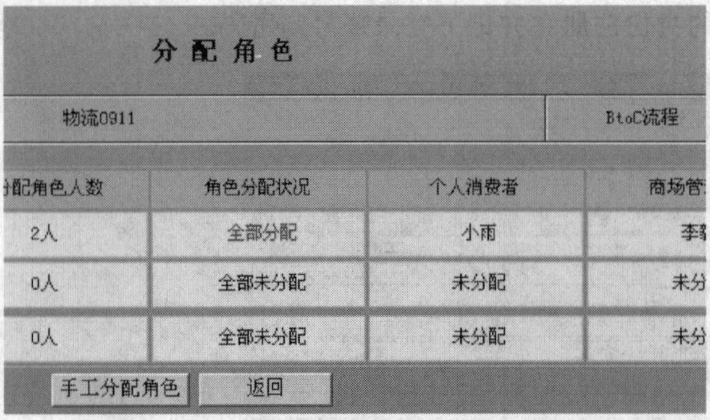

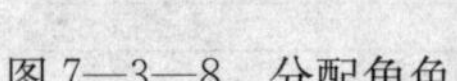

图 7—3—8　分配角色

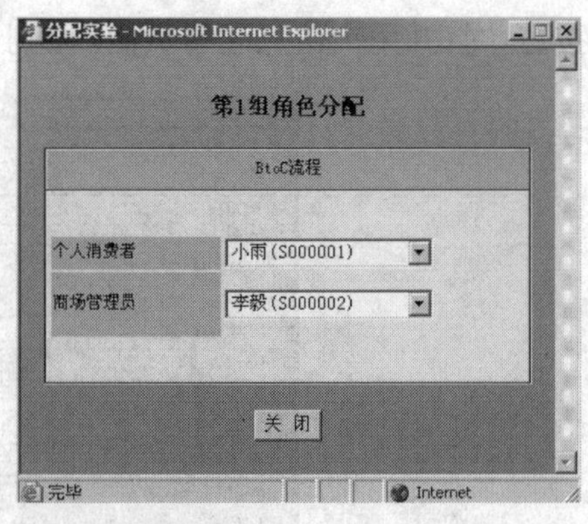

图 7—3—9　角色指定

二、B2C 电子商务交易模拟

1. 消费者登录，申请 CA 认证和银行卡

用小雨的账号和密码在首页中登录，如图 7—3—10 所示。登录之后系统会提示登录者现在的角色，如图 7—3—11 所示。

图 7—3—10　登录

图 7—3—11　角色提示

根据提示要求，进入软件的入口汇总界面，如图 7—3—12 所示。

图 7—3—12　角色入口

在图 7—3—12 中，选择个人消费者，单击进入个人消费者管理页面，如图 7—3—13 所示。

图 7—3—13　个人消费者入口

在图 7—3—13 中，单击“CA 认证中心入口”按钮，进入 CA 认证中心，申请数字证书。进入中心后，首先要填写自己的详细信息，填写的各项内容一定要与注册登录账号时所留资料完全一致，否则注册不成功。如图 7—3—14 所示，按要求逐项填写，认真核对，其中红色部分为必须填写项目。

个人CA证书用户申请表
红色部分必须填写！

申请人全名：	小雨	申请人性别：	男 女
出生日期：	1985-05-20		
国籍：	China		
省份：	北京市	城市名：	上海
证件类型：	身份证	证件号码：	210110198501202127
Email地址：	xy0520@163.com		
家庭地址：			
户口所在地址：			
通信地址：	上海		
邮政编码：	111111		
申请人电话：		申请人手机号：	
申请人传真：		申请人寻呼机号：	
申请人工作单位：			
申请人职务：			

申 请　返 回

图 7—3—14　CA 认证信息输入

个人 CA 证书用户申请表填写并核对完成后，单击下面的“申请”按钮，信息有误，会提示错误项，返回重新修改；信息完全正确，则提示申请成功，并显示获得的证书公钥和密钥。如图 7—3—15 所示。注意，该密钥不用抄写，系统自动保存到磁盘中，在实际交易中申请成功，认证机构会直接给你一个证书 U 盘，每次使用时，只需根据提示插入 U 盘，按提示操作即可。

图 7—3—15　数字证书

单击“返回”按钮，一直返回到个人消费者管理页面，如图 7—3—13 所示，再单击“银行入口”按钮，申请银行账号。实际操作中，需要到银行开户并开通网上银行。

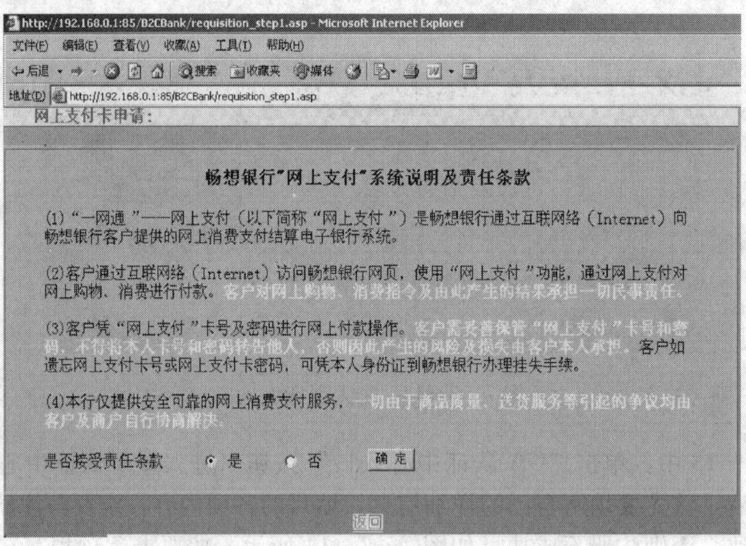

图 7—3—16 银行协议认可

在图 7—3—16 所示的界面中，选择"是"选项，然后单击"确定"按钮，进入个人信息填写页面，按要求填写自己的个人信息，如图 7—3—17 所示。

图 7—3—17 银行注册信息输入

信息填写无误后，单击"下一步"按钮，进入数字证书输入页面，如图 7—3—18 所示。

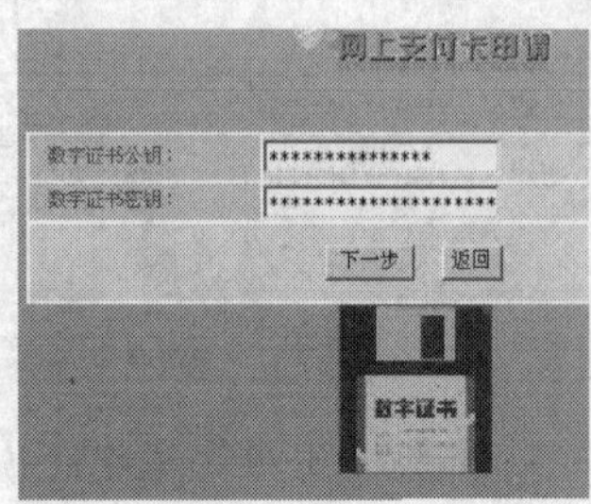

图 7—3—18 数字证书输入

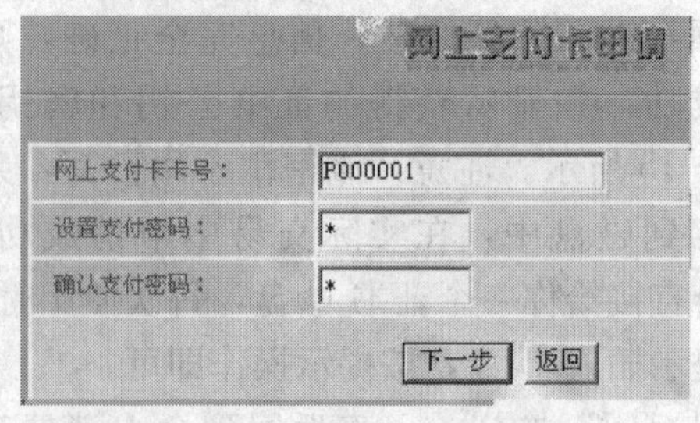

图 7—3—19 支付密码设定

在数字证书输入页面中，单击“磁盘”，即可自动输入密钥，然后单击“下一步”按钮，进入银行卡密码设置页面，如图 7—3—19 所示，支付密码要求至少三位以上，用自己容易记忆，别人不容易推算出来的字符。设置完支付密码，单击“下一步”按钮，出现如图 7—3—20 所示页面和提示信息，即为申请成功，记住自己的卡号和密码。

2. 浏览商场网页，寻找所需商品，然后填写并发送订单

从图 7—3—13 的消费者界面中的“商场入口”按钮进入商场选择页面，如图 7—3—21 所示，选择大上海购物中心后，单击“go”按钮，进入商场的商品展示网页，如图 7—3—22 所示，在网页中按照商品类别查找自己所需商品，找到 MP3。

用户真实姓名：	小雨
开户证件号码：	210110198501202127
E-MAIL地址：	xy0520@163.com
通信地址：	上海
邮政编码：	111111
网上支付卡卡号：	P000001
支付密码：	111

图 7—3—20　注册成功

图 7—3—21　选择商家

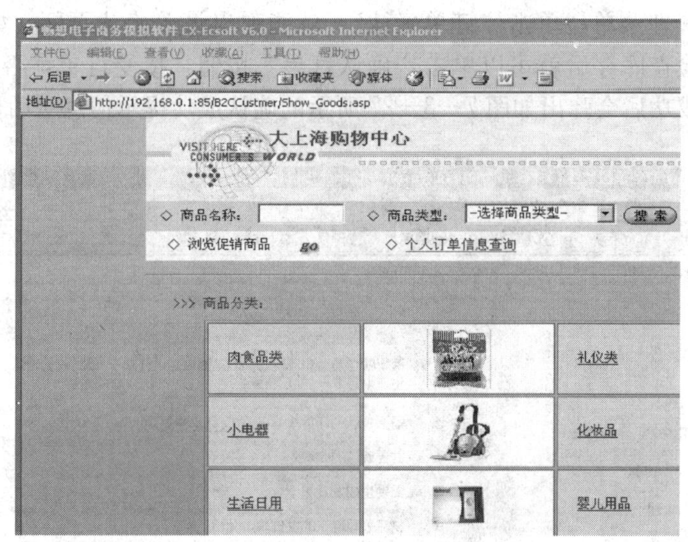

图 7—3—22　浏览商品

在商场商品展示中找到自己需要的 MP3 后，就可以填写订单，如图 7—3—23 所示，确定数量、金额，填写客户信息并设置密码后，就可以单击“确定”按钮。出现如图 7—3—24 所示的提示信息，证明订单填写成功。

3. 商场管理员确认接受订单

以自己的真实身份注册的账号和密码，并选择 B to C 模式后登录系统。登录以后，系统会提示你现在的角色是商场管理员，根据提示选择课堂练习模式，进入如图 7—3—12 的页面，单击“商场”图标，进入图 7—3—21 所示的商场选择页面，选择后单击“go”按钮，

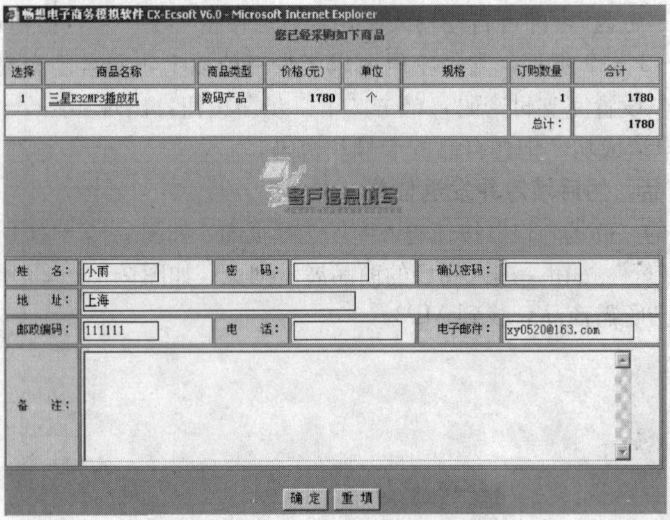

图 7—3—23 填写订单

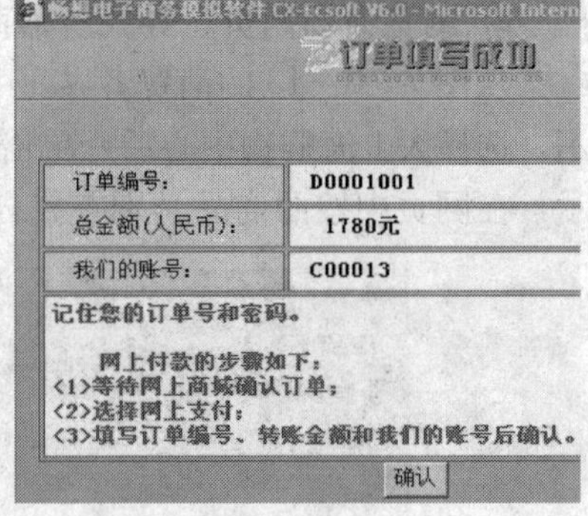

图 7—3—24 订单填写成功

进入商场管理员工作界面，如图 7—3—25 所示。界面左面是功能菜单，随时单击“工作任务扫描”，系统会自动提示你目前待处理的工作课题，本次扫描提示有订单需要确认，因此，点开左边的订单管理菜单，单击“订单确认”，就能弹出订单确认页面，如图 7—3—26 所示，查看数量，检查库存后就可以单击“确认订单”按钮，接受订单，否则单击“报废订单”按钮。确认成功后会弹出如图 7—3—27 所示的确认成功提示信息对话框。

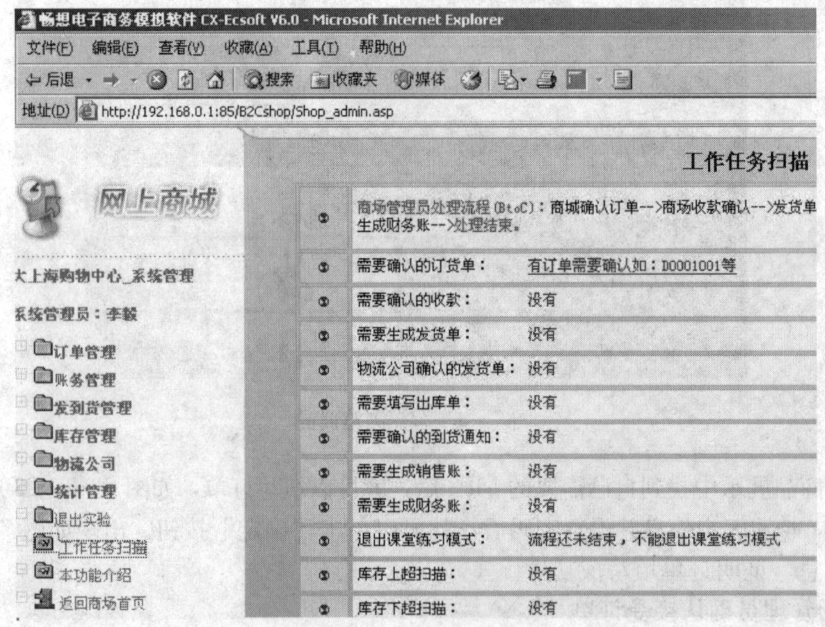

图 7—3—25 工作任务扫描

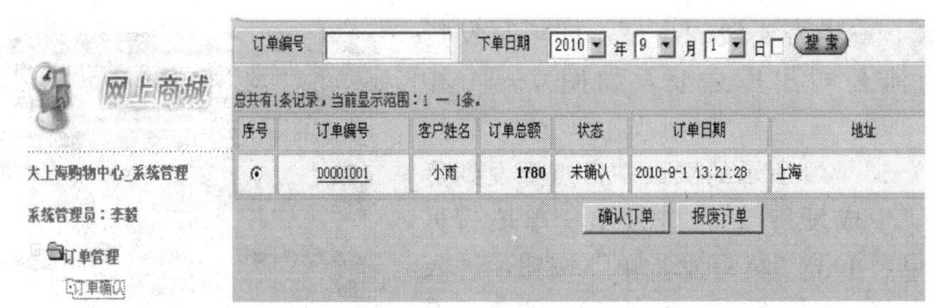

图 7—3—26　订单确认

4. 网上银行付款

图 7—3—27　订单确认成功

小雨用自己的账户和密码，选择 B to C 模式登录系统，一直进入到如图 7—3—13 所示的页面，单击“个人消费者信息查询”按钮，进入消费者个人后台操作界面，如图 7—3—28 所示。单击左边的“工作任务扫描”，如果提示有需要付款的订单，就说明商场已经接受订单，可以到银行付款了。然后一路单击“返回”按钮，退回到图 7—3—12 的页面，选择“银行”按钮，进入银行卡号和密码输入页面。输入自己的银行卡号和密码，进入银行支付页面。单击左面功能导航中的“在线支付”，会弹出转账单填写页面，如图 7—3—29 所示，按要求填写完相关项目后，单击“确定”按钮。当页面出现“你已经转账成功”的提示信息时，说明转账成功。只需返回到如图 7—3—28 所示的页面，随时单击“工作任务扫描”，当有提示收货时，确认收货，作为消费者的整个流程就结束了。

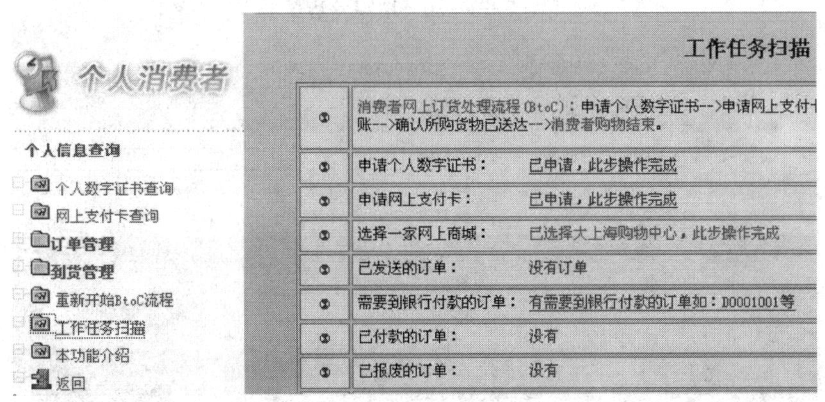

图 7—3—28　消费者任务扫描

5. 商场管理员确认收款，并发货

商场管理员登录系统，进入到图 7—3—25 所示的页面，单击“工作任务扫描”，当出现有收款需要确认的信息时，说明买方已经付款成功。管理员只需点开左面的“账务管理”，然后单击“收款确认”，弹出收款确认页面，核对订单号以及应收和实收金额后，单击“确认收款”按钮，出现“收款确认成功”提示信息后，收款成功，然后再次单击“工作任务扫

描”，会提示下一步需要做的事情，即填写发货单，通知物流公司出库送货，如图 7—3—30 所示。

在如图 7—3—30 所示的页面中，点开发到货管理，单击“生成发货单”，进入发货单填写页面，选择订单，单击“填写发货单”按钮，进入发货单填写页面，如图 7—3—31 所示，按要求逐项填写信息后，单击“确定”按钮，出现如图 7—3—32 所示的信息，即为发货单生成成功。

发货单生成成功后，实际中是要通知物流公司出货、送货的，该软件为了简化程序，直接将

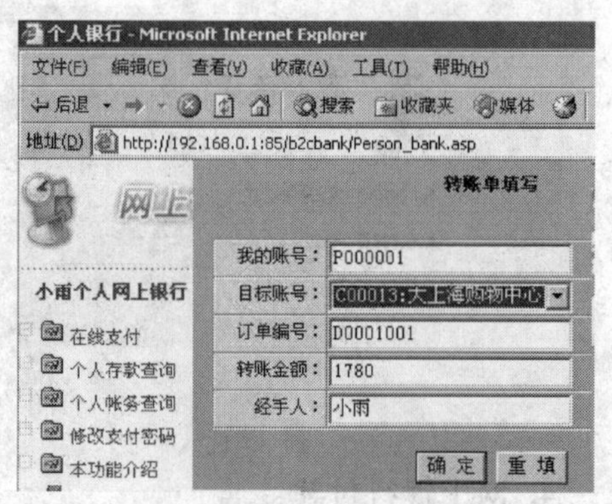

图 7—3—29　网银付款

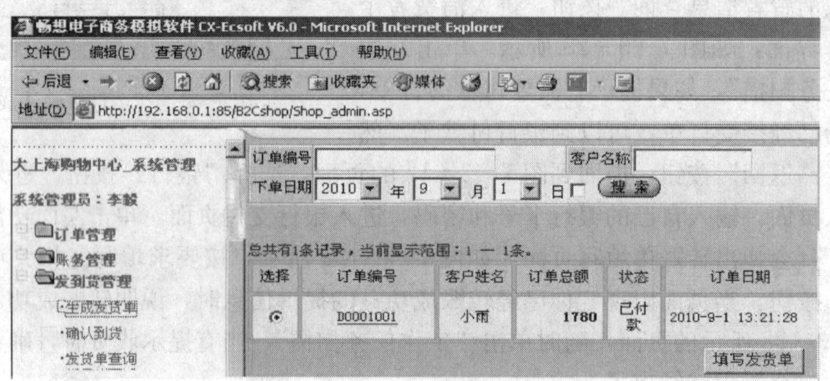

图 7—3—30　填写发货单

订单的商品

序号	商品编码	商品名称	价格(元)	单位	订购数量	合计(元)	包装名称	包装规格	包装重量	包装
1	6962001601799	三星E32MP3播放机	1780	个	1	1780			0	0
					总计：	1780				

消费者信息

姓　名：小雨　电　话：　电子邮件：xy0520@163.com
地　址：上海　邮政编码：111111　下单时间：2010-9-1 13:21
备　注：

发货单信息

发货日期：2010-09-01　到达日期：2010-09-01　物流公司：迅捷物流有限公司

确 定　重 填

图 7—3—31　发货单信息输入

物流公司的确认做到商场管理员的管理界面中了，点开左面的物流公司，单击“确认发货单”，出现发货单，单击“确认发货单”按钮即可。如图 7—3—33 所示。

发货单确认成功后，点开库存管理，单击“填写出库单”，选择发货单填写出库单，在如

图 7—3—34 所示页面中，单击“确定出库”按钮，即证明货物已经从仓库发出，物流公司正在送货。

图 7—3—32 发货单填写成功

6. **确认收货**

小雨随时进行工作课题扫描，当出现有需要确认的收货时，证明物流公司已经发出货物，等到货签收后，在网上直接进行确认，证明交易结束。

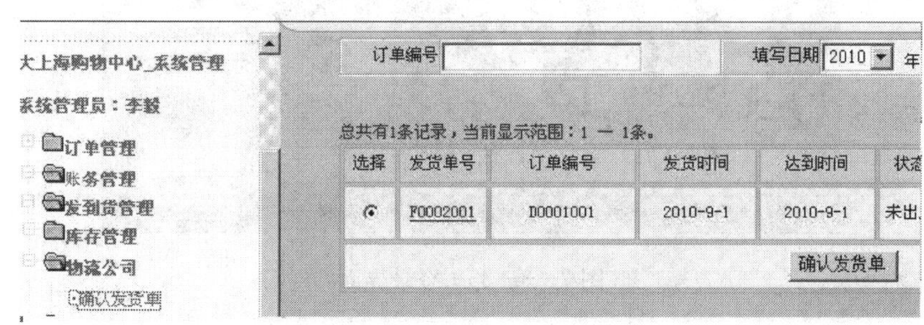

图 7—3—33 物流部门确认发货单

发货单F0002001的商品

序号	商品编码	商品名称	单位	数量	包装名称	包装规格	包装重量	包装体积	价格(元)
1	6962001601799	三星E32MP3播放机	个	1			0	0	1780

总计：

消费者信息

姓 名：	小雨	电 话：		电子邮件：	xy0520@163.com		
地 址：	上海			邮政编码：	111111	下单时间：	2010-9-1 13:21:28
备 注：							

发货单信息

发货日期：	2010-9-1	到达日期：	2010-9-1	物流公司：	迅捷物流有限公司

确定出库

图 7—3—34 确定出库

商场管理员确认顾客收货后，到了每日下班前和月底生成各种统计和销售数据。在管理界面里先在发到货管理中确认到货，然后在“账务管理”中单击“生成销售账”和“生成财务账”，按提示操作，整个内部业务处理完成。如果是两人合作完成该课题，教师等全体学生完成后，可以统一重新安排实验二，交换角色，进行课题体验。

三、B2B 电子商务模拟

上海伊人花店是一家网上商场。在情人节前夕，上海伊人花店决定从月亮屋花卉科技发展有限公司购入玫瑰花 1 000 打。月亮屋花卉科技发展有限公司选择新世纪物流有限公司为其进行货物的配送。以上业务需要在 B to B 电子商务交易平台上完成，直接参与者有采购商、供应商和物流公司三方。在本课题中的上海伊人花店是采购商，月亮屋花卉科技发展有限公司是供应商，新世纪物流有限公司承担配送也需要向平台提供信息。三方的基本资料需要提前录入到模拟系统中。在课题操作中，最好三人一组，分别承担不同角色，共同完成课题后，再重新交换角色，进行体验。

图 7—3—35 登录界面

登录软件后，教师先以管理员身份登录系统，和 B to C 实验安排操作完全相同，在学生角色管理中，单击“分配角色”，将每三个人分配成一组，然后在“实验安排”中选定班级和实验“B to B 实验一”成功后，学生才能开始操作。

1. **商场采购员登录并注册**

扮演商场采购员角色的学生在如图 7—3—35 所示的登录页面中，从学生登录区域用自己的账号和密码，选择 B to B 流程登录。登录后，首先会弹出“角色和练习联系模式”提示对话框，单击“确定”按钮，进入到商场选择页面，如图 7—3—36 所示。

图 7—3—36 选择商场

在商场选择中，选择上海伊人花店，然后单击“GO”按钮，进入生产企业选择页面，同上面操作一样，只需选择“月亮屋花卉科技发展有限公司”，然后，单击“GO”按钮，进入 B to B 的公共平台，如图 7—3—37 所示。

CX-Ec soft V6.0
Internet/Intranet
畅想电子商务模拟软件
银行
EDI 中心
商场
物流中心
生产企业
返回

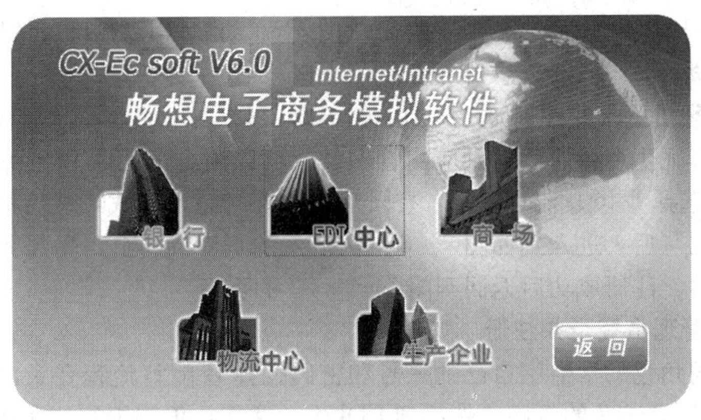

图 7—3—37　B to B 公共平台

供应商在图 7—3—37 所示的页面中，首先要到 EDI 中心去注册，因此，直接选择 EDI 中心图标，进入 EDI 中心，按照提示进行注册，如图 7—3—38 所示。在左面导航菜单中，点开“客户注册信息管理”，然后单击“注册企业信息”，在弹出的页面中选择企业类型“商场”，然后单击“确定”按钮。

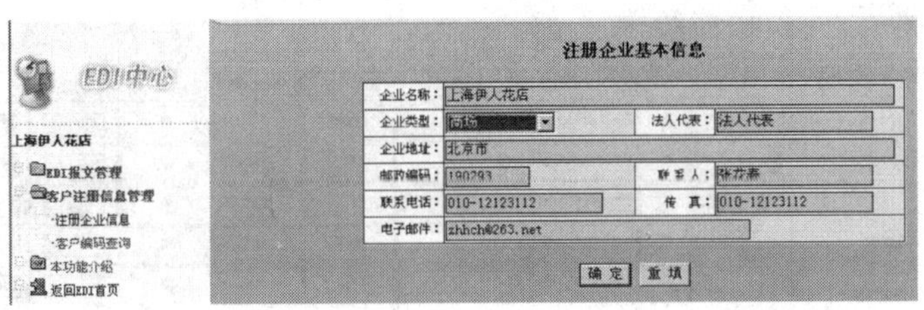

EDI 中心
上海伊人花店
EDI 报文管理
客户注册信息管理
·注册企业信息
·客户编码查询
本功能介绍
返回EDI首页
注册企业基本信息
企业名称：上海伊人花店
企业类型：商场
法人代表：法人代表
企业地址：北京市
邮政编码：190293
联系人：张花春
联系电话：010-12123112
传真：010-12123112
电子邮件：zhhch@263.net
确定
重填

图 7—3—38　EDI 注册

看见注册成功提示信息后，说明注册成功，然后返回到图 7—3—37 的页面，选择“银行”图标，进入银行登录页面，单击卡号和密码输入框下面的“企业注册”按钮，进入企业注册信息填写页面，如图 7—3—39 所示。

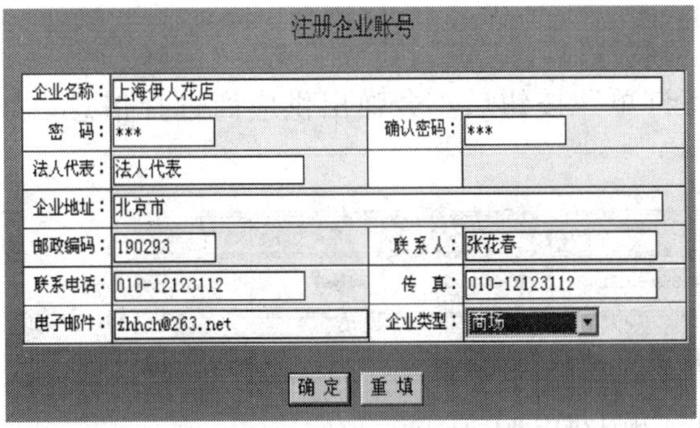

注册企业账号
企业名称：上海伊人花店
密　码：***
确认密码：***
法人代表：法人代表
企业地址：北京市
邮政编码：190293
联系人：张花春
联系电话：010-12123112
传　真：010-12123112
电子邮件：zhhch@263.net
企业类型：商场
确定
重填

图 7—3—39　银行注册

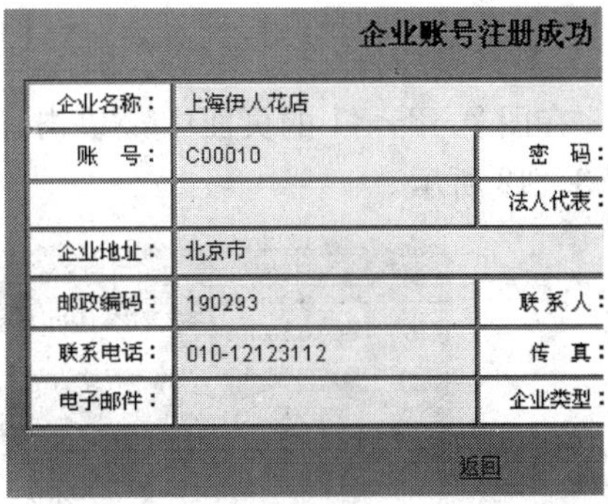

企业账号注册成功
企业名称：上海伊人花店
账　号：C00010
密　码：
法人代表：
企业地址：北京市
邮政编码：190293
联系人：
联系电话：010-12123112
传　真：
电子邮件：
企业类型：
返回

图 7—3—40　企业账注册成功

在页面中设定并确认密码，选定企业类型后，单击“确定”按钮，会弹出企业账号注册成功信息页面，如图 7—3—40 所示，需要记住自己的账号和密码，以备后面付款用。最后返回到如图 7—3—37 的页面。

2. 供应商管理员登录并注册

在采购商选择完生产企业后，供应商管理员就可以用自己的账号和密码在如图 7—3—35 所示的页面中选择 B to B 流程登录，登录后进入课堂练习模式，然后根据提示选择“新世纪物流有限公司”后，进入到如图 7—3—37 所示的页面。同上，先到 EDI 中心注册，然后到银行注册账号。注册成功后返回到图 7—3—37 的页面。

3. 物流公司管理员登录并注册

承担物流公司角色的学生用自己的账号和密码选择 B to B 流程登录，进入课堂练习模式，也进入到图 7—3—37 的页面，然后到 EDI 中心注册，再到银行注册账号。注册成功后返回到如图 7—3—37 所示的页面。

4. 采购商填写采购订单，并发送订单报文

采购商在如图 7—3—37 所示的页面中选择“商场”进入自己的管理平台，然后点开左面的“订货单管理菜单”，单击“生成订货单”，会弹出采购商品信息，选择自己需要采购的商品，填写数量，如图 7—3—41 所示。

网上商城

上海伊人花店

订货单管理
- 生成订货单
- 订货单报文发送
- 订货单报文变更
- 订货单变更报文发送
- 订货单变更确认
- 已接受订货单报文
- 订货单查询

帐务管理
发到货管理
库存管理
统计管理
基本资料查询
工作任务扫描
本功能介绍

总共有110条记录，当前显示范围：1 — 10条。

选择	商品编码	商品名称	商品类型	销售价格	单位	订购数量	合计
☑	6962001500016	99朵玫瑰	礼仪类	380	束	100	380
☐	6962001500023	A-01	鲜花	181.5	束	1	181.5
☐	6962001500030	A-02	鲜花	239.58	束	1	239.58
☐	6962001500047	A-03	鲜花	181.5	束	1	181.5
☐	6962001500054	A-04	鲜花	145.2	束	1	145.2
☐	6962001500061	A-05	鲜花	145.2	束	1	145.2
☐	6962001500078	A-06	鲜花	459.8	束	1	459.8
☐	6962001500085	A-07	鲜花	459.8	束	1	459.8
☐	6962001500092	A-08	鲜花	508.2	束	1	508.2
☐	6962001500108	B-01	鲜花	338.8	束	1	338.8
		填写订单				总计：	380

下一页

图 7—3—41　选购商品

在图 7—3—41 的页面中，单击“填写订单”按钮后，会弹出供应商选择信息，如图 7—3—42 所示。

选择	客户编号	客户名称	电话	传真	联系人	电子邮件
◉	6929000200156	月亮屋花卉科技发展有限公司	023-2983291	023-2983291	周星满	zhouxingm@s
			确定			

图 7—3—42　确认供应商信息

选择“月亮屋花卉科技发展有限公司”后，单击“确定”按钮，填写订单详细信息，如图 7—3—43 所示。

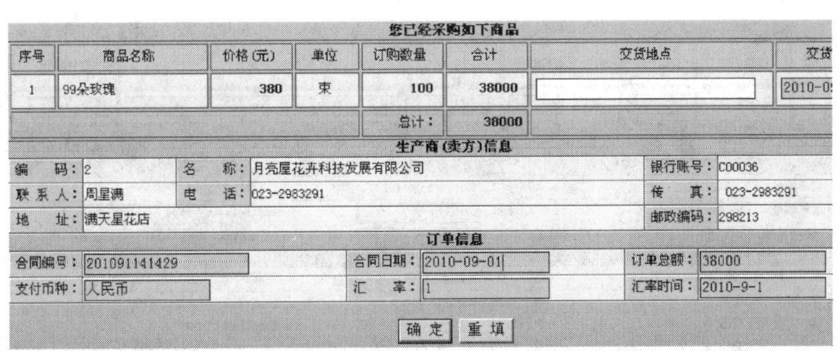

图 7—3—43　填写订单

按要求填写完订单信息后，单击“确定”按钮，看见订单填写成功提示信息后，就可以发送订货单报文了。在图 7—3—41 所示的页面中，单击“订货单管理”下面的“订货单报文发送”，弹出如图 7—3—44 所示的信息，选中订单，核对详细信息，如果发现有错，就单击“修改订货单”按钮，如果要取消，直接单击“删除订货单”按钮，核对无误后，单击“发送”按钮，订单便发送到 EDI 中心，EDI 中心将其转变成报文转发给供应商。

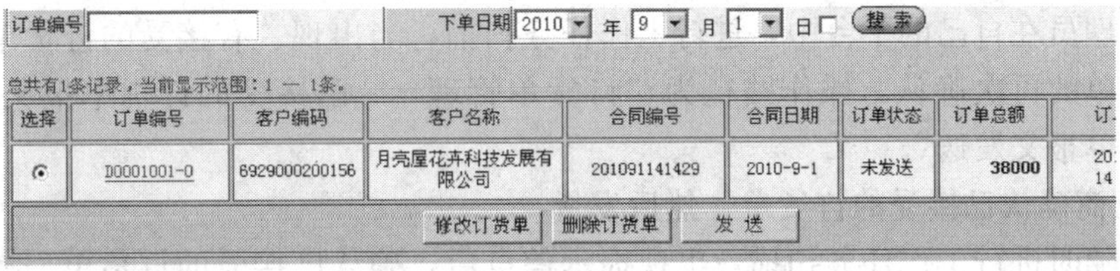

订单编号　下单日期 2010 年 9 月 1 日　搜索

总共有1条记录，当前显示范围：1 — 1条。

选择	订单编号	客户编码	客户名称	合同编号	合同日期	订单状态	订单总额	订...
⊙	D0001001-0	6929000200156	月亮屋花卉科技发展有限公司	201091141429	2010-9-1	未发送	38000	20...14

修改订货单　删除订货单　发 送

图 7—3—44　订单变更及发送

5. 供应商确认订货单信息

供应商在如图 7—3—37 所示的页面中，选择“生产企业”按钮，进入自己的管理平台，随时点击左面导航菜单中的“工作任务扫描”，当发现有提示信息“有订货单需要确认”后，点开“订货单管理”菜单，单击“订货单报文应答”，出现如图 7—3—45 所示的信息，在此，可以单击“订单编号”，查看订单内容，如果价格和数量等内容有变化，只需选择“变更”按钮，如果订单完全可以接受，单击“应答”按钮，弹出如图 7—3—46 所示的页面，再次核对无误后，单击“应答”按钮，接受订单。

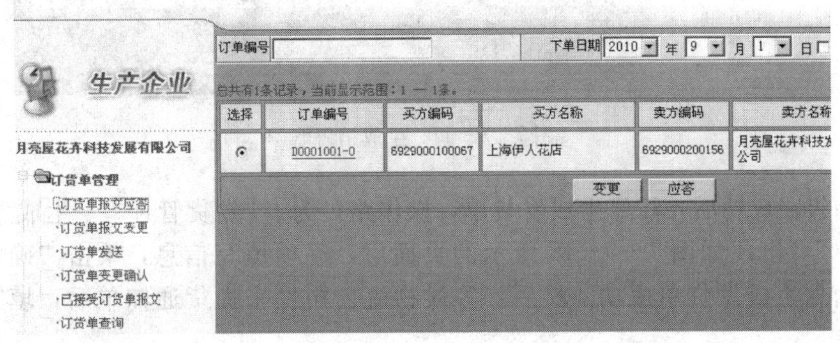

图 7—3—45　订单应答

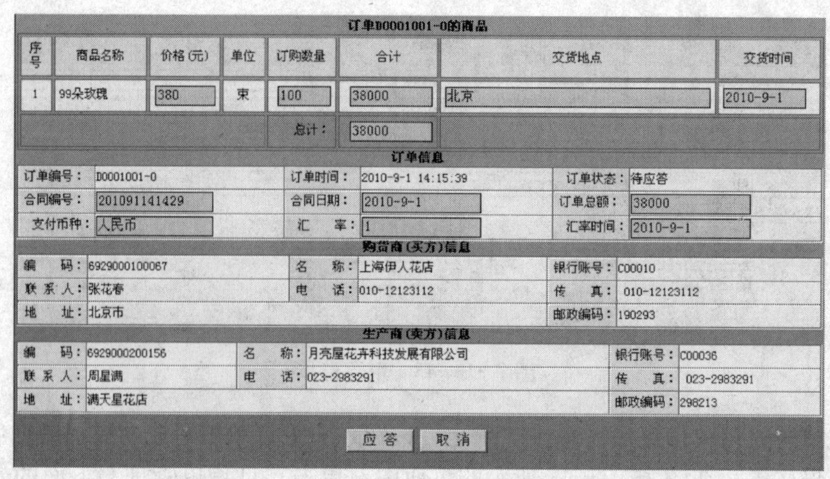

图 7—3—46　订单信息确认

然后，单击“订货单发送”，将订货单接受的信息发送给采购商。

6. 商场管理员确认订单并发送

商场管理员在自己的平台中，进行工作任务扫描，当出现“有接受的订货单需要确认”后，进行订单的再次确认。操作路径为“订货单管理——已接受的订货单报文——确认接受——订货单报文发送”。

7. 供应商确认已接受的订货单，然后发货

供应商随时进行工作任务扫描，出现提示信息后，确认已接受的订货单，操作路径为：“订货单管理——已接受的订货单报文——确认接受”。确认完成后，生产企业管理员需要立即生成财务账，操作路径为：“账务管理——生成销售账——选择订单——生成销售账”，如图 7—3—47 所示，当出现销售账生成结果后，销售账生成成功，关闭结果窗口即可。

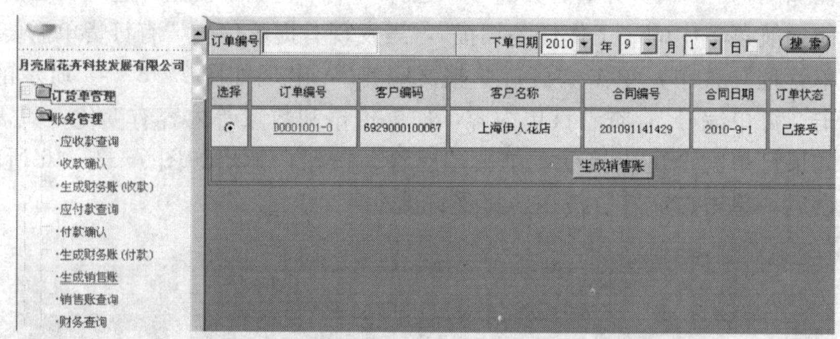

图 7—3—47　生成销售账

生成销售账成功后，需要生成发货单，操作路径为：“发货管理——生成发货单——填写发货单”，出现如图 7—3—48 所示的页面后，逐项填写信息，单击“确定”按钮，出现提示信息生成发货单成功。然后，等候物流公司发来提货通知单后，填写出库单，确认出库。

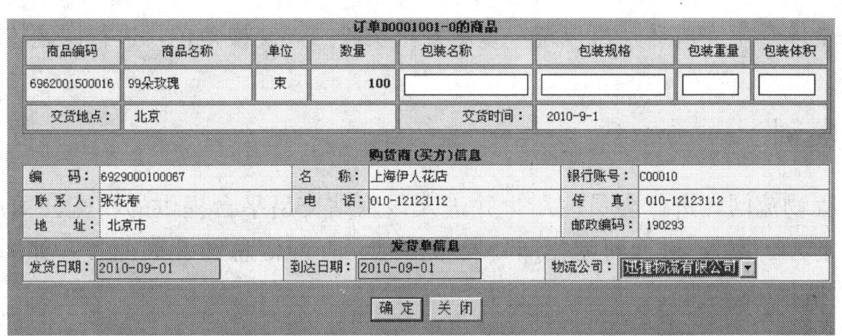

图 7—3—48　填写发货单

8. 物流公司通知送货

物流公司管理员在图 7—3—37 的页面中，选择“物流中心”，进入到自己的管理平台，随时单击“工作任务扫描”，当出现提示信息后，确认生产企业发过来的发货通知，然后生成送货通知单发送给采购商。

9. 供应商确认送货通知

采购商定期进行工作任务扫描，出现提示信息后，再到发“货管理”中确认送货通知，确认信息自动发送给物流公司。

10. 物流公司提货

物流公司得到采购商的送货确认后，发送提货通知单给生产企业，然后到生产企业仓库提货。

11. 供应商填写出库单并确认出库，物流公司办理提货手续并送货

物流公司在生产企业提货，同时办理提货手续后，在平台中确认出库，证明货物已经送出。同时生成到货通知发送给采购商。

12. 采购商确认到货后，入库付款

采购商收到货物并验收后，在平台中，确认到货通知并发送给物流公司和生产企业，然后生成入库单，办理入库，确认入库后生成采购账，然后根据提示到银行在线转账支付货款。

13. 供应商确认到货后确认收款

生产企业根据工作任务扫描结果的提示，确认到达的发货单，同时确认银行发过来的收款确认信息，然后生成财务账（收款），再到银行在线转账，向物流公司支付运费。

14. 采购商管理员确认付款

采购商管理员根据工作任务扫描结果的提示，确认银行传过来的付款成功的提示信息，然后生成财务账，业务流程处理完毕，退出实验。

15. 物流公司确认收款

物流公司管理员根据工作任务扫描结果的提示信息，确认银行传来的收款信息，然后生成财务账，业务流程处理完成，退出实验。

16. 供应商确认付款

供应商根据工作任务扫描结果提示，确认银行发过来的付款成功信息，容纳后生成财务账（付款），整笔业务流程处理完毕，退出实验。

老师等全体学生完成后，可以统一重新安排实验二，交换角色，进行课题体验。

课题实训

登录锦程物流网，进行会员注册，并进入该网站交易平台提供的物流公司后台管理平台——“我的办公室”，进行商铺装饰、发布信息、查询信息和开展业务，如图 7—3—49、7—3—50 所示。

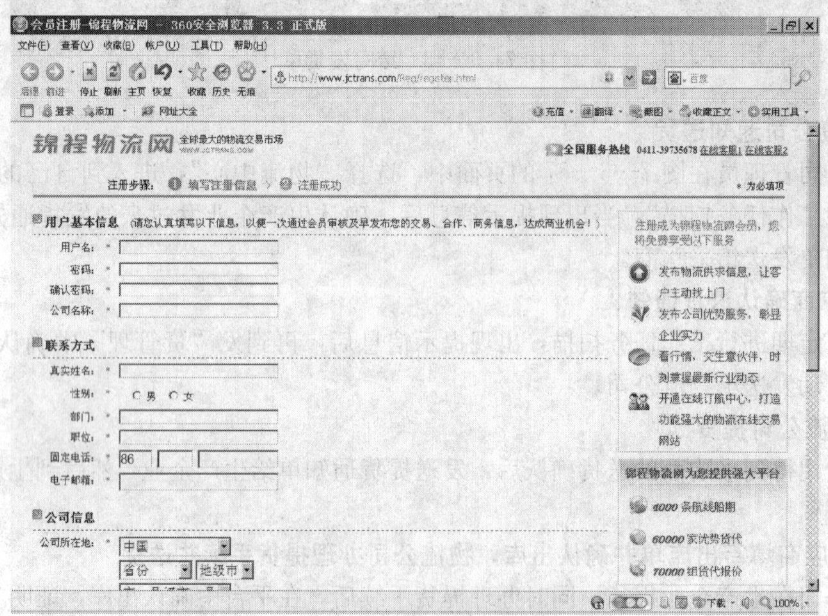

图 7—3—49　锦程物流网会员注册

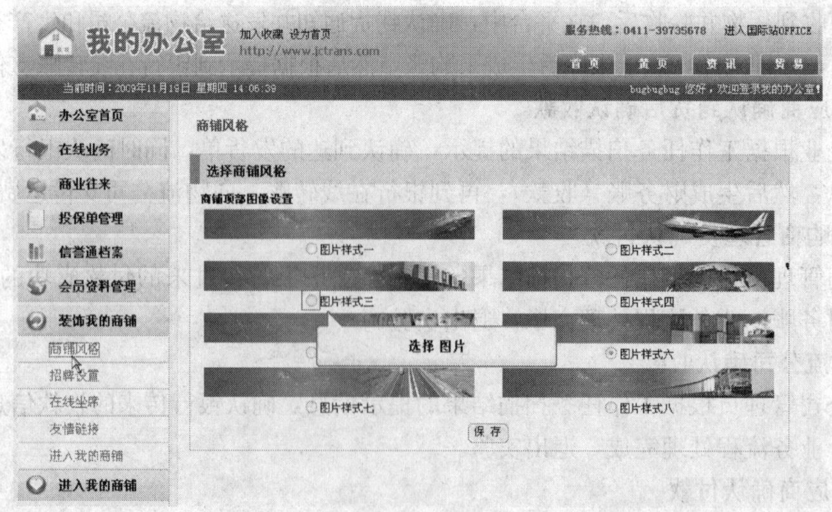

图 7—3—50　商铺风格选择

思考与练习

1. 利用网络检索典型的B2C型商务网站，并完成基本的注册操作。
2. 简述本课题中B2C实务操作模拟和B2B实务操作模拟的区别。